ROGER DOMMERGUE

EL SILENCIO DE
HEIDEGGER
Y
EL SECRETO DE LA
TRAGEDIA JUDÍA

ⒸMNIA VERITAS®

ROGER-GUY POLACCO DE MENASCE
(1924-2013)

Roger Dommergue fue un profesor de filosofía franco-luxemburgués conocido por sus controvertidas posturas sobre el Holocausto. Dommergue apoyó las teorías revisionistas del Holocausto, cuestionando el número de víctimas judías y afirmando que las cámaras de gas nazis eran un mito. Dio conferencias y concedió entrevistas en las que negó la magnitud de los crímenes cometidos por el régimen nazi durante la Segunda Guerra Mundial.

EL SILENCIO DE HEIDEGGER Y
EL SECRETO DE LA TRAGEDIA JUDÍA

Le silence de Heidegger et le secret de la tragédie juive

1994

Traducido y publicado por

OMNIA VERITAS LTD

OMNIA VERITAS®

www.omnia-veritas.com

© Omnia Veritas Limited – 2025

Todos los derechos reservados. Queda prohibida la reproducción total o parcial de esta publicación por cualquier medio sin la autorización previa del editor. El código de la propiedad intelectual prohíbe las copias o reproducciones para uso colectivo. Toda representación o reproducción total o parcial por cualquier medio, sin el consentimiento del editor, del autor o de sus derechohabientes, es ilícita y constituye una infracción sancionada por los artículos del Código de la Propiedad Intelectual.

AUSCHWITZ: EL SILENCIO DE HEIDEGGER ... 13
¿QUIÉN ERA HITLER? ... 52

Punto de detalle, ciertamente ... 66
¡Viva la democracia! ... 66

LA FALSIFICACIÓN QUE DICE LA VERDAD ... 74
NO HAY QUE TRIVIALIZAR EL NAZISMO, MADAME SIMONE VEIL ... 86

PERO LO HEMOS CONVERTIDO EN ALGO HABITUAL... ... 86

NOTA FUNDAMENTAL ... 99
MÁS ALLÁ DEL ANTISEMITISMO ... 100

LA CLAVE DE LA TRAGEDIA JUDÍA: LA CIRCUNCISIÓN AL OCTAVO DÍA Y LA EDAD MEDIA. ... 100

Un ejemplo típico de los años 90 de los efectos de la circuncisión en el 8º día: El financiero SOROS. ... 110
La Constitución es más importante que la nación ... 119
Consumir por consumir es un valor en sí mismo. ... 120
El único valor reinante es el del dinero ... 120

LA VERDAD SOBRE LA RAZA Y EL RACISMO ... 122

EL RACISMO DEL PSEUDO-ANTIRRACISMO ... 122

EL MARISCAL DE "1984 ... 128

¡Ubu rey circuncidado! ... 129

TRAS EL INTENTO DE ASESINATO DEL PROFESOR FAURISSON: ... 135

¿LOS 6 *MILLONES DE CÁMARAS DE GAS* MITO Y DOGMA O REALIDAD? ¿PR FAURISSON ENEMIGO PÚBLICO Nº 1 O HÉROE INTERNACIONAL DEL SIGLO XX? ... 135

Principales argumentos psicológicos ... 135
Aritmética y pruebas técnicas. ... 138
Técnica aritmética psicológica ... 141

EL MITO DE LA PRODUCCIÓN INDEFINIDA Y LA CANIBALIZACIÓN DE LA NATURALEZA ... 143

La superpoblación en el Tercer Mundo es un desastre ... 147

ESTADÍSTICAS DE LA ONU 150
EL MITO DEL PROGRESO 150
   El verdadero progreso debe ser la simbiosis perfecta de cuatro
   perspectivas: 151
SUICIDIO GLOBAL JUDEOCARTESIANO 156
EL MARXISMO, QUE HA MATADO Y VOLVERÁ A MATAR ... 160
¡TOLERANCIA, TOLERANCIA! 169
MÚSICA QUE MATA 171
SOBRE EL DR. A. CARREL Y LA MANÍA DE REBAUTIZAR
CALLES CON SU NOMBRE 182
EL SORPRENDENTE CHURCHILL 186

   Sionismo contra bolchevismo, una lucha por el alma del pueblo judío
   Por Rt, Hon. WINSTON CHURCHILL 188

ENSAYO SOBRE EL JUDEOCRISTIANISMO, EL
JUDEOCARTESIANISMO Y EL DOGMA DEL HOLOCAUSTO 196
CASO TOUVIER 210

   Carta a Maître Trémollet de Villers (abogado de Paul Touvier) 212
   Caso Touvier: Carta al Presidente del Tribunal de Apelación de
   Versalles 225
   Lo que Touvier debería haber dicho Por qué elegí al Mariscal 227

CARTA AL CARDENAL LUSTIGER, ARZOBISPO DE PARÍS 231
LOCURA Y GENIALIDAD 235

   Memoria 244
   La mente del genio es jerárquica 245
   Lógica y razón 246
   Pérdida voluntaria de atención 248
   Inteligencia 249
   Aptitud para el trabajo 249
   Los distintos déficits de atención en el loco 249
   Pérdida de fuerza de voluntad 250
   Pérdida del sentido moral 252
   Pérdida de elaboraciones psicológicas superiores 253
   Abstracciones 253
   Discriminación de valores abstractos 256
   Noción de identidad 258
   Resumen 264

Los males de la ciencia moderna 269
La ciencia moderna no tiene freno ni final a la vista 275
¿Y Freud? 279
La atención, la fuerza de voluntad y el sentido moral de los científicos modernos 282

PAPEL PSICOLÓGICO DE LAS LLAMADAS ENDOCRINAS ORGÁNICAS 288

Suprarrenales: 288
Glándula pituitaria: 289
Tiroides: 289
Genitales internos: 289

¿QUÉ SIGNIFICA SER FASCISTA? 293
EL MUNDO DEL MAÑANA 296
UBU EMPERADOR 299
¿HAS DICHO ANTISEMITA? ¿NO? 304

LA SÍNTESIS DEFINITIVA DE LA GEOPOLÍTICA DE LOS ÚLTIMOS MILENIOS 304
OTROS TÍTULOS 317

*A los filósofos judíos
presentes en el programa de televisión
"Oceaniques" sobre Heidegger*

AUSCHWITZ: EL SILENCIO DE HEIDEGGER

Caballeros,

Esta larga exposición está motivada por una preocupación por la verdad sintética. Se la doy sin ninguna esperanza de una respuesta inteligente y exhaustiva. Aparte de Simone Weil, Bernard Lazare, Bergson y algunos otros compañeros judíos, nunca he conocido a un judío intelectualmente honesto. No veo más que sus mentiras y su mala fe rezumando por todas partes. Ojalá no me encontrara entre los judíos, rara excepción capaz de probidad y síntesis

He seguido sus dos programas "Oceaniques", centrados radicalmente no en Heidegger, sino en su SILENCIO.

Plantear la cuestión del silencio de Heidegger es en sí mismo inconsciente y lo explicaré lo más claramente posible.

Ninguno de los presentes en esta emisión ha cuestionado ni por un momento la inteligencia superior de Heidegger. Entonces, ¿por qué este paréntesis? ¿Por qué guardó silencio desde 1945 hasta su muerte sin que la razón profunda de su silencio estuviera perfectamente integrada en la coherencia de su inteligencia?

Su silencio está perfectamente cohesionado. Sería mío si la inquietante mentalidad psicótica, paranoica y megalómana de mis congéneres no me diera ganas de gritar...

Cuando Glucksman habla de "su vocación de contemplar la verdad", ¿está seguro de que es la verdad? ¿Me estaría siguiendo para manifestar su vocación?

Todo lo que sigue ha sido pasado por el tamiz implacable de la verificación y el Niágara de las pruebas por nueve. Por lo tanto, estoy dispuesto a responder a todas las preguntas, aportar documentos, técnicos y pruebas, todo lo cual puede encontrarse en los archivos del famoso juicio contra Zündel en Canadá. Hay que recordar que este juicio demostró de manera irrefutable la conspiración entre el bolchevismo y los banqueros judíos de los EE.UU., y destruyó el mito del Holocausto, en particular mediante consideraciones aritméticas y técnicas elementales, y las conclusiones condenatorias del informe Leuchter, confirmadas por la contrapericia realizada por los propios exterminadores. Leuchter, ingeniero estadounidense y especialista en gaseamiento con ácido cianhídrico en Estados Unidos, demostró que en Auschwitz, Birkenau o Majdanek no se había producido nunca ninguna ejecución por gas...

¡Glucksman dice que aprecia todas las manifestaciones de la inteligencia! ¡Ya lo creo! ¿No tachará de estúpido todo lo que no encaje en el halagador halo de su subjetividad? Peor aún, ¿no va a NO CONTESTAR, como llevan siglos haciendo mis congéneres gracias a su poder financiero y político? Me temo que sí: la verdad está tachada de insulto, de imbecilidad, de nazismo. Incluso está penada por la ley y ya está....

El único reproche hecho a Hitler y repetido sin cesar, amplificado, machacado, orquestado incluso en las películas más populares, y esto desde pocos años después del final de la 2ª Guerra Mundial, es el llamado holocausto de 6 millones de judíos en cámaras de gas de ciclón B. Auschwitz, eso es.

Sin embargo, nunca se mencionan las decenas de millones de otras víctimas de la guerra, las decenas de millones de víctimas del bolchevismo, o las decenas y decenas de millones de víctimas DESDE el final de la guerra. Volveremos sobre ello más adelante.

Pero ¿qué sabemos ahora de este problema, si somos honestos y lo hemos estudiado desde 1979, cuando salió a la luz por primera vez el asunto FAURISSON?

Sabemos que:

El dogma *de los "6 millones de cuartos de gas"* está tan bien establecido como el dogma de la Redención. ¿Quién podría discutir con un profesor universitario que revela que Pol masacró a 2 millones de seres humanos en vez de a 4? (el mismo Pol Pot que, mientras escribo, sigue en pie y a quien la conciencia internacional no ha llevado ante un tribunal de Nuremberg como le corresponde).

PERSONA.

¿Por qué demonios anunciar la EXCELENTE NOTICIA de que no hubo 6 millones de víctimas judías ni gaseados del Ciclón B, si no es por despiojamiento, SERÍA UNA MALÍSIMA NOTICIA A SANCIONAR POR LA JUSTICIA????

¿Quién se indignaría si se nos informara de que LOS CONCENTRACIONISTAS BOURREAUX Y LOS JUDÍOS SOVIÉTICOS (Frenkel, Yagoda, Kaganovitch, Rappaport, Jejoff, Abramovici, Firine, Ouritski, Sorenson, Bermann, Apetter et al.) sólo exterminaron a 30 millones de personas bajo el estalinismo en lugar de a 60 millones como está escrito? ?

PERSONA.

En 5000 años de historia, este caso es único: ilustra el antiguo fenómeno de la jeremiada. Todos los que dan pruebas de esta jugosa mistificación son acusados y condenados.

Paul Rassinier, diputado socialista y profesor de historia que fue internado durante años en campos alemanes, salió pesando 30 kg y acabó muriendo a consecuencia de su internamiento, fue perseguido por los libros que escribió en pos de una verdad que no le trajo más que problemas. Como diputado socialista, internado y profesor laico, no tenía nada que ganar con esta heroica demostración de la verdad, y sus libros están inmersos en la CONSPIRACIÓN TOTAL DEL SILENCIO EN NOMBRE DE LA LIBERTAD DEMOCRÁTICA DE EXPRESIÓN...

El profesor FAURISSON, que estudió el problema durante veinte años y que había tropezado por casualidad con este engaño, fue condenado en , aunque el jurado "nunca discutió la seriedad de su trabajo en el debate con los especialistas y el público"...

HENRI ROQUES, cuya tesis sobre el informe GERSTEIN fue anulada. Un incidente sin precedentes, único en la historia. Y ello a pesar de que el historiador más conocido en los medios de comunicación, hoy ministro socialista, Alain Decaux, ¡había dado fe públicamente de la excelencia de este trabajo! Además, esta tesis podría haber sido perfectamente inútil, ya que EL INFORME GERSTEIN FUE RECHAZADO EN LOS JUICIOS DE NUREMBERG. Sin embargo, la tesis es útil, ¡ya que durante medio siglo hemos podido apoyarnos en un documento declarado sin valor por un tribunal cuya infalibilidad se nos repite constantemente!

Todo el mundo sospecha que los Jueces de un tribunal constituido exclusivamente por los ALIADOS y que no tenía en absoluto el CARÁCTER INTERNACIONAL del que pretende estar revestido, no habrían pedido nada mejor que utilizar este informe si hubieran podido. ¡Pero era tan grotesco que tuvieron que renunciar a él!

ERNST ZUNDEL, cuyo juicio causó revuelo en Canadá, hasta que los medios de comunicación ordenados sumieron el asunto en un silencio plomizo.

No sólo se destruía el mito del Holocausto y se ridiculizaba a los "grandes especialistas" (llegando a alegar "licencia poética"), sino que se demostraba irrefutablemente que desde 1917 y sin solución de continuidad, los financieros judíos estadounidenses habían financiado el bolchevismo.

A pesar de la considerable publicidad que este juicio generó en Canadá, no se oyó ni una palabra los medios de comunicación europeos: EL DOMINIO DE LA PRENSA ES TOTAL.

Los ANNALES RÉVISIONNISTES son secuestrados en nombre de la libertad de expresión democrática, sin duda. No hay derecho de réplica para el profesor Faurisson, insultado en el programa de Polac.

Mientras tanto, el mismo día, 70.000 jóvenes democráticamente zombificados se quitan los pantalones para imitar a una vil zorra de la pseudocanción, una especie de residuo ignorante, infantil y obsceno... mientras la pornografía, las drogas y la música patógena y criminógena se extienden MUY DEMOCRÁTICAMENTE.

¿DESDE CUÁNDO LA DEMOCRACIA NO PERMITE LA LIBRE EXPRESIÓN Y LA RESPUESTA Y LAS PRUEBAS QUE DESTRUYAN CUALQUIER MENTIRA?

Faurisson exige, implora, que se le ponga delante un ejército de contradictores y un público inmenso: PUEDE ESPERAR MUCHO TIEMPO.

Algún día se aprobará una ley orwelliana contra él "por delito de pensamiento". De hecho, se aprobó a hurtadillas algún tiempo después de que se escribiera por primera vez este libro. Se trata de la ley FABIUS GAYSSOT. Esta ley estalinista lleva el nombre de un judío y de un comunista, ¡no es casualidad! Podemos discutir con los revisionistas, pero no con ellos", dijo un judío, mostrando así su perfecta buena fe y su luminosa probidad intelectual.

¡¡¡¡Que alguien me muestre en 5000 años de judeocristianismo un solo mentiroso que exija hablar públicamente delante de un número ilimitado de contradictores!!!! Cabe señalar de paso que todo ser humano normal es un revisionista FUNDAMENTALMENTE. Un ser HUMANO tiene el deber de cuestionar cualquier cosa que ofenda su corazón o su razón y que adopte la apariencia oficial de dogma o postulado. Todo lo demás es zombismo.

La mala fe, el odio, las mentiras, las persecuciones, los gases lacrimógenos, los intentos de asesinato demuestran sin lugar a dudas que Faurisson tiene razón, incluso antes de estudiar los aspectos aritméticos y técnicos del problema. Es más, se le llama "nazi", ¡reflejo sistemático hacia cualquiera que arroje la menor duda sobre la verdad del sacrosanto mito *de los 6 millones de cámaras de gas!*

Sin embargo, todo el mundo sabe que Faurisson es un hombre de izquierdas, antinazi y miembro de la Unión de Ateos, que proclama su democracia pero no tiene el valor de defenderla...

absolutismo conferido al dogma *de los 6 millones de cámaras de gas* es la prueba psicológica irrefutable de su impostura. Si Faurisson estuviera equivocado, hace mucho tiempo que alguien se habría encargado de demostrárselo ante la inmensa audiencia que exige: la televisión habría sido el medio ideal para dejarle expresarse exhaustivamente y demostrarle después su impostura.

Desgraciadamente, esto se hizo en la televisión de Lugano totalmente a favor de Faurisson y *Storia Illustrata* le abrió sus páginas...

El aspecto aritmético-técnico es aún más convincente.

6 millones (o incluso 4 millones, suponiendo que 2 millones de judíos murieran a consecuencia de la guerra, lo cual es inexacto) representan un país como Suiza. Fueron exterminados en masa en 1943-44 en 7 campos de concentración. Conocemos el número

exacto de crematorios aún en uso y el tiempo que se tardaba en incinerar un cadáver. De hecho, los crematorios avanzados no se instalaron hasta finales de 1943, como confirma el propio historiador del exterminio Georges Wellers.

Esto significa que la cremación sólo llegó a ser técnicamente perfecta a partir de esta fecha. Antes de esa fecha, las cremaciones masivas globales habrían sido incompletas y habrían desencadenado epidemias de tifus en toda Europa. Es más, si hacemos funcionar los crematorios de 7 campos según la duración conocida de la cremación del Holocausto (menos de 2 años) y la duración individual conocida de la cremación, ¡el resultado es que los crematorios siguen funcionando en el año 2030! Sabemos perfectamente cómo funcionan estos hornos y cuál es su finalidad. Eran absolutamente indispensables para prevenir las epidemias de tifus, peste, cólera y otras enfermedades endémicas en los campos de concentración.

POR OTRO LADO, NO EXISTE NINGUNA CÁMARA DE GAS CYCLON B CAPAZ DE EXTERMINAR A 1.000 O 2.000 PERSONAS A LA VEZ.

En este sentido, resulta divertido visitar la cámara de gas de Struthof, en Alsacia, donde el ácido cianhídrico se expulsaba libremente tras el gaseado, a través de una simple chimenea situada a menos de cien metros de la residencia del comandante. La cámara sólo tenía unos pocos metros cuadrados.

Citemos una frase clave utilizada por los exterminadores: "tras el gaseado, abrimos la puerta, las víctimas, aún palpitantes, cayeron en nuestros brazos y retiramos los cadáveres...".

"Esto es absurdo porque se necesitan 20 horas de ventilación y 5 máscaras de gas llevar a cabo tal operación. Todo el mundo puede informarse, como hice yo, sobre la cámara de gas de ácido cianhídrico utilizada en Estados Unidos para ejecutar a UN condenado. Su increíble complejidad, las considerables precauciones que hay que tomar cuando se gasea a un condenado, demuestran irrefutablemente que gasea a 2.000 personas a la vez con este gas es TÉCNICAMENTE INEPERABLE.

El hecho de que el minúsculo emplazamiento de Struthof, en Alsacia, fuera confundido con una cámara de gas durante medio siglo pasará a la historia como un ejemplo de la ingenuidad de las masas, que se creen cualquier cosa con tal de que aparezca en un periódico o en la televisión...

Lo mismo puede decirse de toda la historia, que es un problema de aritmética técnica de nivel de certificado de enseñanza primaria. Es seguro que si a un alumno de este nivel se le diera el problema y lo resolviera de acuerdo con las afirmaciones de la propaganda oficial, obtendría un cero en su trabajo.

En 1949, en el juicio de DEGESH, la empresa que fabricó el ciclón B, el director general de la firma, el Dr. Héli, y el físico, el Dr. Ra, afirmaron que el gaseamiento en las condiciones descritas era IMPOSIBLE E ¡IMPENSABLE! Nadie nos habla nunca de este juicio, ¡igual que nadie nos dice que el informe Gerstein, en el que Roques basó su tesis, fue impugnado en el juicio de Nuremberg! ¡Un conocido periódico judío americano, el AMERICAN JEWISH YEAR B00K, nos dice en su nº 43 en la página 666 (!) que en Europa ocupada por los alemanes en 1941, ¡había 3.300.000 judíos! ¡Cuántos se fueron a España desde esa fecha! ¿Cuántos miles fueron protegidos en la Zona Franca, como toda mi familia? ¡Cuántos cientos de miles fueron encontrados con su propio nombre o con un nombre falso! Faurisson estima en 150.000 el número de víctimas de Auschwitz, todas las etnias juntas.

Eso es lo que me han dicho todas las personas razonables que saben de estos temas.

Podemos admirar la conciencia de los exterminadores en este extracto de Le Monde del 22.11.1979: "Todo el mundo es libre de imaginar o soñar que estos monstruosos acontecimientos no tuvieron lugar. Desgraciadamente, ocurrieron y nadie puede negar su existencia sin ofender a la verdad. No debemos preguntarnos cómo fue técnicamente posible semejante asesinato en masa, FUE TÉCNICAMENTE POSIBLE PORQUE OCURRIÓ (!!!).

Este es el punto de partida de cualquier investigación histórica sobre el tema. Es nuestro deber reiterar esta verdad con toda sencillez: NO HAY, NO PUEDE HABER NINGÚN DEBATE SOBRE LAS CHIMENEAS DE GAS" ¿Qué nota se le pondría a un trabajo de francés de un alumno que siguiera semejante razonamiento? ¿Cómo puede publicarse un texto tan absurdo?

Es típico del siglo XX aceptar lo ridículo en cualquier publicación, mientras que no se aceptaría en un ejemplar de 6 un sexto de primaria. ¿No oí hace poco que "el instinto maternal no existe"? Hay que ver la estrecha dialéctica que lleva a tal absurdo. Llevará a la maternidad a los mismos gulags que la lógica desmantelada del marxismo...

Éste fue precisamente el punto de partida de la investigación histórica del profesor Faurisson, que tropezó con el tema presentado a sus alumnos en un curso sobre la investigación de la verdad histórica.

Podría haber elegido otro tema, pero se hablaba tanto de éste que lo eligió. Fue en el transcurso del estudio cuando se descubrió el gato y se atragantó con él. Comprensiblemente, una ducha así le hizo querer decir la verdad...

Tras 20 años de trabajo, descubrió que nunca habían existido cámaras de gas para 2.000 personas. Lo único que descubrió fueron las diminutas cámaras de despiojamiento que utilizaban ciclón B.

A la afirmación ingenua, ilógica, estupefacientemente concreta, infantil y paranoica, cuyo absurdo está a la vista de todos. ("¡Ni lo intentes, es lo que hay! La Sra. Paschoud, periodista y profesora de Historia, responde: "Las cámaras de gas existieron, ¡que así sea! Me gustaría que alguien me explicara por qué, desde hace 20 años, se intenta con tanto ahínco perjudicar a los revisionistas en su vida profesional o privada, cuando sería tan fácil silenciarlos de una vez por todas aportando una sola de las innumerables pruebas irrefutables de las que no dejamos de oír hablar...".

"¡Madame Paschoud ha pagado cara su sinceridad y su valentía! Estas frases de elemental sentido común concuerdan perfectamente con el demencial texto publicado por Le Monde y que acabamos de citar.

Quién dice que en el coloquio de 1983 celebrado en la Sorbona contra Faurisson, (¡¡¡Y EN SU AUSENCIA!!!) Raymond Aron se vio obligado a admitir que NO HABÍA NINGUNA PRUEBA, NINGÚN DOCUMENTO ESCRITO, NINGÚN RASTRO que estableciera la realidad de las cámaras de gas homicidas. A PESAR DE QUE TODOS LOS CREMATORIOS SIGUEN ALLÍ.

En realidad, hay muchas más pistas sobre los extraterrestres que sobre la realidad de las cámaras de gas, lo que plantearía un problema FINANCIERO y TÉCNICO insoluble para 2.000 personas. ¡No vimos el colmo del esperpento de 1984: "¡una federación de periodistas con 2.000 miembros (entre ellos l'Équipe!) insta al gobierno a silenciar al profesor Faurisson EN NOMBRE DE LOS DERECHOS HUMANOS Y DE LA LIBERTAD DE EXPRESIÓN DEMOCRÁTICA (¡sic!)! NO A LA LIBERTAD DE EXPRESIÓN DEMOCRÁTICA EN NOMBRE DE LA LIBERTAD DE EXPRESIÓN...

Entreguen la prensa, la policía y los tribunales al Sr. Lévy y a su ayudante el Sr. Homais, y ya no harán tanto el ridículo, y eso que estamos en el siglo XX...

Mejor aún. En nombre de la libertad de pensamiento, no se protegerá a los alumnos de secundaria de la ropa raída, la música criminógena, las drogas, el suicidio, el desempleo, la pornografía o la incitación al libertinaje desde una edad temprana, mediante preservativos, PERO SE LES IMPARTIRÁ UN CURSO DE INSTRUCCIÓN CÍVICA ANTIREVISIONISTA.

El idiota que se atreva a decir que 2.000 personas no pudieron ser gaseadas con Ciclón B en cámaras de gas, y que no pudo haber 6.000.000 de judíos en la Europa ocupada, nunca obtendrá su bachillerato. Se mire como se mire, el problema es de mentiras.

Seis millones de personas gaseadas en el crematorio dejaron miles de toneladas de cenizas que no desaparecieron por completo. Un centenar de muestras de pocos centímetros cúbicos analizadas HABRÍAN REVELADO LA PRESENCIA DE ÁCIDO CIANHÍDRICO.

Nunca he oído que se haya realizado un análisis de este tipo.

Detalle: yo creía que la libertad tenía todos los significados. Pero la libertad sólo tiene un significado, y es la DICTADURA ABSOLUTA DE MIS CONGENERADOS, una dictadura tanto más despreciable cuanto que se esconde tras el manto de una pseudodemocracia que en realidad no es más que una CRYPTODICTATURA IMPLACABLE.

Incluso suponiendo que Faurisson esté equivocado (que no lo está, ya que tenemos todas las pruebas de la impostura de la que el comportamiento psicológico hacia él es con mucho la prueba más importante), no hay nada malo o escandaloso en su tesis; EXPRESA UNA NOTICIA EXCELENTE que no toca en nada el sufrimiento demasiado real de los que soportaron el dolor de los campos. ¿Hay ALGUNA persona que sintiera la necesidad de lloriquear por los millones de ellos exterminados por un enemigo que desapareció hace medio siglo? ¿Es necesario ser doctor en psicología para comprender que semejante comportamiento es psicopatológico, además de una necesidad bastante despreciable y típica de asegurar los cimientos de una fantástica estafa política y financiera? Pero como dice Faurisson, "si nos enteramos de que 6 millones de víctimas judías no fueron gaseadas, ¿debemos decirlo u ocultarlo?

¡Una pregunta pertinente! Nuestros congéneres no quieren que Faurisson se exprese, que se contradiga con realidades técnicas y aritméticas evidentes...

Faurisson y quienes quieren que disfrute de su libertad democrática de expresión son acusados de antisemitismo.

El antisemitismo está en otra parte. Estaba en la URSS, que a los judíos les resultaba insoportable. No se tomaron la molestia de denunciar el antisemitismo del régimen: lo único que querían era marcharse lo antes posible.

Además, y esto es muy importante, son prácticamente los únicos que pueden abandonar la URSS.

¡El 90% de los inmigrantes soviéticos en EE.UU. son judíos! Un detalle. El comunismo sovietico ha colapsado desde entonces. Este colapso fue calculado por las finanzas judías, que quieren introducir la economía de mercado en Rusia. Si este colapso no hubiera sido deliberado, no habría ocurrido porque la URSS tenía el ejército más fuerte del mundo...

¿Necesito recordarte lo que estipulan los DERECHOS HUMANOS?

Uno se pregunta si se trata de los derechos humanos, que se pisotean en todas partes, o de los derechos exclusivos del judío... Nadie debería ser acosado por sus opiniones. La libre comunicación pensamientos y opiniones es uno de los derechos humanos más preciados...

Si de estos derechos abusan los financieros totalitarios judíos, los pornógrafos a lo Benezareff, la música que mata de Gurgi-Lazarus, el marxismo exterminador, el freudismo abúlico y pornográfico, los narcos, la mafia, los acaparadores parasitarios y los maricones, NO HAY NADA PARA NINGÚN INVESTIGADOR O PROFESOR QUE TENGA ALGO QUE DECIR.

Faurisson tiene derecho a hablar y todo el mundo tiene derecho a contradecirle con HECHOS PRECISOS, EVIDENCIAS, ESTUDIOS PROFUNDOS, ANÁLISIS PROFUNDOS, EXÁMENES EXHAUSTIVOS.

Todo lo demás es totalitarismo mucho peor que el de Hitler, porque su autoritarismo condujo al orden, a los ideales y a la virilidad, mientras que el otro condujo a la descomposición purulenta de toda la humanidad...

Es contiguo al de Kaganovitch y acabará conduciendo a él. Los judíos se verán obligados (este texto fue escrito UN AÑO antes de la ley Fabius-Gayssot, de ahí el futuro) a hacer que las marionetas políticas que manipulan aprueben una ley totalitaria, radicalmente antidemocrática, que condenará a prisión y a multas a quienes se atrevan a cuestionar el sacrosanto dogma *concreto de los 6 millones de habitaciones a gas*. Escribí a PIERRE VIDAL-NAQUET, más de un año antes de la promulgación de esta ley INEVITABLE en la curva de la histeria judía.

UBU, CIRCUNCIDADO Y NO JUDIO, ES EL REY DE ESTE UNIVERSO ORWELLIANO.

Nadie puede negar que el holocausto se ha convertido en una verdadera religión y que la pira democrática amenaza al malhechor.

Jacob Timmerman, historiador judío, afirma: "A muchos judíos les escandaliza el modo en que la diáspora explota el Holocausto.

Incluso se avergüenzan de que el Holocausto se haya convertido en una religión civil para los judíos de EE.UU. Leon A. Jick, otro historiador judío, comenta: "La devastadora ocurrencia de que no hay negocio como el de la Shoa es, hay que decirlo, una verdad incontrovertible".

No pasa una semana sin que se inste al público a "no olvidar nunca". Hay proyecciones de películas pesadas, retransmisiones simplistas y una caza odiosa y psicótica de los "criminales de guerra", ancianos inválidos de ochenta años, de un régimen que lleva muerto 50 años. Las películas populares de aventuras y acción están llenas de referencias a los malvados alemanes y a los asquerosos nazis, siempre retratados como brutales torturadores. Ah, ¡y pensar en cómo se comportaron los rusos en Europa! Un comportamiento horrible, ¡mientras los alemanes, soldados u oficiales, cedían el sitio a las damas en el metro!

Oímos hablar de Oradour-sur-Glane, un caso único en Francia, pero nunca oímos hablar del CONTEXTO de este asunto: ¡soldados alemanes mutilados por la resistencia, un oficial superior con los ojos arrancados y el largo tiempo que los alemanes dieron a los culpables para denunciarse ante las justas represalias llevadas a cabo por los alsacianos! La palabra "represalias" no la inventaron los alemanes y ningún general de ningún ejército habría aceptado semejante atrocidad. ¿No fueron los despreciables torturadores de soldados alemanes quienes, al no denunciarse, se convirtieron en LOS VERDADEROS ASESINOS DE LOS HABITANTES DE ORADOUR?

¡Si conociéramos los crímenes de guerra de los Aliados! Si los jóvenes supieran cómo, incluso después de 1945, rusos y estadounidenses violaron y masacraron a todas las comunidades alemanas de Europa...

MIENTRAS QUE UN OFICIAL ALEMÁN QUE VIOLABA EN PAÍS ENEMIGO ERA INMEDIATAMENTE CONDENADO A MUERTE.

Esa era la ley. Nunca he oído hablar de un oficial alemán que violara en territorio enemigo. Se descubrió la fosa común de KOURAPATY, en los suburbios del norte de Minsk, que contenía unos 250.000 cadáveres. Murieron entre 1937 y 1941, fusilados por las tropas del N.K.V.D..

No es probable que oigamos hablar de ello todos los días en los medios de comunicación: ¡no eran judíos! Y no hablemos de los cursos de enseñanza unilateral, de las apariciones hipócritas de marionetas políticas en actos sagrados de culto al holocausto.

Tenemos que remitirnos a "la vil semilla del ganado" del Zohar para comprender que las víctimas judías son más valiosas que otras.

¿Existen en EE.UU. monumentos conmemorativos, centros de estudio y ceremonias universitarias para las DECENAS DE MILLONES DE VÍCTIMAS DE LOS JUDÍOS KAGANOVITCH, APPETER, OURITSKI, FRENKEL, YAGODA, JEJOFF Y CONSORTS????

Y sin embargo, los 6 millones de Hitler, aunque fueran ciertos, ¡se superan con creces! ¿Qué clase de aritmética es esa que afirma que 6 millones son más que 60 millones?

¿Es necesario recordar los crímenes masivos cometidos por los soviéticos contra ucranianos, bálticos, chechenos, coreanos y muchos otros? El genocidio ucraniano se cobró entre 6 y 8 millones de víctimas reales.

¿Debemos olvidar a los cientos de miles de mujeres y niños y civiles desarmados asesinados por el Ejército Rojo en 1945 en las provincias de Alemania Oriental? Los rusos que se unieron al ejército alemán contra el bolchevismo y que, habiendo sido tan ingenuos como para creer que serían bien recibidos de vuelta a casa, fueron ejecutados por ametralladoras en su camino de regreso...

=Por fin quieren que creamos en la absurda ecuación: REVISIONISMO ANTISEMITISMO.

Nos quieren hacer creer que el revisionismo histórico, que es perfectamente normal (cualquier historiador digno de tal nombre es un REVISIONISTA PERMANENTE), es CONTRARIO A LA DEMOCRACIA.

Curioso postulado que equivale a postular lo contrario: DEMOCRACIA = NO REVISIONISMO.

Esto es el colmo del absurdo y de la estulticia, porque equivale a decir que: ¡EL REVISIONISMO ES CONTRARIO A LOS TEMAS DEL JUDISMO INTERNACIONAL!

C.Q.F.D.: ¡Nadie puede contradecir eso!

Ouch, ouch, ouch, los que dicen esto están siguiendo los pasos del peor antisemitismo, que desde Action Française hasta Hitler afirma sin ambigüedades que:

LA DEMOCRACIA Y EL HUMANISMO MASONICO SON CREACIONES JUDIAS EXCLUSIVAMENTE AL SERVICIO DE LOS JUDIOS.

L'Action Française llegó a afirmar sin rodeos que esto se extendía a todas las instituciones, incluidas la educación y la justicia.

Me lo han dicho tantas personas, aunque sean demócratas, citando como ejemplo las leyes Pléven y Marchandeau, reforzadas por el incongruente absolutismo de la reciente ley Gayssot, que me resultaba fácil prever.

El desprecio por la ley fue evidente en el juicio de Barbie.

Fue condenado a muerte en 1954 y no podía ser condenado de nuevo por un delito similar. Se benefició de la prescripción porque habían transcurrido 34 años desde su condena, y haría falta un legalismo totalitario para eliminar la prescripción. Como boliviano, no podía ser juzgado en Francia a menos que hubiera sido debidamente extraditado. Pero fue secuestrado después de algunos chanchullos increíbles, ¡incluyendo amenazas financieras al gobierno boliviano! Farsa jurídica, pseudojurídica, circo legalizado, desprecio absoluto de los jueces y de su conciencia, desprecio de la JUSTICIA.

¿Por qué no acusar mañana a un octogenario francés que tuvo la desgracia de seguir a la Iglesia y al Mariscal?

Todo es posible en la dictadura del horror que vivimos internacionalmente. Estas líneas fueron escritas entre 15 y 20 meses antes del juicio Touvier.

Así que, como era de esperar, asistimos a este circo de la justicia y de los medios de comunicación. Inauditamente, mientras el mundo yace en la descomposición putrescente del JUDÉO CARTÉSIANISME, se acusa a un desgraciado que había optado por el último régimen limpio Francia.

Y todo esto mientras millones de personas son estranguladas por el paro, destruidas por la aniquilación de todos los valores que hacen y preservan al hombre... Y esto 50 años después. Volveremos sobre esto más tarde...

En cuanto a Barbie, si se hubiera comportado del mismo modo que un oficial francés, sin duda habría tenido derecho a honores estatuarios, o al menos urbanos. Pero su proceso plantea cuestiones espinosas. Barbie, condenado de antemano, no tenía nada que perder. Lo sabía todo sobre los aspectos más desagradables de la

Resistencia, a la que podría haber deshonrado: no dijo NADA. Podía haber sometido al medio siglo judío a un juicio implacable, justificando su opción hitleriana: no dijo NADA. PODRÍA HABER APLASTADO EL PRETORIO Y TRIUNFADO SUPREMO Y AÚN ASÍ HABER SIDO CONDENADO: NO HIZO NADA.

¡Mantuvo la boca cerrada! ¿Por qué iba a hacer eso?

¿No formaba él mismo parte de un circo cuidadosamente urdido para desconcertar a las masas en las que ruge el antisemitismo?

Estos circos a lo Barbie y Touvier no van a distraer a las masas de su agudo descontento con el paro, ni del antisemitismo que este tipo de espectáculo exacerba, piense lo que piense la paranoia judía...

Sea como fuere, la política que se sigue contra Faurisson, si continúa -Y LA HISMOTERIA DE MIS CONGENERADOS HARA QUE CONTINÚE- reivindicará las peores afirmaciones antisemitas de la extrema derecha, y ES LA GENTE DE IZQUIERDA LA QUE ALIVIAR ESTAS DEMONSTRACIONES... ¡!

Con demasiada frecuencia se olvida que Hitler quería cambiar a todos los judíos de Europa por un número razonable de camiones. Fueron los gobiernos judíos de Inglaterra y Estados Unidos los que prefirieron los camiones a nuestros compatriotas judíos, que les serían mucho más útiles como mártires inflacionarios en los campos. Lo lamentable es que la cifra de 6 millones es un disparate aritmético. En Jours de France, Bloch-Dassault señalaba que la vida en los campos alemanes no era peor que en los Gulags, dirigidos por medio centenar de judíos, cuyas fotografías pueden verse en el volumen II del Archipiélago Gulag de Solzhenitsyn, y que fueron responsables de decenas de millones de masacres.

Nadie discute este hecho, ¡ni siquiera los historiadores comunistas! Menciono sólo para que conste las decenas de millones exterminados en la revolución de 1917, sin olvidar al zar y a su familia, revolución en la que todos los equipos de gobierno y todos los financieros que subvencionaron este régimen delicioso para el desarrollo humano ERAN JUDÍOS.

Vale la pena repetirlo: ¿son estas decenas y decenas de millones de personas masacradas numéricamente menos que los 6 millones, AUN VERDADEROS, con los que nuestros cansados oídos son bombardeados constantemente por los medios de comunicación? Y estas personas no fueron exterminadas porque tuvieran en sus manos todas las palancas de las finanzas, la especulación parasitaria, los sistemas e ideologías suicidas, sino porque eran valientes ciudadanos rusos anticomunistas...

No hace falta que los medios de comunicación hablen todos los días de esas decenas de millones, no hace falta que la "alta conciencia internacional" se preocupe de ellos, no hace falta hacer una película titulada "SUPERHOLOCAUSTO": ¡no eran judíos!

Así que no son más importantes que los boat people, los biafranos, los eritreos, los palestinos, los cristianos del Líbano...

Para el mundo entero, en cambio, fue la noche eterna y la niebla, los que murieron de hambre y tifus durante los 3 meses en que Alemania se derrumbaba. Olvidamos mencionar que, como consecuencia de los bombardeos aliados, la situación era la misma en las principales ciudades alemanas que habían quedado reducidas a cenizas. Los civiles morían allí como moscas, y un solo bombardeo podía cobrarse entre 150.000 y 200.000 víctimas.

De estas ciudades martirizadas, no hay fotos de niños muriendo entre las ruinas o bajo los escombros. Sí hay, en cambio, fotos de los campos desde todos los ángulos, con pies de foto que nada tienen que ver con la realidad: como los bombardeos aliados hacían imposible alimentar a los internados, ¡era inevitable que murieran de hambre! ¿Quién puede creer por un momento que los alemanes, viendo venir su derrota, pudieran haber dejado tras de sí semejante imagen de marca?

¿Tenemos esas imágenes de los horrores de los gulags?

¿No es evidente que los esqueletos vivientes que se nos muestran en fotografías y películas no tienen nada que ver con las cámaras de gas? ¿Cómo es posible que no veamos que el hambre y el tifus son la causa de esas imágenes angustiosas?

LA FARSA DE LOS 6 MILLONES DE CÁMARAS DE GAS ES DECIDIDAMENTE DESCARADA: ES PSICOLÓGICA, ES ARITMÉTICA, ES TÉCNICA.

Suponiendo que los "*6 millones de judíos gaseados*" sean ciertos. ¿Qué encontramos en el mundo liberal-socialista totalmente "cercado"?

Deliberadamente no uso el término "JUDÍO" porque TODO LO QUE QUEDA DEL MUNDO MODERNO ES HEREJE Y CRIMEN ANTE LA TORA.

El uso del término judío es un abuso semántico. La palabra sólo tiene un significado y es religioso. A los judíos sólo se les puede reprochar su silencio ante las fechorías de estos impostores QUE NO SON JUDÍOS EN ABSOLUTO: son la "secta internacional de la circuncisión atea y especulativa del 8º día". Volveremos sobre esto más adelante.

Veamos algunos detalles:

1.   Todos los países están sometidos a la feroz dictadura del dólar y aplastados por enormes deudas impagables. [1]La ruina internacional está a las puertas y será definitiva cuando se logre la hegemonía de los banqueros y sus secuaces tecnócratas mediante tratados engañosos como los descritos en los falsos PROTOCOLOS DE LOS SABIOS DE SION. Estos tratados del tipo MAASTRICHT, el G.A.T.T. y los que seguirán, tendrán como efecto el asesinato definitivo de la clase campesina y la reducción de Europa al paro. Hitler, al igual que el mariscal Pétain, ERAN FUNDAMENTALMENTE CONTRA ESTE SUICIDA SISTEMA QUE DESTRUYÓ TOTALMENTE AL HOMBRE TRADICIONAL EN EQUILIBRIO CON UNA NATURALEZA INOLVIDABLE.

Estaba en contra del liberalismo, que contaminaba el suelo, los cuerpos y las almas, del mismo modo que estaba en contra del bolchevismo, que exterminó a decenas de millones de seres humanos, reduciendo a todos los seres vivos a la condición de unidades estadísticas matriciales elementales. AQUÍ ES DONDE RADICAN LAS VERDADERAS CAUSAS DE LA GUERRA DE 1939-1945, Y NO EN OTRA PARTE.

Todo lo demás, y volveremos sobre ello, no es más que un pretexto para hacer el juego a las masas, que serán conducidas por los 60 millones al matadero.

2.   El desempleo es una plaga mundial. El Club de Roma de Rockfeller predice que pronto habrá mil millones de parados en el mundo. Tanto Hitler como los Marshall eliminaron el desempleo en ambos países fomentando la natalidad, que fue excepcional en Alemania.

3.   Sitios, suelos, bosques, aguas, especies animales y vegetales están siendo destruidos por la industria y la quimificación. 5000

---

[1] Más tarde se convertiría en la Organización Mundial del Comercio.

lagos están biológicamente muertos en Canadá, 2000 en Suecia. Los bosques desaparecen, devorados por la publicidad y las monstruosas papeletas electorales. El ácido de los coches y las fábricas hace el resto.

El Rin era hace poco un río muerto, y el Mediterráneo está horriblemente contaminado. La industria sólo existe gracias a una financiación RADICALMENTE CIRCUNSTANTE.

No hay financieros como Warburg (que en 1914-18 financió simultáneamente a los aliados, a los alemanes y a la revolución bolchevique), Hammer (que sólo en 1941 poseía tanto petróleo como las 3 potencias del Eje), Soros (que desestabilizó una moneda con una llamada telefónica), Bronfmann, predicador del Holocausto, rey del alcohol y propietario de 3.600 millones de dólares, que no estén "circuncidados el 8º día". Los que no lo están tienen, analizándolo, un "radio de acción" irrisorio.

4. La explotación de la energía atómica amenaza de muerte a la humanidad.

Bombas atómicas, Chernóbil, daños genéticos, residuos que no se pueden neutralizar ni almacenar.

Nadie niega la importancia de los físicos Einstein y Oppenheimer en el desarrollo de la bomba atómica, ni la de S.T. Cohen en el desarrollo de la bomba de neutrones.

La filósofa Irène Fernandez, en el programa FR3 del 15 de febrero de 1988, nos informó de que Hitler se negó a utilizar la bomba atómica por razones humanitarias. La habría utilizado como elemento de disuasión, ¡lo que habría evitado Hiroshima y Nagasaki!

La prensa reveló recientemente que la investigación atómica nazi era inexistente.

Todo esto corresponde al proyecto de tratado presentado por Hitler a Inglaterra y Estados Unidos, según el cual las poblaciones civiles no serían bombardeadas en caso de guerra. ¡Este tratado fue rechazado!

ES ABSURDO SUGERIR QUE TALES ESPECULACIONES SON COMPETENCIA DEL INTELECTO, CUANDO EN REALIDAD SON COMPETENCIA DE LOS DONES ESPECULATIVOS, QUE ES UNA CUESTIÓN COMPLETAMENTE DIFERENTE. La ciencia y las finanzas, desprovistas de autoridad espiritual, NO PENSAN.

5. Apenas queda agua potable.

Pero Hitler estaba muy preocupado por la ecología. Era muy consciente de los peligros de la sobreindustrialización, que se vio obligado a debido a los peligros de la guerra.

Tuvo que hacer frente a la situación económica.

La píldora de Djérassi y Aron Blum (alias Beaulieu), el aborto de Simone Veil y Rockefeller (con sus verdaderas fábricas de abortos), la pornografía de Bénézareff, la música patógena y criminógena de Gurgi-Lazarus, con sus cantantes infantiles, reinan en todo el Occidente llamado, grotescamente democrático.

Este niágara suicida del planeta se está produciendo EN NOMBRE DE LA LIBERTAD, y nadie se ríe: reina el zombismo, comatoso y aparentemente irreversible.

¡Pero un profesor universitario no tiene derecho a expresar los resultados de una investigación tranquilizadora (cuya realidad debería deleitar a todo el mundo) porque el tema desagrada a la circuncisocracia globalista! ¡! La libertad, la curiosa libertad, sólo existe para los financieros bolcheviques, los abortistas pastilleros, los físicos suicidas, los pornógrafos, los químicos alimentarios y terapéuticos y, en general, para todos los contaminadores circuncidados y los goys que les siguen...

6. **El FREUDISMO**, cuyas realidades fisiológicas y sobre todo endocrinológicas demuestran su falsedad y su perversidad, ataca a la familia, la suprime, la pornografía, desflora nuestros sentimientos más sagrados, el respeto a los padres, a las madres, a los niños y a su inocencia.

Porque Freud nunca fue capaz de comprender que el hombre normal no está libre de su famosa "libido", sino que está estrechamente enmarcada en un conjunto de reglas de conducta y pensamiento que no le permiten invadir las esferas nobles de la existencia: la familia, el espíritu de sacrificio y amor que la impulsa, el conocimiento, el pensamiento...

7. **El MARXISMO** se extiende como los tentáculos de un pulpo por todo el planeta. La educación es ahora un caldo de cultivo de consumidores-votantes a menudo ignorantes, a veces analfabetos o iletrados, drogadictos, clientes de discotecas, delincuentes y descerebrados...

Bajo la dulce máscara de la neutralidad y la tolerancia, el laicismo hace tiempo que ha atrincherado todas las rutas hacia lo Espiritual. He visto caer esta vertical en cuarenta años de enseñanza secundaria y superior. El laicismo ha entregado a los niños al zombismo, al fanatismo revolucionario y al ateísmo. Este es el ateísmo no militante, indiferente, el verdadero ateísmo del australopiteco o del chimpancé. El ateísmo militante es una religión fanática, una participación negativa en lo Sagrado. No se niega lo que no existe, no se expresa nada. El verdadero ateo no expresa nada: el concepto de Dios le es ajeno. El ateo es un rebelde contra Dios. Desgraciadamente, al nivel de su inteligencia, tiene buenas razones para justificarse. No hay neutralidad en la deseducación internacional, que produce matones de todo tipo, desde drogadictos a políticos de barrido, y los profesores destilan el Santo Evangelio de Karl Marx y fantasías freudianas.

Incluso las películas que mostramos a los niños, incluidos los dibujos animados, no son más que ejemplos y estímulos de violencia. La televisión inculca la superioridad del criminal adornado con todas las virtudes, la víctima de la sociedad (es cierto que los produce en masa).

Los sonidos frenéticos e histéricos de Michael Jackson y Madona, que promueven el vandalismo y el asesinato, están siendo alimentados por una juventud suicida y zombificada, sin ideales ni esperanza...

La incitación al libertinaje es ahora obra de los propios ministros circuncidados. Mediante el uso insidioso del SIDA y los preservativos. Incluso en las escuelas secundarias. NUNCA SE LES DICE A LOS JÓVENES QUE EL AMOR ES LA ÚNICA FORMA DE PREVENIR EL SIDA.

Y LA FIDELIDAD DE LA PAREJA. Nunca se les dice que la ausencia total de preocupaciones sexuales antes de los dieciocho años es una regla absoluta. Si no se respeta, conducirá a desequilibrios neuroendocrinos, a menudo a un estado de amorfos legañosos, degeneración, abulia y, por supuesto, a la FACILIDAD DE SER SUGERIDO ESPECIALMENTE POR LOS MEDIOS DE COMUNICACIÓN. En resumen, desintegración física y psicológica.

Eso no impedirá que uno de estos degenerados dotados matemáticamente por naturaleza se gradúe en la Politécnica y se convierta en... uno de nuestros ministros, esclavo de todos los Maastrichts...

La homosexualidad se ha convertido en una virtud y no dudamos en inculcar la idea de que los que no tuvieron la suerte de nacer invertidos (es decir, ¡enfermos glandulares!) ¡son culpables!

Se fomenta el tirar la ropa. Nuestros escolares parecen sacos de patatas de colores, a menudo se convierten en una especie de vagabundos, con vaqueros con agujeros en las rodillas, y se les enseña a ser ignorantes o a avergonzarse de la elegancia...

En todas partes, la educación se convierte en una coartada para difundir el mensaje de las drogas, la matonería, la pederastia, la pornografía y el terrorismo.

Los manuales escolares completan esta despreciable obra de destrucción: maniqueísmo político, masoquismo racial antifrancés, condena de los historiadores que intentan examinar más de cerca las realidades de la historia.

¡Sobre todo, claro está, si hablamos del SACRO-HOLÍTICO MITO DE LOS 6 MILLONES DE CÁMARAS DE GAS! Así pues, el 85% de los toxicómanos son jóvenes de entre 16 y 25 años. Es interesante señalar de paso que el 80% de los delitos son perpetrados por no europeos, un porcentaje muy elevado de los cuales son africanos.

No la abolición de la pena de muerte, sino LA PENA DE MUERTE GENERALIZADA PARA INOCENTES Y POLICÍAS.

Y, sin embargo, ¡el 65% de los franceses lo rechazaron!

La mayoría de los violadores y asesinos de niñas y niños son reincidentes. En Estados Unidos, la reincidencia de los asesinos liberados es un problema enorme. En UN estado que no aplica la pena de muerte, ¡72 policías fueron asesinados por gángsters en un solo año!

ESTO ES LO QUE SE CONOCE COMO ¡ABOLICIÓN DE LA PENA DE MUERTE! La pena de muerte no tiene un efecto disuasorio", nos dicen tontamente los purificadores del sagrado sistema de la democracia. Ese no es el problema: se trata de purgar a la sociedad de personas especialmente peligrosas. Los conceptos de venganza y justicia no tienen nada que ver: ¡no se puede dejar vivir a personas que podrían violar y asesinar a tu hijo en cualquier momento!

¿Y cómo puede decirse que la pena de muerte no es disuasoria?

¿Cómo podría alguien secuestrar un avión con 200 pasajeros con una pequeña pistola si la pena de muerte no fuera disuasoria?

Nos apoyamos en la coartada engañosa de las estadísticas, "ese arte oficial de mentir", como decía Marc Blancpain. Pero ¿desde cuándo las estadísticas nos prohíben pensar?

Hitler no habría tolerado ni la sombra de uno solo de estos horrores. ¡Qué libertad prohibir al profesor Faurisson y permitir la pornografía, a los asesinos de ancianas, a los violadores y asesinos de niñas, a los cantantes ignorantes y regresivos que hacen que 70.000 zombis judeocartesianos se quiten los pantalones...! ¡!

El totalitarismo seudojudío adquirirá proporciones tentaculares: todos los países occidentales sometidos a la circuncisión aprobarán una ley que prohibirá a cualquiera expresar la menor duda sobre los *6 millones de personas gaseadas* en Auschwitz, so pena de cárcel ¡*El mundo feliz* de Huxley y *1984* de George Orwell quedarán desfasados!

Temblad también los octogenarios alemanes que intentasteis sacar a vuestro país de la podredumbre de Weimar y a Europa de la abyecta degeneración judeocartesiana en la que, congelados, sobrevivimos a finales del siglo XX. Mañana, la histeria "judía" os buscará en las profundidades de Sudamérica, en alguna aldea remota, para juzgaros con el sonoro toque de una trompeta mediática...

8. La droga se extiende libremente, COMO NOS HA REVELADO LA TELEVISIÓN, aunque es "judía" en esencia, y beneficia y es manejada por las Altas Finanzas, cuya identidad nadie tiene clara.

¡Me dijeron en una logia, cuando era un masón ingenuo, que un proveedor de drogas europeo era intocable porque tenía rango ministerial! ¡Demoncrassie es una buena cosa!

Estaba pensando en la época en que un mariscal de Francia, compañero de Juana de Arco como era, fue ahorcado y quemado públicamente por pederastia y asesinato de niños.

Extraña justicia democrática donde todos son iguales, pero donde, como decía Coluche, "los judíos son más iguales que los demás"...

Armand Hammer Jr. y sus socios (que llevan financiando el bolchevismo desde 1917, junto con Warburg, Sasoon, Loeb, etc.), que crearon el Partido Comunista en EEUU y nunca fueron interrogados durante la época de Macarthy, nunca serán ahorcados por este crimen supremo que causó la muerte de decenas de millones de personas. LOS GRANDES CRIMINALES NO ESTÁN EN LAS PRISIONES SINO EN LA SOCIEDAD LIBERAL, dijo Carrel.

A veces incautamos un poco de heroína para que parezca que estamos haciendo algo, pero la esencia misma de esta pseudodemocracia hace imposible llevar a cabo una política eficaz para erradicar a los capos de la droga y de su producción.

Incluso están organizando países para vivir de ello, con el fin de hacer irreversible el proceso de la muerte.

Sin embargo, bastaría con colgar públicamente en la Place de la Concorde, en NOMBRE DE LOS DERECHOS HUMANOS Y CIUDADANOS, a dos proveedores de droga internacionales o incluso nacionales, para que el asunto quedara zanjado.

Las ancianas podrían entonces ir de compras sin arriesgar sus vidas, y las madres ya no estarían preocupadas por sus niñas o niños pequeños.

Luis XVI fue decapitado en la plaza de la Concordia, ¡pero un gran traficante de drogas no será colgado allí! En esta breve frase reside el símbolo de la mistificación de la masa mundial, que ha conducido a dos y probablemente tres guerras mundiales, a una contaminación generalizada de almas y cuerpos, a una degeneración sin precedentes ahogada en salsa socialpornográfica.

9.   La delincuencia va en aumento. Como no podía ser de otro modo entre jóvenes sin fundamentos espirituales ni morales, alimentados con sonidos histéricos que conducen a la delincuencia, la droga o el suicidio. En tales condiciones, la ruptura de las parejas y la miseria de los hijos sólo pueden aumentar en progresión geométrica.

En Nueva York, la ciudad más "circuncidada" del mundo, hay 600.000 drogadictos REVERTIDOS. Lo que significa que esta cifra puede duplicarse.

El suicidio es la segunda causa de muerte de niños y adolescentes, después de la diosa mecánica, a la que cada año se ofrecen como holocaustos miles de jóvenes...

PUNTOS DE DETALLE QUE ESO.

¿Quién se atrevería a afirmar que Hitler había tolerado alguno de estos crímenes?

ES ALLÍ, Y EN NINGÚN OTRO LUGAR, DONDE SE ENCUENTRAN. ¡LOS INMENSOS CRÍMENES DE LESA HUMANIDAD Y NO EN LA BÚSQUEDA HISTÉRICA Y PARANOICA DE PSEUDO CRIMINALES DE GUERRA QUE HICIERON TODO LO POSIBLE POR IMPEDIRLOS! ¡!

TODOS ESTOS CRÍMENES SON CAUSADOS POR EL SISTEMA LIBERAL-SOCIALISTA, SOROS-MARXISTA.

10. Un escritor, Yann Moncomble, publica un libro titulado LES RESPONSABLES DE LA TROISIRE Guerre MONDIALE.

Acusado por aquellos a los que acusaba (sólo podemos adivinar quiénes), ¡FUE LIBERADO EN PRIMER JUICIO Y EN APELACIÓN!

Lo que demuestra que aún queda un vestigio de justicia, que acabará destruyéndose.

11. La medicina química, con sus efectos iatrogénicos y teratogénicos, reina en todo el planeta, con progresos muy reales en cirugía, que se utiliza para las abominaciones más espantosas (robo de órganos de niños en países del Tercer Mundo, tráfico espantoso de trasplantes, etc., tráfico y experimentos con niños "no nacidos" (véase "Bébés au feu"-Apostolat des éditions, rue du Four 75006 París).

La degeneración biológica se vuelve abominable de contemplar, como la superpoblación incontrolada, que llevó a COUSTEAU a afirmar sabiamente que tendrían que desaparecer 300.000 personas cada día para restablecer el equilibrio del planeta.

LA POBLACIÓN MUNDIAL CRECE CUANTITATIVAMENTE PERO HA DESAPARECIDO CUALITATIVAMENTE.

"Los conceptos de salud y medicina son radicalmente ajenos", afirma el doctor Henri Pradal, experto de la Organización Mundial de la Salud. Ganó 17 juicios contra los trusts fabricantes de medicamentos químicos, la mayoría de ellos en el ámbito terapéutico.

Basta con echar un vistazo al VIDAL para ver el niágara de los "efectos secundarios", que a menudo son "más graves que la enfermedad que pretenden tratar", como han dicho muchos médicos en revistas médicas especializadas. Por ejemplo, los estrógenos sintéticos administrados para un tumor benigno de próstata infligen un cáncer mortal y, antes de la muerte, una úlcera de estómago... Éste es sólo un ejemplo entre muchos.

12. Reina el antirracismo, que CREA EL RACISMO SISTÉMICO. Consiste en imponer la mezcla de etnias muy diferentes, lo cual es un CRIMEN FISIOLÓGICO Y PSICOLÓGICO. Esto se hace en beneficio exclusivo del RACISMO SIONISTA, al que no le importa masacrar a los árabes que impone en Europa, en Dir Yassim, en Sabra, en Chatilla, en la Franja de Gaza, en Cisjordania y en otros lugares si les conviene.

Sabemos que la mayoría de los narcotraficantes de la región parisina son magrebíes o negros, por no hablar de su asombroso nivel de delincuencia, violaciones y robos...

Un mulato homosexual con SIDA confiesa 21 asesinatos de ancianas. Un negro viola a 32 niñas.

Francia se está convirtiendo en el Líbano y muchos comunistas votan... ¡Le Pen!

13. Los medios de comunicación y la televisión difunden el "racismo antirracista", siempre antinacional, el marxismo, el freudismo, el porno, la fealdad, la violencia, la inmoralidad, la música patógena...

¡Y TODO ELLO SIN LA MENOR INTERVENCIÓN DE LOS LLAMADOS GOBIERNOS DEMOCRÁTICOS!

14. Desde 1945, SIN NINGUNA RESPONSABILIDAD POR PARTE DE LOS NAZIS NI DE VICHY, ¡SE HAN HECHO 150 GUERRAS EN EL ORBITÓN LIBERAL DE BOLKSHIRE! ¡!

Todo el mundo conoce estos horrores: India, Corea, Hungría, Cuba, Congo, Irak, Indochina, Argelia, Biafra, Eritrea, Líbano, etc.

En una noche, la circuncisocracia mundial fue capaz de movilizar a todas las naciones para DEFENDER SU PETRÓLEO EN KUWAIT...

¡Unos días antes dejamos que masacraran a los cristianos del Líbano sin mover un dedo! ¡!

Las naciones sólo se movilizan por dinero y petróleo.

Mientras escribo estas líneas, la antigua Yugoslavia está ardiendo. La idílica Europa del Tratado de Maastricht es incapaz de detener esta terrible masacre: HAY QUE DECIR QUE ALLÍ NO HAY PETRÓLEOS NI JUDÍOS...

Digamos unas palabras sobre la dulzura de la descolonización.

Vietnam es un infierno del que millones de personas sólo pueden soñar con huir arriesgando su vida. Laos se ha hundido en una anarquía indescriptible, Camboya ha vivido el más cruel de los genocidios, UNENTITLED TO THERE, y sufre la ocupación vietnamita, que nos hace lamentar nuestro colonialismo.

En África, los colonos han desaparecido, pero los desgraciados negros han sido privados de todos sus derechos y han sido entregados a masacres y hambrunas, y la Sudáfrica "liberada" vivirá mañana masacres interétnicas y hambrunas. ¿Ha sido alguna vez el colonialismo en este continente más atroz que el de los soviéticos y los cubanos? En el pasado, puede que robáramos las riquezas naturales de esos pobres negros incapaces de explotarlas, pero trajimos la calma y la tranquilidad general.

Ahora, una camarilla de políticos locales y matones capitalistas explotan a esta gente en su propio beneficio, haciéndoles olvidar su hambre a base de atizar el odio fratricida.

Se habla de 200.000 muertos en Ruanda... ¿Cuál es la situación actual en Argelia?

Lo vimos en otoño de 1988, y en los años siguientes. Se suponía que si lo dejábamos sería un lugar feliz. Pero ¡ay! La revuelta reina allí, como en todos los países descolonizados. Cuando Argelia intenta recuperar su tradición mediante elecciones democráticas, éstas se anulan muy democráticamente. La democracia es una criptodictadura sin valores, que sólo se acepta a sí misma.

NUNCA TENEMOS DERECHO A ELEGIR DEMOCRÁTICAMENTE UN RÉGIMEN QUE NO SEA LA LLAMADA DEMOCRACIA. ESO DEBERÍA ESTAR PERFECTAMENTE CLARO PARA TODOS.

EN UNA DEMOCRACIA LAS ELECCIONES SE CANCELAN POR TU PROPIO BIEN; EN LA URSS TE EJECUTARON POR TU PROPIO BIEN.

(de 6 a 8 millones a la vez, como en Ucrania, si es necesario)...

En Argelia traicionamos a un millón de europeos y a nueve millones de musulmanes. Renunciamos a una agricultura próspera, a ciudades modernas, a unas instalaciones envidiables y a miles de millones de francos de gas y petróleo que habíamos descubierto pero que no supimos explotar.

La miseria marxista reina ahora en Argelia como reinará mañana en Nueva Caledonia, y serán las propias víctimas las que impulsen su suicidio.

TODA AFRICA AGONIZA ATRAPADA LA ESPECULACION CAPITALISTA Y EL MARXISMO ASESINO.

NO HAY ESPERANZA PARA ESTOS PAÍSES EN LA ACTUAL SITUACIÓN MARXISTA...

Cuando se conozca la responsabilidad de los circuncidados el 8º (y no de los judíos, que sólo son culpables del pecado mayor de guardar silencio, aparte de algunos judíos honrados que, como el profesor Henri Baruk, no cesan de afirmar que "Freud y Marx no son judíos"), de los liberales y de los marxistas en la masacre mundial que acabo de describir, se podrá entonces tomar una balanza y sopesar el magma mundial putrescente de un lado y *los 6 millones de habitaciones a gas*, supuestamente verdaderos, del otro.

VERÁS HACIA QUÉ LADO SE INCLINA EL HORROR MÁXIMO.

Esta síntesis de horrores máximos es difícilmente conceptualizable al nivel del cerebro del hombre medio.

Por eso, para convencer a las masas zombificadas, basta con enseñarles la película "Nuit et Brouillard" y todos los sucedáneos que surgen periódicamente, martilleantes e hipnóticos.

Sin embargo, en estas películas no vemos a nadie gaseado, ni ningún dispositivo de gaseado plausible, sino a prisioneros que morían de hambre, miseria y tifus porque, como ya he dicho, era imposible abastecer los campos a medida que el ^{Tercer} Reich se derrumbaba.

Pero el espectador, el desafortunado telespectador, SIN DARSE CUENTA DE QUE SÓLO EL CAPITAL JUDÍO ESTÁ

INVOLUCRADO EN ESTAS PELÍCULAS DE PROPAGANDA OUTRECUDIANTE, reacciona como un perro al que le han dado una albóndiga para que digiera una pastilla de arsénico. Repito que todo el mundo ignora, y uno se pregunta por qué y cómo, que las mismas visiones del horror estuvieron presentes en todas las grandes ciudades alemanas reducidas a cenizas por los Aliados.

La espantosa síntesis expuesta en este libro HABRÍA SIDO IMPOSIBLE BAJO EL TERCER REICH, PORQUE ES LA ANTITESIS RADICAL Y ABSOLUTA DEL TERCER REICH.

Basta leer MEIN KAMPF a la luz de la actualidad del último medio siglo para convencerse perfectamente.

Esta es sin duda la razón por la que este libro está tan democráticamente prohibido.

El objetivo preciso de Hitler era PREVENIR a todos aquellos que llevarían a cabo estos horrores mortales y acabarían con la humanidad y el planeta.

EMPEZAMOS A ENTENDER POR QUÉ HEIDEGGER GUARDABA SILENCIO.

Ya había empezado a callar en 1936. La llegada de Hitler le devolvió la esperanza. Esperanza aplastada, TENÍA QUE CALLAR.

Ya en 1936, Heidegger preveía el "embrujamiento último" de la modernidad en el "gigantesco" de un "pensamiento planificador y calculador", ajeno al Ser, que se despliega a través de la técnica, la ciencia y la economía modernas, afirmando su voluntad de poder basada en el concepto cartesiano de subjetividad que "centra el conocimiento en la razón humana considerada como instrumento de medida universal y sistemático". El animal racional se tecnifica, "la expansión cancerosa del hombre y de la economía maquínica" desertifica el planeta, generando masificación, desarraigo, aburrimiento y monotonía, y el Sujeto se convierte en Objeto de su dominación, buscando superar su angustia, llenar su vacío interior, a través de "experiencias vividas", en el asunto cultural de la búsqueda de la velocidad, del rendimiento y de todas las formas de DROGAS.

Incluidas las propias drogas...

Resumamos para una mejor comprensión y repitamos si es necesario.

Uno se pregunta cómo el ser humano ha podido dejarse llevar hasta tal grado de estupidez.

TODO ES TAN BRILLANTE COMO EL SOL. TODO ESTÁ A LA VISTA.

Todas las pruebas están ahí, delante de nosotros. Una semana en la prensa, en la televisión, mirando a su alrededor, puede convencer incluso a un tonto.

¿Somos ahora los humanos subimbeciles, animales de corral? Es cierto que cuando uno ve que películas abyectas como LES VALSEUSES u ORANGE MÉCANIQUE pueden tener éxito entre las masas, piensa que TODO ESTÁ PERDIDO. Ni bajo Hitler, ni bajo el mariscal Pétain ("Quiero liberar a los franceses de la tutela más vergonzosa, la de las finanzas") hubiéramos conocido la ESCLAVITUD TOTAL DEL DINERO, la venta de armas a todo lo que se extermina, el paro creciente que aumenta geométricamente y que NUNCA DEJARÁ DE CRECER PORQUE ES PRODUCTO DEL SISTEMA, la quimización sistemática de alimentos y medicinas, que afecta al hombre a nivel cromosómico, los jóvenes que se drogan y se suicidan por miles, el aborto en autoservicio, la píldora patógena y teratógena (Pr Jamain), el tráfico de bebés considerados no nacidos, utilizados para vivisección y experimentos de laboratorio, y desechados a los 7 meses "cuando empiezan a andar" en incineradoras...

La píldora no sólo es patógena en general, sino que provoca bloqueos ováricos, retraso del crecimiento, esterilidad, frigidez y, por supuesto, un aumento exponencial de las enfermedades venéreas, que actualmente desembocan en el SIDA, y otras enfermedades víricas que matarán sin apelación, el abulismo freudiano desintegrador, el pornografismo y el ombliguismo, la enciclopedia sexual Kahn-Nathan (asistida por una docena de circuncidados: Lwoff, Simon, Berge, etc.), los terroristas que matan simbólicamente al jefe del Estado italiano, al jefe de la industria alemana, al antiguo virrey de la India, la sujeción marxista que extermina a las personas por su propio bien, la producción en masa por el laicismo de amalgamas físico-químicas que mañana votarán por gulags cantantes o cualquier otra impostura, bajo el pretexto del "cambio" predicado por políticos estúpidos, un aumento volcánico de dementes, delincuentes, homosexuales, asexuados, drogados por la quimificación, las carencias vitamínicas, la deseducación, la masturbación fomentada por TORDJMANN (cuando sabemos que los esquizofrénicos son todos masturbadores y que la masturbación atonta irreversiblemente, lo que no impide que algunas especies se conviertan en politécnicas), chicas de quinto curso embarazadas (6.800 entre 13 y 17 años sólo en 1978), un niño de 11 años que violó y mató a una niña, ¡y cuántos otros casos similares que aumentan con el paso del tiempo!

¿Casos excepcionales? Esa no es la realidad. Son síntomas de un estado global: el lamentable estado del Occidente judeocartesiano.

Añadamos que el famoso asunto de la sangre contaminada habría sido imposible bajo el nazismo. (¡Si hubiera ocurrido, la circuncisocracia mundial seguiría hablando de ello dentro de 3.000 años!).

En primer lugar, porque Hitler habría castigado a los responsables con el máximo rigor. En segundo lugar, porque la limpieza del régimen habría impedido que germinara. BAJO HITLER, EL TERRORISMO Y LA PORNOGRAFIA DE LA SOCIEDAD A TRAVES DE LA PILDORA Y LOS CONDONES NUNCA HABRIAN SIDO POSIBLES: EL TENIA UN SENTIDO DEMASIADO GRANDE DE LA BELLEZA Y LA PUREZA DE SU JUVENTUD COMO PARA DEGRADARLA DE ESTA MANERA. Solo los circuncidados al ^{octavo} dia y los goys imbeciles que los siguen podrian poner en practica una inmoralidad tan consumada.

TODO ESTO ES LA EXPRESIÓN MISMA DEL LIBERAL-BOLCHEVISMO.

Las masas "cuantitativas" van a hundirse en sus desechos domésticos, la energía nuclear, la amalgama psicológica de los sexos y la muerte de la maternidad (Gurgi-Eliachev, conocido como Françoise Giroud y Élisabeth Badinter), el porno, la hipnosis mediática, con su océano de mentiras y condicionamientos permanentes, todas las películas del "HOLOCAUSTO", toda esta destrucción brote del judeocartesianismo.

Sin más criterio, sin más cultura, un sistema político y universitario que sólo puede reclutar zombis porque se basa en la farsa del sufragio universal y la mnemotecnia...

Desgraciadamente, estos desafortunados pueblos zombificados ya ni siquiera pueden comprender lo que les está destruyendo, al estar totalmente privados de la capacidad de síntesis. Morirán de su S.I.D.A., en la basura doméstica, inyectándose productos químicos o tomando drogas, gritando "viva la democracia"...

La economía nacional será liquidada, todos los países quedarán bajo el dominio de las altas finanzas, que han acabado con las pequeñas empresas, los artesanos y los agricultores...

POR SUPUESTO, NADA DE ESTO FORMA PARTE DEL PROGRAMA MEIN KAMPF.

Durante su programa "Océaniques", un participante dijo: "hablar de espiritualidad dentro del nazismo es de una inconsciencia rara".

Yo le diría al ingenuo que pronunció este disparate que es de una inconsciencia mamouthesca si no encuentra en este régimen donde se restableció la limpieza, la familia, el honor, el trabajo y los ideales LOS PREMISAS FUNDAMENTALES DE UNA VERDADERA ESPIRITUALIDAD TOTALMENTE AISLADA DE TODOS LOS CONCEPTOS MATERIALISTAS QUE YA NOS EXTERMINARON.

Ninguna espiritualidad puede germinar en el magma putrescente del materialismo liberal-socialista, cuya síntesis aberrante y suicida acabo de esbozar.

Hitler sabía que la GRAN DOGMATICA radicaba en el respeto a la naturaleza y no en dogmas cultistas. No comía carne porque sabía que no se habla con Dios con la boca llena de sangre...

La propia Iglesia ha perdido toda lucidez, todo sentido moral. El Derecho Canónico, puramente formal, es tan suicida como el Derecho Público, y sus alusiones pasteleras a los Derechos Humanos, constantemente pisoteados para todos EXCEPTO LOS CIRCONCISOS DEL DÍA 8, MUESTRA SERIAMENTE EL ESTADO DE FRACASO CARICATURAL EN EL QUE SOBREVIVE...

¿QUIÉN ERA HITLER?

Si haces esta pregunta a cualquier persona, sea cual sea su nivel social, o lo que llamamos por inflación semántica su nivel cultural de educación oficial, comprobarás que NUNCA ha leído "Mein Kampf", y a fortiori que nunca ha confrontado su texto con la actualidad de los últimos sesenta años del siglo XX.

Es más, descubrirá que, al igual que una máquina tragaperras, le dará exactamente los mismos resultados que cualquier otra, y la mayoría de las veces en LOS MISMOS TÉRMINOS.

Estamos atónitos al constatar que el efecto del condicionamiento por parte de la edición, los medios de comunicación y la educación TIENE UN EFECTO SUBLIMINAL SOBRE TODOS. Este es un ejemplo flagrante de la erradicación total de TODA LIBERTAD.

DE HECHO NADIE SABE QUIEN ES HITLER.

Sabemos que en 1917, los circuncidados banqueros estadounidenses Warburg financiaron simultáneamente a los aliados, a los alemanes y a la revolución bolchevique. Luego llegaron a Europa en 1919 como negociadores de paz.

Todos los banqueros circuncisos Warburg, Schiff, Loeb, Sasoon y otros financiaron a los equipos políticos circuncisos que provocaron la revolución bolchevique. Este proceso de financiación, con capital y fábricas llave en mano, ha continuado ininterrumpidamente hasta nuestros días (véanse los artículos de Le Point y L'Express sobre "LE MILLIARDAIRE ROUGE HAMMER"). También hemos mencionado que bajo el estalinismo, 50 verdugos judíos de prisiones y campos de concentración exterminaron a decenas de millones de goys, como atestigua Solzhenitsyn en el volumen II de *El archipiélago Gulag*.

En 1918, Alemania fue estrangulada por el TRATADO DE VERSAILLES: fue de "este proyecto de saqueo", como dijo el ministro británico Lloyd George, de donde surgió la vocación ABSOLUTAMENTE SINCERA Y DESINTERESADA de HITLER.

Me viene a la memoria una anécdota muy significativa, que me contó uno de mis tíos, médico judío.

Antes de que Hitler fuera encarcelado en Nuremberg, donde escribió *Mein Kampf*, durante su juicio un juez le preguntó: "¿Qué quiere usted, señor Hitler, un cargo ministerial? A lo que Hitler contestó: "SERÍA MUY MISPRISIBLE, SEÑOR JUEZ, SI SOLO QUISIERA UN CARGO MINISTERIAL"...

Quería liberar a su país y al mundo de la dictadura del dólar, a la que todos los MAASTRICHT nos han esclavizado hasta hoy. NO quería que Europa se viera reducida a la servidumbre, desmoronándose bajo el peso de deudas monstruosas. NO quería que esta dictadura destruyera las agriculturas nacionales que son la riqueza fundamental de estos países. Hitler fue derrotado por el poder circuncidado Rothschildo-Marxista que le había declarado abiertamente la guerra DESDE 1933 COMO TESTIFICA SIN DUDA LA PRENSA ESTADOUNIDENSE.

De hecho, desde 1933, la prensa estadounidense viene informando de que los "judíos" estaban en guerra con Hitler, cuyo sistema AUTÓCTONO (el único válido para cualquier país que debe poder vivir siempre de lo que él mismo produce. Además, sólo los alimentos que han crecido en el lugar donde vive una etnia tienen valor fisiológico, garantía de salud, para esa etnia. Otra ley de la naturaleza que Hitler comprendía perfectamente) era una pesadilla para ellos. Un conocido libro abogaba incluso por el genocidio de los alemanes, al que Lech Walesa hizo recientemente una potencial alusión, en el silencio de la ALTA CONCIENCIA INTERNACIONAL...

(Si hubiera hablado de la posibilidad de masacrar a los "malvados" judíos en lugar de a los "malvados" alemanes, habríamos oído gritar a la llamada ALTA CONCIENCIA INTERNACIONAL desde el Polo Norte hasta el Polo Sur...

Pero ni una palabra de BERNARD HENRY LEVY, ese campeón de la humanidad...

¿Quién conoce este libro? Se pueden encontrar referencias a él en las obras de Faurisson y en los Annales révisionnistes en particular.

Ya hemos mencionado el hecho de que durante la ocupación de Europa en 1945, los rusos y los estadounidenses hicieron de la violación y la masacre una institución en las comunidades alemanas. Sabemos que las tropas alemanas establecieron como norma absoluta no violar en territorio enemigo, so pena de ser fusilado en el acto, tanto si se era soldado como oficial.

SE DECLARÓ LA GUERRA A HITLER PORQUE QUERÍA ESTABLECER UN NUEVO ORDEN EUROPEO DEL QUE SE PROHIBIRÍA RADICALMENTE LA ESPECULACIÓN PARASITARIA CIRCUNCIDADA.

El único valor sería el TRABAJO, no el DINERO.

ESTA FUE LA ÚNICA CAUSA REAL DE LA GUERRA DE 1939.

Oficialmente, se le declaró la guerra porque quería Danzig, un territorio alemán, Posnania, un territorio alemán en Polonia donde los alemanes eran maltratados e incluso asesinados, y Austria, que quería estar unida al Reich y nunca ocultó el hecho...

Alemania ya no tenía ningún imperio colonial, mientras que EE.UU. hacía tiempo que había impuesto su hegemonía mundial e Inglaterra tenía un imperio colonial "sobre el que nunca se ponía el sol", y las tierras de lengua y etnia alemanas estaban integradas en países extranjeros. Este fue el caso de los Sudetes en Checoslovaquia, cuyo gobierno masónico fue una verdadera espina para el Tercer Reich. Este fue su crimen, analizado por cualquier hombre honesto, incluso un judío. Pero cuando Stalin estaba en el este de Polonia y ejecutaba a TODOS LOS OFICIALES POLACOS con una bala ALEMANA (¡!) en la nuca o barcos hundidos a propósito en la Antártida, la cosquillosa conciencia internacional, ESA PUTA PRODIGIOSA, a la que sólo he visto lloriquear sobre mis congéneres, roncaba, probablemente para no oír el ruido de las balas.

NUNCA he visto a un solo presidente de la Ligue des Droits de l'Homme (Liga de Derechos Humanos) pronunciarse repetidamente contra este crimen de lesa humanidad (¡y tantos otros a lo largo de los últimos 50 años!), ¡que no permite que se cuestione el sacrosanto mito *de los 6 millones de habitaciones a gas!*

Además, la aritmética de los Derechos Humanos es simple: 60 MILLONES (NO IMPUGNADOS) DE EXTERMINADOS POR KAGANOVITCH Y CONSORCIADOS (JUDÍOS) SON MENOS QUE 6 MILLONES (IMPUGNADOS) DE JUDÍOS POR HITLER.

Esta premisa ubuesca resume la histeria paranoica de los últimos 50 años en todos los ámbitos.

Henri Bergson, el filósofo "judío", amonestó a los judíos alemanes en 1921.

Les dijo que su número era desproporcionado, que su poder amoral y asincrático era peligroso para ellos y que, si no cambiaban de comportamiento, desencadenarían una terrible oleada de antisemitismo...

Esto ocurrió doce años antes de la llegada del nazismo.

El profesor Baruk, psiquiatra judío, me decía a menudo que "Hitler era el instrumento de Dios para castigar a los judíos que ya no eran judíos". Cuántas veces me ha dicho: FREUD Y MARX NO SON JUDÍOS".

Los consideraba, con razón, monstruos extradimensionales, enfermos mentales graves.

Siempre recordaré a los alemanes entregando armas a Henri Bergson, el filósofo "judío" durante la Ocupación.

Los alemanes sabían reconocer los valores, incluso en los judíos, y no dudo de que mi espíritu de síntesis me ha valido el título de ario honorario... ¡!

BAJO LA REPUBLICA WEIMAR TODO ESTABA ROTTO Y EL CIRCONCIS DEL 8° DIA MANIPULABA TODO.

ES UN HECHO.

HOY, EL FENÓMENO ES IDÉNTICO, PERO INFINITAMENTE MÁS GRAVE, PORQUE LA REPÚBLICA DE WEIMAR ES DEL TAMAÑO DEL PLANETA.

No puedo imaginar que Louis Rougier, Gustave Thibon o yo mismo hubiéramos sido invitados a este programa de Océaniques. Ni siquiera Maurice Bardèche habría sido invitado, y sin embargo no había ningún riesgo: habría sido aplastado por las leyes Pléven y Marchandeau, ahora consolidadas por la ley Fabius-Gayssot, totalmente dictatorial, radicalmente RACISTA y antidemocrática.

Esta ley también contiene un grave VICIO DE FORMA (véase la carta al Presidente del Senado, al lado). El Tribunal de Nuremberg nunca fue INTERNACIONAL sino INTERALIADO, lo que es fundamentalmente diferente. ¡Un tribunal de vencedores que juzga a los vencidos!!! ¿Cuál puede ser el valor objetivo y moral de un tribunal así?

Personalmente, no me importan estas leyes: que yo sepa, todavía no hay ninguna ley que prohíba a un judío o a un patagón decir lo que piensa de su propio pueblo cuando se enfrenta a la asombrosa realidad de los HECHOS.

Así que había 6 millones de parados en Alemania, a los que Hitler dio pan, ideales y dignidad.

Cuando se ve la horrible degeneración biotípica y azulgrana en Francia, en Estados Unidos (en mayo de 1994, una escritora norteamericana pronunció el siguiente improperio: "¿Conoce usted a algún norteamericano que tenga un orgasmo?) en Italia, Alemania, Inglaterra y España, es desgarrador ver que la ÚNICA persona que casi logró desarraigar la podredumbre de su país sea llamada CRIMINAL, PERSEGUIDO 50 AÑOS DESPUÉS EN LA PERSONA DE LOS OCTOGENARIOS QUE LE SIRVIERON, MIENTRAS QUE LOS QUE REDUJERON A LA HUMANIDAD AL ESTADO DE HOMÚNCULOS ATROCES A TRAVÉS DE UNA IGNORANCIA FUNDAMENTAL DE LAS LEYES DE LA NATURALEZA Y DE TODAS LAS REALIDADES, ESTÁN MOVIENDO TODOS LOS HILOS EN LAS FINANZAS, EL GOBIERNO, LA JUSTICIA Y LOS MEDIOS DE COMUNICACIÓN...

Me viene a la mente esta frase de Nietzsche:

"La historia de Israel es inestimable y típica en lo que se refiere a la distorsión de los valores naturales. Los judíos tienen un interés vital en

enfermar a la humanidad, en darle la vuelta a la noción del bien y del mal, de la verdad y de la mentira, de forma peligrosa y calumniosa...".

La prensa, la televisión, los medios de comunicación, la educación y la edición en sus manos nos proporcionan cada día el Niágara de ejemplos de lo que nos dice Nietzsche, al igual que Dostoievski. ("Dentro de cien años no quedará más que el banco judío y el desierto")...

George Steiner, que estuvo presente en este espectáculo oceánico, va aún más lejos. Por eso me cuesta entender su solidaridad con este programa. En su libro "El transporte de A.H." (Adolphe Hitler) Steiner es absolutamente lúcido. El capítulo XVII es un resumen supremo de la tragedia judía y en alguna parte del libro nos encontramos con esta fórmula deslumbrante:

"DURANTE 5000 AÑOS HEMOS HABLADO DEMASIADO, PALABRAS DE MUERTE PARA NOSOTROS MISMOS Y PARA LOS DEMÁS...".

***

En Alemania, había un parlamento elegido por la nación.

Los referendos demostraron que millones de alemanes estaban del lado de Hitler. Los 6 millones de parados recuperaron su verdadera libertad y dignidad humana al trabajo feliz.

Antes de 1940, los trabajadores europeos NUNCA tuvieron mejores condiciones de vida (que se lo pregunten a los alemanes de aquella generación, a mi generación) que los del Tercer Reich: viviendas dignas (no los cubos de basura de la gente en las urbanizaciones municipales), bibliotecas excepcionales, instalaciones sanitarias y de seguridad ultramodernas.

Al mismo tiempo, millones de obreros franceses y belgas se pudrían los pulmones en cobertizos industriales y refugiaban a sus familias en viviendas insalubres, cuando no en chabolas. Las fábricas del Tercer Reich tenían sus jardines de descanso, sus piscinas, su personal liberado de la tiranía de políticos y sindicatos. Tenían más seguridad social y vacaciones pagadas que en ninguna otra parte.

LA FAMILIA ALEMANA SE CONVIRTIÓ EN UNA UNIDAD DE LA SOCIEDAD.

Está totalmente roto en el llamado mundo "democrático" de finales de este siglo. Las mujeres tenían derecho a cuidar de su casa y de sus hijos. Ni drogas, ni educación laica marxista inmoral, ni preservativos, ni S.I.D.A., ni Madona, ni Michael Jackson, ni ropa basura, ni vaqueros azules LEVIS...

Ni matrimonios estúpidos, ni divorcios estúpidos, ni hijos destrozados por el dolor, el paro, las drogas y el suicidio.

Hoy, el profesor Heuyer nos ha dicho que todos los niños llevados ante los tribunales son hijos de parejas separadas, ya sea por divorcio o porque la madre trabaja intensamente fuera de casa.

Cualquiera puede comprobarlo por sí mismo, incluso quienes no sufren privaciones económicas.

LOS NIÑOS SE SALVARON EN SU TOTALIDAD DEL ABISMO de degeneración en el que están sumidos: drogas, pornografía, terrorismo, suicidio, alcohol, paro y epistemología, en el que están encarcelados por la libertad de los derechos humanos de la circuncisiónocracia globalista.

No digo "Judeocracia" porque no me canso de repetirlo, toda la especulación ROTHSCHILDO-MARXO-FREUDO-EINSTEINO-PICASISTA ES HEREJE Y CRIMINAL ANTE LA

TORA. Sólo reprocho a los verdaderos judíos que NO LA HURLAN.

En la Alemania nazi, ser madre de muchos hijos era un honor, no una carga dolorosa. Suelen violar y robar y vender drogas en los alrededores de las escuelas, mientras nuestras adolescentes abortan y toman píldoras patógenas en general y cancerígenas y teratógenas en particular.

La tasa de natalidad alemana alcanzó los 1.800.000 nacimientos, mientras que la francesa fue de 600.000. Hitler diseñó el Volkswagen Escarabajo, que se convirtió en el coche más popular de Europa. Todavía hoy lo vemos por todas partes, ¡e incluso se convirtió en la estrella de las películas americanas!

El obrero se sintió respetado y los 6 millones de comunistas alemanes se convirtieron en partidarios del Führer. La reforma social y moral que Hitler logró en pocos años liberando a su pueblo de todos los condicionamientos liberal-bolcheviques es asombrosa.

Cualquier persona de buena fe que haya estudiado el problema estará de acuerdo conmigo. Sólo la negación deliberada de la verdad, sólo el condicionamiento de mentes incapaces de probidad, puede dejar de reconocer este hecho evidente.

Para comprenderlo plenamente, hay que estudiar lo que Hitler quería hacer y lo que hizo contra todo pronóstico. Es necesario haber leído MEIN KAMPF, que hoy deja estupefacto por su lucidez frente a las realidades nacionales e internacionales. También es necesario haber leído MITO DEL SIGLO XX, de Rosenberg, para ver la putrefacción global de los 50 años que siguieron a la guerra...

Esto me trae a la memoria las palabras del ministro de Hitler, que se suicidó con su mujer y sus hijos: "No debemos permitir que nuestros hijos vivan en el horrible mundo que los judíos les prepararán a partir de ahora"...

Sin este conocimiento, NINGÚN DIÁLOGO sobre el nazismo es posible.

A esta síntesis elemental de información, que nada más que la probidad me preparó para recibir, hay que añadir lo esencial de la obra de los historiadores revisionistas. Lo revelador de estos trabajos no son ni siquiera los trabajos mismos, SINO LA INCREÍBLE HISTERIA QUE LA SIMPLE NEGACIÓN DE LAS CÁMARAS DE GAS Y LA BOURSOUFICIALIZADA CIFRA DE 6 MILLONES DE DIVULGACIONES. LA MALA FE, LA HISTERIA Y LA NEGATIVA CATEGÓRICA A HABLAR SON MUCHO MÁS CONVINCENTES QUE LOS HECHOS TÉCNICOS Y ARITMÉTICOS, QUE NO DEJAN LUGAR A DUDAS.

Puesto que lo esencial de Hitler es único en la historia de una recuperación (como ha expresado el presidente del Bundestag, Jenninger, que pagó por ello ofreciendo inmediatamente su puesto a una judía), y puesto que todos los parámetros de la circuncisocracia de estos 50 años demuestran que Hitler tenía razón en todo lo esencial, a los medios de comunicación y a los editores de la bota circuncisa les queda acusar a Hitler de satanismo y trombonear el pseudo-Holocausto de las formas más diversas y prepotentes. Si los "judíos" hicieran lo mismo con los 60 millones de rusos exterminados por Frenkel, Yagoda, Firine, Jejoff y la cincuentena de "judíos" del sistema soviético de prisiones y campos de concentración, habría un equilibrio y podríamos soportar estos obscenos clamores "monumentales", televisivos, cinematográficos, "celebratorios", etc.?

Pero no es así.

En cuanto a la primera acusación, en un contexto racionalista, no se puede demostrar nada. En cuanto a la segunda, la fuerza del clamor actúa hipnótica y subliminalmente, y el condicionamiento de las masas es perfecto...

Pero está empezando a agrietarse mucho...

Por el momento, Hitler será para el hombre de masas, incluidos académicos y políticos, lo que el cerdo es para el musulmán.

Recuerdo que antes de la guerra, en Alemania, podías dejar tu bicicleta contra una pared, sin candado, y volver a recogerla por la noche: la encontrabas intacta. Hoy en día, la gente intenta dejar sus coches incluso cerrados con llave en ciertas ciudades, en Italia por ejemplo, pero también en otros lugares, ¡y ya veremos qué pasa!

***

El Papa condenó el nazismo en la encíclica MIT BRENNENDER SORGE. ¿Cuáles son los cargos de esta condena?

La orgullosa apostasía de Jesucristo, la negación de su doctrina y de su obra redentora, el culto a la fuerza, la idolatría de la raza y de la sangre, la opresión de la libertad y de la dignidad humana.

¿Cuál es la realidad de estas acusaciones ANTES DE LOS HECHOS?

Es cierto que Hitler no creía en la doctrina de Cristo, que siempre le pareció un platonismo abortado y pervertido. La moral eterna le parecía desvirtuada por la doctrina del Evangelio, que desvirtuaría la noción de caridad y honor, entregando a los hombres a la especulación judía atea, al mimo de los imbéciles, al corte de raíz de los auténticos genios (mentes de síntesis y sentido moral).

La redención le parecía la más absurda de las creencias, sobre todo teniendo en cuenta que el hombre nunca ha sido tan malvado y regresivo como lo ha sido durante 2000 años. ¿Cómo podría redimir a los malvados cometer el peor crimen de todos, es decir, CRUCIFICAR A DIOS?

En nombre de Cristo se cometieron los peores exterminios que el paganismo había ignorado, como ignoró totalmente la noción racista que nos legaron precisamente los judíos, que no pertenecen a ninguna etnia y menos aún a ninguna raza, pues éstas no existen, como me ha demostrado inapelablemente la endocrinología.

Hitler adoraba la fuerza moral y espiritual, no la fuerza bruta, que aborrecía. Su noción de la fuerza era de naturaleza espiritual, y no fue él quien dijo, refiriéndose al Vaticano, "cuántas divisiones", ¡fue Stalin!

Quería EXACERBER el concepto de protección étnica de la "raza" blanca (esta palabra puede utilizarse para los 4 colores de piel diferentes, pero no debe tener ningún otro significado). Es fácil ver por qué esto es así hoy en día, cuando el mestizaje está institucionalizado. Es este mestizaje el que conducirá a las formas más atroces de racismo, creadas por los pseudoantiracistas.

Su racismo era un reflejo defensivo contra el prodigioso racismo judío que nos ha investido implacablemente durante 5000 años y que ahora nos obliga a la inmigración masiva de musulmanes, negros, asiáticos, etc.

En cuanto a la libertad y la dignidad, se las devolvió a todo un pueblo que le estaba agradecido. Los documentales de la época muestran la clara visión de los jóvenes alemanes que redescubrieron sus ideales, su dignidad y su propósito.

Mira nuestros bluejeaners unisex, piojosos, encrespados, colapsados, discotequeros, drogadictos, NO PUEDES VER LA DIFERENCIA????

EN REALIDAD, TODO LO QUE DICE LA ENCÍCLICA MIT BRENNENDER SORGE SE RELACIONA PERFECTAMENTE CON EL BOLCHEVISMO Y NO CON EL NAZISMO. HITLER DIJO: "FUERON LA IGLESIA Y LOS

PRÍNCIPES QUIENES ENTREGARON EL PUEBLO A LOS JUDÍOS".

No era ateo como los dirigentes e ideólogos bolcheviques.

¡Qué cantidad de detalles!

Pío XII era perfectamente consciente de todo esto cuando dijo: "Sólo Alemania y el Vaticano pueden salvar la civilización, la primera militarmente, el segundo espiritualmente". Y más tarde: "Alemania lucha por sus amigos Y POR SUS ENEMIGOS, porque si el Frente Oriental se derrumba, el destino del mundo está sellado".

Se derrumbó y miren en qué pozo negro liberal-marxista estamos... En cuanto a la Iglesia, no sobrevivió a Pío XII y se derrumbó en 1945.

Estalló como una manzana podrida. NI UNA PALABRA para salvar del pelotón de fusilamiento a los últimos Caballeros de Europa que se habían unido a la L.V.F. y a la Milicia del Mariscal para luchar contra el bolchevismo y preservar los valores humanos esenciales. A partir de ahora, este fantasma de la Iglesia tomará el manto de los políticos y cubrirá a Israel con el manto de la inocencia.

El Papa estará besando las encías del Gran Rabino mientras el Rothschildo-Marxo-Freudo-Einsteino-Picassismo termina de exterminar todos los valores cristianos, con la bendición del Vaticano....

Sólo un retrasado mental afirmaría que Hitler no tenía esencialmente razón. Es cierto que el JUDÉOCARTÉSIANISMO HA FABRICADO UN MUNDO DE DEFECTOS...

Los nazis no deshonraron en modo alguno a la humanidad. ESTOY SEGURO DE QUE CUALQUIER PERSONA DE BUENA FE QUE CONOZCA LAS ACTIVIDADES MUNDIALES DE LOS "JUDÍOS", EN PARTICULAR DESDE LA REVOLUCIÓN FRANCESA, ESTARÁ DE ACUERDO CONMIGO.

Quienes mienten sobre Hitler, apoyándose en la insuficiencia mental de la gran mayoría de los seres humanos -ese teclado diabólico en el que los "judíos" tocan como asombrosos virtuosos- son deshonrosos.

Son la causa de millones de muertes, degeneraciones y colapsos.

La muerte actual de los agricultores franceses, y también de los estadounidenses, está directamente relacionada con la política judeo-estadounidense.

Es más, tienen que repetir sus interminables y repugnantes jeremiadas auschwitzianas a través de los medios de comunicación para seguir extorsionando a la RFA con enormes sumas, sumas que el país nunca ha pagado, estableciendo su hegemonía sobre el dogma del mestizaje institucionalizado, con su omnipresente lloriqueo antirracista, QUE NO OCULTA SU MEGALOMANÍCO RACISMO.

Sin duda, miles de judíos murieron en los campos (el 70% eran alemanes en Dachau) y entre Polonia y Rusia, exterminados por el ejército alemán y los UKRAINIANOS.

No se nos dice cuántas veces los alemanes en su marcha contra Rusia fueron recibidos como libertadores.

En cuanto a la *cámara de 6 millones de gases*, el ciclón B, seguirá siendo la mentira histórica más fantástica de la historia.

Añadamos que si esos "6 millones" fueran ciertos, sólo serían un "pequeño punto" en comparación con los crímenes extradimensionales de lesa humanidad que acabo de esbozar brevemente.

Estos crímenes alcanzarán su punto álgido: contaminación global multiforme, guerras civiles, guerras múltiples, masacres interétnicas, desempleo exponencial, sin excluir una 3ª guerra mundial que situaciones como la de la ex Yugoslavia podrían generar.

PUNTO DE DETALLE, CIERTAMENTE

La VERDADERA democracia sería un acuerdo, una simbiosis perfecta entre los dirigentes y la nación.

COMO PRUEBAN LOS HECHOS, el nazismo fue una verdadera democracia en este sentido. Hitler fue elegido de forma perfectamente legal y constitucional.

¿Existió tal situación en 1984 y en los años siguientes? TODAS las categorías socioprofesionales estaban en la calle.

Agricultores, profesores, controladores aéreos, enfermeros, estudiantes, etc.

Aparte de los financieros y los políticos cuyos bolsillos se llenan mistificando la papeleta electoral, nadie está satisfecho.

Y no hablemos de la mayoría esencial de los jóvenes: están perfectamente contentos: paro, drogas, suicidio, todo ello bañado por los ritmos frenéticos de una "música" estúpida, regresiva, patógena y criminógena...

¡VIVA LA DEMOCRACIA!

Si Heidegger permaneció en silencio, fue porque sabía que en el camino suicida que la humanidad estaba emprendiendo, NO HABÍA NADA MÁS QUE DECIR.

Tampoco desconocía la INEPTIA TÉCNICA ARITMÉTICA de *las cámaras de 6 millones de gas.*

Sabía que LA CIENCIA NO PIENSA y, como yo añadía, que "LAS FINANZAS TAMPOCO PIENSA"...

Sin una verdadera élite espiritual, las finanzas se convierten en un instrumento de muerte para toda la humanidad.

Sabía que el nazismo había sido la última oportunidad de la humanidad, el último esfuerzo por resucitar una sociedad tradicional conforme al orden de la naturaleza, pero que los cerebros podridos por el judeocartesianismo no entenderían nada a pesar de lo evidente... En la agonía mundial que seguiría a 1945, Brazillach sería fusilado y los "judíos" se negarían a comprender.

¿Pero no dijo Hitler:

"El objetivo de las finanzas judías internacionales es disolver las economías nacionales y someterlas a su hegemonía, para luego, mediante pseudodemocracias, empujar a todos los países hacia el marxismo".

Y otra vez:

"Si los judíos, con su profesión de fe marxista, toman las riendas de la humanidad, pronto no quedarán seres humanos en el planeta, que reanudará su curso por el éter como hace millones de años"...

A medida que me aproximo a mi conclusión sobre todas estas "minucias" que perpetran el exterminio "circuncidado" de toda la humanidad, resulta asombroso constatar la forma despreciable y radicalmente antidemocrática con que se trata al profesor Faurisson y a todos aquellos que, argumentos perfectamente fundados, pretenden revisar una verdad impuesta que en modo alguno se corresponde con la verdad.

Pero, ¡qué demonios! Si los revisionistas mienten, ¡contradigámosles en problemas concretos que son estrictamente una cuestión de aritmética, física y química!

Pero es su COMPORTAMIENTO lo que les da la razón, y es sobre todo su PSICOLOGÍA lo típico: ¡¡¡¡si SE EQUIVOCARAN NO ESTARÍAMOS ASISTIENDO AL INCREÍBLE CIRCO QUE TIENEN CON EL INTENTO DE ASESINATO DEL PROFESOR FAURISSON!!!! ¡! (y la persecución sistemática de todos los Revisionistas...)

Una vez más, es importante recordar que el profesor Faurisson quiere la mayor audiencia posible y un número ilimitado de oponentes.

¡Se les niega! Entonces, ¿quién tiene razón y quién no? ¿No nos hemos convencido ya del principio de este problema?

Me recuerda a un chico que dio un puñetazo a uno de sus amigos: "¿Por qué le has pegado? "¡Estaba empezando a tener razón!"

El problema con Faurisson es que inmediatamente empezó a pensar que tenía razón. ¡Imperdonable!

El Nuevo Orden Mundial es en realidad el NUEVO CAOS MUNDIAL, totalmente divorciado de toda realidad. Pero no es lo principal mantener la propaganda con películas presentadas como documentos cuando en realidad no son más que ficción (Spielberg y compañía proliferan desde 1988, fecha del programa "Oceanique" que dio origen a este libro).

La naturaleza es nazi y CERTAMENTE NO LIBERAL NI SOCIALISTA. ESTAMOS EMPEZANDO A VER QUE NUNCA PERDONA.

¿Quiénes son los criminales? Los nazis que metieron a sus enemigos en campos donde muchos murieron de pobreza y tifus, o los judíos que inventaron 6 millones de cámaras de gas IMPOSIBLES, y TÉCNICAMENTE ACEPTADAS ????

Que se sepa que cuando, en 1950, numerosas personalidades comunistas negaron la existencia de los GULAGS SOVIÉTICOS y de sus decenas de millones de víctimas, ¡NO FUERON JUZGADOS! ¡!

Pero en 1988, cuando empecé este libro, ¡TODAVÍA EXISTÍAN GULAGS Y HOSPITALES PSIQUIÁTRICOS!

¡No oigo a historiadores ni a moralistas de la ALTA CONCIENCIA INTERNACIONAL gritar a diario en la televisión y en la prensa sobre un régimen que lleva 50 años muerto!

Pero los viejos supervivientes de este régimen, que tuvieron la desgracia de comprender la maldad de nuestros semejantes, y tuvieron un ideal que Hitler había realizado plenamente en un mínimo de tiempo -véase el testimonio del gran Lindbergh- son perseguidos sin tregua, sin honor...

Pero aún es peor: Monsieur Marchais nos dice que "EL COMUNISMO ES GENERALMENTE POSITIVO"...

Esto habría sido cierto del nazismo si no hubiera sido aplastado por la máquina de guerra judeo-anglicana. Había INCONTESTABLEMENTE en el nazismo un retorno A LAS LEYES DE LA NATURALEZA.

En este caso, esta frase de MARCHAIS ES INCREÍBLE PARA TODOS, INCLUIDOS HISTORIADORES TAN OFICIALES COMO MADAME CARERRE D'ENCAUSSE, QUE DIJO EN EL PROGRAMA "APOSTROFES" DE BERNARD PIVOT:

"AUNQUE EL COMUNISMO HUBIERA TENIDO ÉXITO, QUE NO LO TUVO, NO HABRÍA JUSTIFICADO TANTAS DECENAS DE MILLONES DE CADÁVERES"...

Todo el mundo sabe que Ucrania ha visto cómo masacraban a sus habitantes entre 6 y 8 millones y que este país fue el granero del mundo en tiempos de los zares. Bajo el comunismo, NI SIQUIERA PUEDE PRODUCIR TRIGO SUFICIENTE PARA SU CONSUMO.

También está claro que el Sr. Marchais, al igual que el Sr. Le Pen, considera que se trata de "puntos de detalle":

LAS PURGAS ESTALINISTAS LAS DECENAS DE MILLONES DE VÍCTIMAS DE BERIA, KAGANOVITCH, FRENKEL, YAGODA Y OTROS 50 CIRCUNCISORES BUDAPEST, PRAGA, K.G.B, THE BOAT PEOPLE AFGHANISTAN,

Por desgracia, esto no es exhaustivo, y volveremos sobre ello más adelante. PUNTOS DE DETALLE.

* * *

Como judío, tengo legítimamente derecho a atacar a los de mi propia especie, dado que su dinámica suicida es predominante y que no podemos, si somos conscientes, PERMITIR QUE EL PLANETA Y EL HOMBRE DESAPAREZCAN.

Escribí en alguna parte que "no había una cuestión judía, SINO SOBRE TODO UNA CUESTIÓN DE GOY SOTTISE"...

Siempre me asombra, por ejemplo, en el nivel estético más básico, ver con qué facilidad, con qué deleite, los goys visten ese horrible uniforme de la mierda internacional, los bluejeans LEVIS. A decir verdad, si no estamos en un régimen teocrático donde los dirigentes son sintesistas de mentalidad espiritual, ¿POR QUÉ LOS JUDÍOS DEBEN EVITAR VENDER MIERDA A QUIEN SE LA PIDA?

El problema es el mismo para los que producen socialismo y pornografía o química sintética que ingieren los organismos desde la tierra hasta la terapéutica teratogénica...

Es un goy que debería hacer por su pueblo lo que yo hago por el mío.

Nos contará cómo los goys aportan su parte de la desastrosa actividad judía. Sin la colaboración cómplice de los goys, ¿cómo podrían los judíos hacer lo que hacen?

LOS GOYS ACEPTAN PASIVAMENTE LAS CONSECUENCIAS FATALES DE LA INFLUENCIA JUDÍA, y volveremos sobre esto.

Existe, por supuesto, y ya he hablado de ello, la insuficiencia mental de los adeptos inconscientes que he conocido por centenares en las logias masónicas.

Ahí están los alemanes, por ejemplo, algunos congénitamente ingenuos, otros conscientemente cómplices, lo que los hace MÁS EJECUTIVOS QUE MIS CONGENERADOS. Mirad el establishment de la R.F.A., encabezado por su presidente, que se dedica con celo fanático a perpetuar la servidumbre espiritual y moral de su pueblo.

La declaración de Jenninger, Presidente del Bundestag, es sin duda un verdadero milagro, además de heroico.

He aquí de nuevo, en toda su GROTESQUERIE, el circo de las elecciones americanas, donde los 2 candidatos, elegidos a dedo por el mundo financiero por su insignificancia, no tienen otra cosa que hacer que atestiguar su sumisión incondicional a la causa sionista, que subvencionará al menos el 60% de su elección, y rivalizar entre sí en la servidumbre, ¡para ganar mejor las elecciones!

Este mundo de pervertidos e imbéciles en apuros es verdaderamente doloroso de contemplar...

Concluiré diciendo que esta tragedia judía, que se produce al final de un ciclo tradicional, la Edad Oscura, confiere a los judíos una superioridad especulativa, analítica, involutiva, atea, que es el resultado exclusivo de las consecuencias psicohormonales del 8º día, 1º día de los 21 días de la primera pubertad.

Los médicos apenas son conscientes de ello, ya que aún no han comprendido LA PREFERENCIA FUNCIONAL DEL SISTEMA HORMONAL SOBRE EL SISTEMA NERVIOSO Y EL SER EN GENERAL.

No espero que estos hechos obvios sean aceptados hasta que todos nos hayamos ido. Si lo fueran, TODO LO QUE ACABO DE ESCRIBIR SERÍA NULO.

Vivimos en una época de retrocesos. La justicia está al servicio del crimen. Acabo de enterarme de que ahora el fraude está protegido por la ley. Si alguien te vende algo y te das cuenta de que te lo han robado, si no pediste factura de buena fe, no puedes suspender el pago del cheque ni presentar una denuncia. Tu denuncia, que al menos podría evitar la perpetuación de esta práctica persiguiendo a este tipo de ladrones, ya no es admisible. Hace sólo unos años. El descenso a la degeneración no tiene límites.

Pero tenía que responder a este programa, y en particular a la ingenua conclusión de Glucksman, cuya probidad intelectual nunca superará la que permiten los efectos de la circuncisión al octavo día, que establecen lo que algunos llaman, no sin razón, "la maldición de Israel", que se ha vuelto infranqueable e irrefragable desde que Moisés consolidó esta mutilación sexual mal entendida, cuyo efecto psicohormonal es evidente para quienes han percibido la realidad científica de la anterioridad del sistema hormonal sobre el sistema nervioso.

El panorama de la historia y la actualidad nos ofrece un himalaya de pruebas de laboratorio y pruebas por nueve.

Quiero distinguirme de mis semejantes, de los que SIMONE WEIL dijo, no sin razón:

NUNCA TIENEN ESA MODESTA ATENCIÓN PROPIA DE LA VERDADERA INTELIGENCIA...

ESTE FALSO QUE DICE LA VERDAD

Hacía 25 años que no leía LOS PROTOCOLOS DE LOS SABIOS DE SION. En aquel momento me parecieron obvios, pero no me traumatizaron. Lo que demuestra que hay una edad y una madurez para leer un libro.

Si no tiene suficiente madurez e información, puede perderse completo obras maestras de la cultura.

Pocos días después del programa "Océaniques" que dio origen a este libro, recibí las primeras páginas. Me quedé de piedra. En esas pocas páginas estaba TODO.

Cualquiera puede comprobarlo, porque las he reproducido aquí en sus aspectos esenciales. Antes hay que hacer tres puntualizaciones:

Este texto es INCONTESTABLEMENTE una falsificación. Fue escrito por un genio notable. Si lo hubieran escrito los circuncidados 8º día, se habrían dado cuenta, y si se hubieran dado cuentahabrían hecho todo lo posible para impedir que este plan suicida para la humanidad llegara a buen puerto.

Están demasiado privados de EL ESPÍRITU DE SÍNTESIS Y SENTIDO MORAL, (parámetros de composición del brillante concepto, del que hablaremos en un capítulo final) para haberlo escrito. Todo lo que he leído es rigurosamente exacto, y continúa mientras escribo. En mayo de 1994, 6 judíos presentaron una lista para las elecciones europeas. Seis "judíos", predicadores virulentos y holocáusticos que nunca han permitido al profesor Faurisson un discurso democrático libre...

Mientras que el sistema político y financiero es denunciado, LAS IMPLICACIONES ATACANTES no lo son: contaminación general del planeta, de las almas y de los cuerpos, regresión bestial y concepción aberrante de la libertad, música que mata, drogas, ruina nacional, dictadura globalista, cartografía de la humanidad, iatrogenismo y teratogenismo, superpoblación, pornografía, SIDA, 2ª (y 3ª) guerras mundiales, marxismo tentacular, desgarramiento étnico en nombre del antirracismo exclusivamente al servicio del racismo judío, etc. Tendremos ocasión de volver a hablar de ello, pedagógica y didácticamente, en el resto del libro, ya que se trata nada menos que de nuestra supervivencia inmediata.

Esto significa que los PROTOCOLOS DE LOS SABIOS DE SION (¡democráticamente prohibidos!), son agua de rosas comparados con la realidad ya denunciada y que volveré a precisar respondiendo a Simone Veil (no confundir con mi ilustre congénere Simone WEIL), que tuvo la audacia, tomando a los seres humanos por imbéciles de declararnos: "No hay que banalizar el nazismo"...

Por último, una observación general de importancia cósmica: todo se desintegra. Pero la gente tiene tan poco sentido de la síntesis que no ve que la etiología de la desintegración es precisamente LA DEMOCRACIA PSEUDO y la concepción errónea de CIENCIA y PROGRESO.

Así que siempre estamos hablando de "reformas". He visto al CNE, por ejemplo, cambiar de nombre varias veces para convertirse en el CNED (Lycée et Université d'Enseignement à Distance). Este irrisorio "cambio" no ha cambiado nada. En 40 años de enseñanza, he visto CIENTOS DE CAMBIOS. Nunca han cambiado nada y sólo han empeorado las cosas en dirección a una caída vertical. Todos los pseudocambios son meras bagatelas que no impedirán que los jóvenes sigan excluidos del Sentido Espiritual y del Sentido Moral, y que el paro y el suicidio juvenil crezcan exponencialmente. Es el SISTEMA el que tiene que cambiar, de lo contrario nada cambiará.

Y, sin embargo, cada cual sigue cavando su propio termitero en el marco pseudodemocrático. La ingenuidad y la vanidad de las mujeres y los niños se ponen a buen recaudo. DERECHO a todo, menos a estar realmente informados, menos a tener acceso a la verdad elemental.

ASÍ QUE LA MUJER ASCENDIDA SE DESINTEGRA EN UNA ESPECIE DE ARMATOSTE PRETENCIOSO Y EL NIÑO SE SUICIDA...

He aquí algunas citas del comienzo del libro que dejarán atónito a cualquier lector conocedor de la historia y de la situación nacional e internacional, sobre todo después de MAASTRICHT.

"Hoy en día, el poder del dinero -nuestro propio poder- ha sustituido al poder de los gobiernos liberales.

La idea de libertad es inalcanzable porque nadie sabe utilizarla en su justa medida: basta con dejar que el pueblo se gobierne a sí mismo durante un tiempo para que esa libertad se transforme en licencia. Basta con que el pueblo se autogobierne durante un tiempo para que esa libertad se transforme en licencia. A partir de ahí surgen disensiones que pronto degeneran en guerras sociales en las que los Estados se consumen y su grandeza queda reducida a cenizas. Tanto si un Estado se agota en sus convulsiones internas como si las guerras civiles lo ponen a merced de enemigos exteriores, en cualquiera de los dos casos puede considerarse irremediablemente perdido: está en nuestra mano.

EL DESPOTISMO DE NUESTRO CAPITAL LE OFRECE UN SALVAVIDAS AL QUE SE VE OBLIGADO A AFERRARSE SI NO QUIERE HUNDIRSE.

Las multitudes se guían exclusivamente por pasiones mezquinas, supersticiones, costumbres, tradiciones y teorías sentimentales. SON ESCLAVAS DE LA DIVISIÓN DE LOS PARTIDOS,

QUE SIEMPRE SE OPONDRÁN A CUALQUIER ACUERDO RAZONABLE.

Quien ha de gobernar debe recurrir a la astucia y a la hipocresía. Las grandes cualidades populares de honestidad y franqueza son vicios en política. Destronan a los gobernantes mejor que el enemigo más hábil. Estas cualidades deben ser los atributos de los gobiernos gobiernistas, que de ningún modo debemos tomar como guía...

Comparada con la fragilidad actual de todas las potencias, la nuestra es INVINCIBLE PORQUE ES INVISIBLE y lo seguirá siendo hasta que haya adquirido tal grado de poder que ninguna artimaña pueda amenazarla.

UN PUEBLO ABANDONADO A SU SUERTE, ES DECIR, A LOS PARVENUS DE SU PROPIO MEDIO, OBRA SU PROPIA RUINA COMO CONSECUENCIA DE LAS RENCILLAS PARTIDISTAS QUE SURGEN DE LA SED DE PODER Y DE LOS HONORES Y DESÓRDENES QUE DE ÉL SE DERIVAN.

¿Es posible que las masas populares razonen con calma y sin disputas y dirijan los asuntos de Estado, que nunca deben confundirse con los INTERESES PERSONALES?

Esto es RADICALMENTE IMPOSIBLE: UN PLAN VASTO Y CLARO SÓLO PUEDE DESARROLLARLO UN SOLO HOMBRE SUPERIOR.

Coordina todos los engranajes de la maquinaria gubernamental. La conclusión que cabe extraer es que es preferible para el bienestar de un país que el poder se concentre en manos de UN INDIVIDUO RESPONSABLE.

LA CIVILIZACIÓN NO PUEDE EXISTIR SIN EL DESPOTISMO ABSOLUTO PORQUE NUNCA ES OBRA DE

LAS MASAS SINO DE SUS DIRIGENTES, SEAN QUIENES SEAN.

LA TURBA ES BÁRBARA Y LO DEMUESTRA EN CADA OCASIÓN. EN CUANTO SE APODERAN DE LA PSEUDO IDEA DE LIBERTAD, LA TRANSFORMAN INMEDIATAMENTE EN ANARQUÍA, QUE ES EL GRADO MÁS ALTO DE BARBARIE.

Mirad a estos seres alcoholizados, estupefactos, embrutecidos por la bebida, que tienen el derecho democrático de consumir sin límite, derecho conferido a los goys al mismo tiempo que la LIBERTAD.

No podemos permitir que nuestro pueblo caiga a este nivel.

Los pueblos goy están atontados por el alcohol: su juventud está trastornada por los estudios clásicos y el libertinaje precoz al que les empujan nuestros agentes.[2]

Por eso no debemos tener miedo de utilizar la corrupción, el engaño y la traición cuando puedan servir a nuestro propósito. En política, debemos saber apoderarnos de los bienes ajenos sin vacilar, para ganar por este medio sumisión y poder.

Desde los tiempos del florecimiento de la Antigua Grecia, fuimos los primeros en gritar la palabra "libertad", tantas veces repetida desde entonces por loros inconscientes que, atraídos de todas partes por este cebo, sólo lo han utilizado para destruir la prosperidad del mundo Y LA VERDADERA LIBERTAD INDIVIDUAL TAN BIEN GARANTIZADA CONTRA LAS

---

[2] Recuerdo haber oído en televisión al sexólogo TORDJMAN decir que la masturbación no era peligrosa, y que no había que impedir que los niños se masturbaran: sin embargo, esta práctica es un cataclismo endocrino-neuro-psíquico y fisiológico. Es cierto que puedes masturbarte y convertirte en politécnico o en Énarque: no es un punto de referencia.

CONSTRAINDICACIONES DE LA MULTITUD... Los hombres que se creían inteligentes no supieron distinguir. NI SIQUIERA ADVIRTIERON QUE NO HAY IGUALDAD EN LA NATURALEZA Y QUE NO PUEDE HABER MÁS LIBERTAD QUE LA QUE LA PROPIA NATURALEZA HA ESTABLECIDO.

LA NATURALEZA HA FIJADO LA DESIGUALDAD DE MENTES, CARACTERES E INTELIGENCIAS SOMETIENDO TODO A SUS LEYES.

Estos fanáticos de la libertad y la igualdad, que no existen, no han visto que NUESTROS POLÍTICOS LOS HAN ECHADO DE LA VIDA DE LA MANERA QUE ABUSAN DE NUESTRA HEGEMONÍA.

Nuestro llamamiento, LIBERTÉ, ÉGALITÉ, , atrajo a nuestras filas desde los cuatro puntos cardinales y, gracias a nuestros agentes ciegos, a legiones enteras que portan nuestras banderas con entusiasmo.

Sin embargo, estas palabras eran gusanos que corroían la prosperidad de los goys, destruyendo la paz, la tranquilidad y la solidaridad en todas partes, todo ello mediante la obediencia a nuestras leyes, que socavaban los cimientos de sus Estados.

Veréis más adelante que esto fue lo que contribuyó al triunfo de nuestro sistema de conquista pacífica del mundo. Entonces pudimos obtener la abolición de los privilegios, esencia misma de la aristocracia de los goys, aristocracia que era el baluarte natural de los pueblos y naciones contra nuestra acción.

SOBRE ESTAS RUINAS HEMOS CONSTRUIDO NUESTRA ARISTOCRACIA, LA ARISTOCRACIA DE LAS FINANZAS Y LA CIENCIA.

Nuestro triunfo se vio facilitado por el hecho de que, en nuestro trato con los hombres que necesitábamos, siempre pudimos tocar la fibra sensible de la naturaleza humana: la avaricia calculadora, las necesidades materiales insaciables. Cada una de estas debilidades humanas por sí sola capaz de destruir toda iniciativa personal, poniendo a los hombres a disposición de quien compre su actividad.

LA NOCIÓN ABSTENIDA DE LIBERTAD, nunca definida, permitió convencer a las masas de que su gobierno no era más que el gestor del propietario del país, es decir, el pueblo, y de que el gestor podía cambiarse como los guantes gastados.

LA REMOVILIDAD DE LOS REPRESENTANTES DEL PUEBLO LOS PONE ENTERAMENTE A NUESTRA DISPOSICIÓN.

Les hace depender de NUESTRA elección.

La gente siente un profundo respeto por quienes encarnan la fuerza.

Cada vez que hay un acto de violencia, exclaman: "Evidentemente, eso es muy canalla, ¡y con qué truco tan magistral se ha hecho!

Tenemos la intención de atraer gradualmente a todas las naciones a la construcción de una nueva obra, cuyo plan tenemos en mente y que implica la DESCOMPOSICIÓN DEL ORDEN EXISTENTE, que sustituiremos por nuestro orden y nuestras leyes.

Por eso necesitamos la ayuda de nuestros agentes, los líderes modernos del mundo, que son una fuerza a tener en cuenta. Es esta fuerza la que destruirá todos los obstáculos en nuestro camino.

Cuando hayamos dado nuestro golpe de Estado, diremos al pueblo:

"Todo os iba muy mal y estáis agotados de sufrimiento. Vamos a eliminar la causa de todos vuestros tormentos:

NACIONALIDADES, FRONTERAS, MONEDAS DIFERENTES. Es cierto que no comprendéis nuestros motivos, por lo que sois libres de no jurarnos obediencia, pero ¿podéis hacerlo justamente antes de haber examinado lo que os proponemos?"

Entonces nos llevarán triunfalmente a hombros, en una ola unánime de esperanza.

EL VOTO, QUE HAREMOS EL INSTRUMENTO DE NUESTRO AVANCE, al acostumbrar a él incluso a los más humildes de entre los hombres (organizando, siempre que sea posible, grupos y asociaciones) desempeñará su papel para ayudarnos a confirmar nuestras leyes.

SINO QUE DEBEMOS UTILIZAR EL SUFRAGIO UNIVERSAL SIN DISTINCIÓN DE CLASE NI DE RIQUEZA PARA OBTENER LA MAYORÍA ABSOLUTA QUE SERÍA MENOS FÁCIL OBTENER SÓLO DE LAS CLASES INTELECTUALES ACOMODADAS.

ASÍ ES COMO, DESPUÉS DE HABER PENETRADO A TODO EL MUNDO CON LA IDEA DE SU PROPIA IMPORTANCIA, ROMPEREMOS LOS LAZOS DE LA FAMILIA ENTRE LOS GENTILES, IMPEDIREMOS QUE LOS HOMBRES DE VALOR SE ABRAN PASO PORQUE, AL ESTAR DIRIGIDOS POR NOSOTROS, LAS MASAS NUNCA LES PERMITIRÁN REVELARSE. ADQUIRIRÁN EL HÁBITO DE ESCUCHARNOS SÓLO A NOSOTROS, QUE LES PRESTAMOS ATENCIÓN Y LES OBEDECEMOS.

Este medio pondrá en nuestras manos una fuerza tan ciega que no podrá moverse en ninguna dirección si no es guiada por nuestros agentes, juiciosamente colocados para dirigir a las multitudes que sabrán que, de estos agentes, depende su sustento, sus recompensas y toda clase de ventajas.

Cuando estemos en el poder, sustituiremos los términos del llamamiento liberal: "libertad, igualdad, fraternidad" por fórmulas que expresen la idea contenida en estas palabras. Diremos "el derecho a la libertad", "el deber de la igualdad", "el ideal de la fraternidad", y así volveremos a agarrar lo mismo por los cuernos.

De hecho, NUESTRO PODER YA HA VENCIDO A TODOS LOS DEMÁS. De hecho, nuestro super-gobierno ya no se enfrenta a ningún obstáculo en el gobierno de los Goys.

Se encuentra en una SITUACIÓN ABSOLUTAMENTE LEGAL DE DICTADURA. PUEDO DECIRLES CON TODA FRANQUEZA QUE EN ESTE MOMENTO SOMOS LOS LEGISLADORES.

También somos los jueces. Somos como un comandante en jefe cabalgando a la cabeza de todos nuestros ejércitos de LIBERALES.

Entre nuestros agentes inconscientes hay hombres de todas las opiniones: RESTAURADORES DE MONARQUÍAS, DEMAGOGOS, SOCIALISTAS, ANARQUISTAS, COMUNISTAS y toda clase de utópicos. Todos están haciendo lo mismo: cada uno de ellos está socavando al otro y tratando de VOLCAR TODO LO QUE SIGUE EN PIE. Todos los Estados están hartos de estas maniobras. Buscan la paz y están dispuestos a hacer cualquier sacrificio para conseguirla.

PERO NO LES CONCEDEREMOS LA PAZ NI LA CONFIANZA HASTA QUE RECONOZCAN OBSERVADORAMENTE NUESTRO SUPERGOBIERNO INTERNACIONAL y se sometan a él.

LOS PUEBLOS GRITAN QUE ES NECESARIO RESOLVER LA CUESTIÓN SOCIAL POR MEDIO DEL INTERNACIONALISMO. LA DIVISIÓN DE LOS PARTIDOS NOS LOS HA ENTREGADO TODOS, PORQUE PARA

LIBRAR UNA LUCHA DE PARTIDOS HACE FALTA DINERO, Y NOSOTROS TENEMOS EL DINERO.

LO DIRIGIREMOS HACIA NUESTRO OBJETIVO, POR ESO NUESTROS AGENTES SE INFILTRAN EN EL CORAZÓN MISMO DEL PUEBLO.

Para no destruir prematuramente las instituciones de los Goyim, hemos tocado los resortes principales de su mecanismo con mano cautelosa, experimentada y maestra. Estos resortes solían funcionar en un orden severo pero riguroso, que hemos sustituido hábilmente por un DESORDEN LIBERAL ESTÚPIDO Y ARBITRARIO.

De este modo, hemos influido en los tribunales, en las leyes electorales, en la prensa, en la libertad individual y, lo que es más importante, en la INSTRUCCIÓN Y LA EDUCACIÓN, ESAS ESQUINAS DE LA VIDA SOCIAL.

EN LO QUE RESPECTA A LA EDUCACIÓN, HEMOS EMBRUTECIDO, ATONTADO Y CORROMPIDO LA INFANCIA Y LA JUVENTUD GOYIM.

En cuanto a los Goyim, a quienes hemos acostumbrado a ver sólo el lado aparente de las cosas que les presentamos, nos toman por los benefactores y salvadores de la raza humana. Estamos dispuestos a responder inmediatamente a cualquier oposición que surja contra nosotros en cualquier país, iniciando una guerra entre él y sus vecinos, y si varios países estuvieran planeando unir sus fuerzas contra nosotros, iniciaríamos una GUERRA MUNDIAL y les empujaríamos a participar en ella.

Ya hemos obligado repetidamente a los gobiernos goyim a hacer la guerra por medio de la llamada opinión pública, después de haber preparado nosotros mismos esta opinión en secreto.

Es esencial que las guerras no aporten ninguna ventaja territorial: CUALQUIER GUERRA SE TRASLADARÁ AL TERRENO ECONÓMICO.

Entonces las naciones reconocerán que EN ESTE TERRENO, LA SUPREMACÍA DEPENDE DE NUESTRA COMPETENCIA. Esta situación dejará a nuestros adversarios a merced de nuestra agencia internacional, con sus millones de ojos que ninguna nación podrá detener, y nuestros derechos internacionales barrerán todos los derechos de las naciones y GOBERNARÁN ESTA. Para obtener un mayor control sobre las instituciones, hemos prometido a muchos administradores el derecho a gobernar juntos el país, sin control, a condición de que nos ayuden activamente a crear pretextos de descontento sobre las propias CONSTITUCIONES, preparando así el advenimiento de la República en su país.

LAS REPÚBLICAS NOS DARÁN EL TRONO DEL MUNDO.

HASTA AHORA, LO ÚNICO QUE HEMOS HECHO ES SUSTITUIR LA INFLUENCIA DE LOS GOBIERNOS LIBERALES POR NUESTRO PROPIO PODER, QUE ES EL DE LAS FINANZAS.

HOY EN DÍA, NINGÚN MINISTRO PUEDE AFERRARSE AL PODER SIN QUE LE RESPALDEMOS CON NUESTRO APOYO O CON UNA APARIENCIA DE APROBACIÓN POPULAR QUE ESTAMOS PREPARANDO ENTRE BASTIDORES.

Es todo alucinante: mientras lo leía, podía ver en mi cabeza TODA LA POLÍTICA DE ESTE SIGLO. ¡No faltaba nada! ¡Y eso sólo citando algunas páginas iniciales del! ¡Todos los acontecimientos y toda la prensa de este siglo están resumidos en él!

³¿Quién no entiende Maastricht, la G.A.T.T. y todo lo demás, después de leer estas líneas? ¿Quién no entiende EL NUEVO ORDEN MUNDIAL, es decir, el NUEVO CAOS GLOBAL, donde los pueblos esclavizados serán entregados al cretinismo, las drogas, la pornografía, el socialismo y el paro?

En lo que sigue, veremos la realidad sintetizada a partir de la prensa y las publicaciones enteramente controladas por los circuncidados del 8º día.

Añádase a esto las deslumbrantes revelaciones de los revisionistas, que ponen de manifiesto la ineptitud aritmética y técnica de los 6 millones de cámaras de gas, así como la extrema torpeza de los "judíos" en este asunto ultra escabroso.

Lo que está escrito en estas páginas hace tiempo que se ha hecho realidad. Por desgracia, el horror global supera con creces todo lo que se puede leer en este libro que no expresa los COROLARIOS DE LA DESTRUCCIÓN DEL HOMBRE Y DE LA NATURALEZA.

LO QUE ACABAMOS DE LEER DISTA MUCHO DE LA VERDAD EN SU IMPLACABLE HORROR ANESTESIADO...

"Manipulamos a los imbéciles que dirigen a las masas que hemos vuelto locas" dice un magnate del petróleo y las finanzas en una película de METRO GOLDWIN MAYER...

Fórmula perfecta, perfectamente obvia...

---

³ Más tarde se convertiría en la Organización Mundial del Comercio

NO HAY QUE BANALIZAR EL NAZISMO, SIMONE VEIL?

PERO LO HEMOS CONVERTIDO EN ALGO HABITUAL...

"Freud y Marx no son judíos" (Profesor Henri Baruk)

Una secta especulativa, agnóstica y atea está en proceso de acabar con la humanidad y el planeta, con la complicidad flácida de otros seres humanos...

¿No hemos trivializado el dinero, separado de la espiritualidad y el sentido moral?

¿No trivializamos a ROTHSCHILD, los reyes de Europa, que canalizaron materias primas a través de Suiza hacia Alemania en 1914-1918?

¿No hemos trivializado a los SCHIFF, LŒB, SASOON, HAMMER, etc. que, al mismo tiempo, financiaron a los Aliados, a Alemania y a la revolución bolchevique y luego, en 1919, vinieron a Europa como negociadores de la paz que conduciría al inicuo Tratado de Versalles, a una segunda guerra mundial y al abandono de Yalta?

¿No se ha convertido Bazille ZAHAROFF, que ganó 30.000 millones vendiendo armas a todo el mundo (Europa, Oriente Medio, África, América), en uno de los mayores accionistas de la Banque de France, en la prensa y en el benefactor de todos los partidos políticos?

¿No ha sido BLOCH, conocido como Dassault, trivializado por decreto, permitiéndose vender armas a Sadat y a Gadafi bajo las regulaciones del gobierno, sin ser procesado por la Sra. KLARSFELD COMO CRIMINAL DE GUERRA ANTISEMÍTICO?

¿No hemos banalizado Francia, desfigurada por los "basureros populares" donde florecen todas las formas de delincuencia y criminalidad?

¿No hemos banalizado una medicina materialista, química, basada en el judeocartesianismo, servida por una mayoría de mandarines circuncidados pero ignorantes de la Torá, que afecta al hombre a nivel cromosómico, culminando en un monstruoso iatrogenismo y teratogenismo?

¿Acaso los equipos de circuncisores y los seguidores cegados no han banalizado el tráfico de genes y cromosomas en aras de un progreso médico milagroso, mientras que la degeneración de los jóvenes aumenta dramáticamente, con la delincuencia, la criminalidad, la homosexualidad, el suicidio, la toxicomanía y las muertes generalizadas por cáncer y enfermedades cardiovasculares que aumentan exponencialmente a pesar del desarrollo de la investigación?

¿No se ha hecho común el FREUDISMO que invade, pornografía, suprime, ataca a la familia, desflora nuestros sentimientos más sagrados, el respeto a la madre, al niño y a su inocencia, y nos prepara para una mentalidad marxista? ¿Acaso no hemos hecho común el pantalón azul LEVIS, ese uniforme de mierda internacional en el que son arrastrados despojos con sexo ambiguo, fumadores, o drogadictos, perfectamente esclavizados por la MERDIA MARX, en manos tanto de esta secta como de una enseñanza laica FREUDO MARXISTA VACIADA DE TODO LO ESENCIAL PARA EL HOMBRE.

¿¿No trivializó usted, saliendo de Auschwitz, el aborto en autoservicio (CUANDO EL ABORTO PURAMENTE EUGENISTA FUE DECLARADO CRIMEN DE HUMANIDAD CONTRA EL NAZISMO EN EL JUICIO DE NUREMBERG!), la píldora patógena y teratógena que, según el profesor Jamain, Presidente del Sindicato Nacional de Obstetras y Ginecólogos de Francia, provoca bloqueos ováricos, retraso del crecimiento y esterilidad en las adolescentes?

¿No se ha generalizado la educación sexual e incluso la masturbación?V programa, en el que sólo aparecían personas que habían sido circuncidadas el 8º día, flanqueadas por unos cuantos frikis que se autodenominaban exhibicionistas), que reducen a los niños a la nada mediante un desequilibrio hormononeuropsíquico irreversible, producirán personajes de masas y criminales, como el niño de 11 años que violó y mató a una niña de 4 (hemos visto otros casos de este tipo atroz después), símbolo de la patología mundial... ¿Existió ALGUNO de estos casos bajo el nazismo? Y todo ello bajo la magistral égida de FREUD, KAHN-NATHAN, TORDJMAN, COHEN, LWOFF, SIMON y otros BERGE, ayudados por unos cuantos maricones con sotana, o más bien con jersey de cuello alto....

¿No hemos trivializado el MARXISMO, que florece en forma de diversas formas de comunismo y socialismo, a pesar de todos los gulags, los 200.000.000 de víctimas físicas contabilizadas oficialmente en los países comunistas desde 1917, los hospitales psiquiátricos donde te socializan mediante inyecciones de drogas químicas, y que reduce al hombre al estado de unidad estadística matriculadora elemental? ?

¿No se ha trivializado que, a pesar del antisemitismo de los países marxistas, todo el equipo revolucionario bolchevique estaba formado por personas circuncidadas el 8º día, como los dirigentes del sistema de prisiones y campos de concentración, y que estas personas exterminaron a unos 120 millones de goys en la URSS?

Para estos últimos (FRENKEL, YAGODA, ABRAMOVICI, FIRINE, APETTER, OURITSKI, SORENSON, JEJOFF, DAVIDOVITCH, BERMAN, RAPPOPORT) no hay un superjuicio de Nuremberg, ni siquiera póstumo, como tampoco lo hay para los financiadores, LŒB, WARBURG, HAMMER, SCHIFF, SASOON, KISSINGER, que subvencionan este régimen ideal de libertad y desarrollo humano?

¿No se ha trivializado el comunismo como "defensor del obrero", cuando todo el mundo sabe que en Praga, Budapest, Berlín Este, Gdansk y Varsovia, los rebeldes eran sólo obreros y estudiantes? A pesar de estos hechos evidentes, ¿no se ha trivializado el error himalayo del comunismo como "defensor del pequeño", CUANDO EL COMUNISMO LE QUITA TODO A TODOS!

¿Acaso no hemos trivializado los retozos atómicos de los circuncidados Einstein y Oppenheimer, cuando todo el mundo conoce los terribles peligros de los residuos radiactivos, la amenaza de daños genéticos, los peligros de los accidentes cataclísmicos de las centrales nucleares (CHERNOBYL OCURRIÓ DESPUÉS DE QUE SE ESCRIBIERA ESTE), que pueden carcinogenizar vastas zonas durante siglos? Y sin embargo, ¿no dijo OPPENHEIMER: "Hice el trabajo del diablo"?

Eso no ha impedido a SAMUEL T. COHEN dar los últimos toques a la bomba de neutrones, que el banco estadounidense de WARBURG AND CO. está hablando de vender a China (telediario)...

Esta obra del diablo no se habría permitido en una teocracia dirigida por líderes conscientes dotados de sentido moral y espíritu de síntesis.

¿No ha trivializado la Sra. GURGY-ELIACHEV la amalgama psicológica de los sexos desde la guardería?

¿No hemos trivializado el arte mortuorio de PICASSO, que él mismo dijo a Papini: "No soy más que un payaso público que ha comprendido su tiempo y agota lo mejor que puede la vanidad y la codicia de sus contemporáneos"??

¿No hemos banalizado este vómito del centro POMPIDOU, del que algunas malas lenguas afirman que es hijo natural de un ROTHSCHILD y que sin embargo fue director de su banco?

¿Acaso no hemos generalizado una prensa totalmente servil a los circuncidados el 8º día, como la edición y la televisión, que esclaviza y embrutece a las masas, atrapándolas entre el uniforme de la mierda internacional que son los vaqueros LEVIS, la producción-consumo rothschildiana, el marxismo y el sexo freudiano, Y QUE LES HACE TOMAR TODAS LAS FORMAS DE SU ASERCIÓN POR LA LIBERTAD?

¿No hemos banalizado el proceso económico ROTHSCHILDO-MARXISTA, que ha destruido totalmente las pequeñas empresas, asesinado la agricultura y pronto nos dejará con más de mil millones de parados y una contaminación multiforme irreversible (Club de Roma, Informe Carter)?

De esta forma, el antagonismo cómplice y sangriento del Rothschildomarxismo habrá conseguido su objetivo: la destrucción de la humanidad y del planeta PERFECTAMENTE PREVISTA POR HITLER EN MEIN KAMPF....

No hemos banalizado un sistema universitario y político QUE PROHÍBE CUALQUIER RECLUTAMIENTO QUE NO SEA EL DE LOS MEDIOCRES, porque ninguna persona racional se tomaría en serio estas mascaradas: la mnemotecnia de las oposiciones oficiales y el "sufragio universal" nunca han permitido reclutar auténticas élites, sino todo lo contrario.

La memoria nunca ha sido el único parámetro de la inteligencia, y el pueblo es PERFECTAMENTE INCAPAZ de acceder a los conceptos que le permitirían elegir a una élite dotada de SENTIDO MORAL Y ESPÍRITU DE SÍNTESIS. Así los elegidos, los politécnicos, los agrégés, los énarques, necesariamente masones al menos en espíritu, inmersos en la MINUSCULARIDAD ESPECIALISTA, serán manipulados inconscientemente como marionetas y fetos por el Rothschildomarxismo hasta esclavizarlos, hasta que se conviertan en DOCILES AMALGAMOS FISICOQUIMICOS (multimillonarios o drogadictos, da igual), CANCEROSOS, CARDIOPATICOS, GOBERNADOS POR LA CAUSA DE PÉRDIDAS Y GANANCIAS DE LA "DEMONCRASSIA"...

¿NO HEMOS TRIVIALIZADO LA INTEGRACIÓN DE LA CUESTIÓN JUDÍA EN EL MITO DEL RACISMO? Y sin embargo, estas personas son circuncidados en el 8º día, NO JUDÍOS.

SER JUDIO IMPLICA FIDELIDAD A LA TORAH, AL PRINCIPIO DE TZEDEK. Ahora bien, estas personas circuncidadas el 8º día son ateos especulativos o agnósticos:

WARBURG, MARX, FREUD, OPPENHEIMER, BENEZAREFF, KAGANOVITCH, SOROS ET AL SON CRIMINALES Y HEREJES ANTE LA TORAH.

SPINOZA, que separó la mística de la filosofía y allanó el camino al racionalismo y a la ciencia moderna ("la mentira del progreso es Israel" Simone Weil), fue excomulgado por la Sinagoga de Holanda. En nombre de un criminal "antirracismo", banalizan la mezcla de diferentes etnias ("raza" es un concepto vacío: sólo hay ÉTNICAS, QUE SON EL RESULTADO DE LA ADAPTACIÓN HORMONAL A UN ENTORNO PLURISECULAR FIJO) que de ninguna manera están hechas para mezclarse, muchas de las cuales se convierten en delincuentes, ladrones, violadores, proveedores de drogas, alcohólicos, tuberculosos, que provocan un racismo inevitable y tanto más interesante cuanto que los circuncidados el 8º día se benefician de la publicidad, También explotan a un subproletariado que es una vergüenza para Francia y a menudo un horror en Sudáfrica, donde el oro y los diamantes están en manos de los circuncidados (OPPENHEIMER, el mayor comerciante de diamantes del mundo, gasta la friolera de 150 millones de francos viejos en una sola recepción nocturna)...

¿No trivializó el departamento del profesor David la inseminación artificial tras la masturbación de unos idiotas pagados al efecto? (¿Hasta qué punto hay que llegar para poder trivializar una práctica así, ya sea el masturbador o el médico?).

¿Acaso no hemos banalizado el voto a los dieciocho años, mientras que un gran político en una teocracia pensará largo y tendido antes de tomar una decisión? Esas cohortes de bluejeaners inconscientes a los que se hará creer que tienen opiniones válidas, cuando en realidad están totalmente condicionados y sólo pueden modular en la insignificancia, enredados en las pseudodiferencias de todos los partidos políticos, anarquistas incluidos, votarán mientras RothschildSoros, Marx, Freud, Bloch-Dassault, Warburg, Rockefeller y consortes seguirán esclavizándoles, manipulándoles, degenerándoles, CONDICIONÁNDOLES PARA QUE ELIJAN *LIBREMENTE* TODAS LAS FORMAS DE SU ENSEÑANZA.

¿Acaso no hemos banalizado a la madre trabajadora, para que pierda definitivamente su identidad de madre y esposa, para transformarla, como las votantes de 18 años, en clienta "circuncidada" de los supermercados y grandes almacenes anunciados por BLUSTEIN BLANCHET? CONSIDERANDO QUE EL PROFESOR HEUYER REVELÓ HACE UNOS AÑOS QUE TODOS LOS NIÑOS QUE LLEGABAN A LOS TRIBUNALES ERAN PROCEDENTES DE PAREJAS DESASOCIADAS O

FANTOMÁTICAS (divorcio, y trabajo intensivo de la madre fuera del hogar)... ?

ESTO ESTÁ PREPARANDO GENERACIONES DE SERIOS CARACTERISTAS, DISLINQUISTAS, CRIMINALESDROGAS, SUICIDARIOS, HOMOSEXUALES (ausencia del padre, carencia de vitamina E, masturbación precoz fomentada como factores fundamentales de la homosexualización), Y todo ello haciendo amar a las mujeres una forma de sometimiento tanto más cruel cuanto que se elige LIBREMENTE POR CONDICIONAMIENTO, para que crean sinceramente que se trata de una evolución cuando en realidad es LA INVOLUCIÓN MÁS BARBARA.

No comprenderán que se han convertido en quimioterapeutas, que conducen al iatrogenismo y al teratogenismo, en abogados o jueces, totalmente desprovistos de todo sentido moral y que dedican sus honorarios a la desintegración de las parejas y a la miseria de los niños, en ministros, que promulgan una píldora patógena y cancerígena, como la carnicería de los recién nacidos sanos, que están EN LOS ANTIPODES DE LA CULTURA. Ya ni siquiera pueden sospechar de la INMENSA CULTURA AUTÉNTICA QUE UNA MUJER DEBE TENER EN EL HOGAR PARA HACER DE SUS HIJOS VERDADEROS HOMBRES Y VERDADERAS MUJERES....

¿NO ESTÁ PROHIBIDO TRIBUTAR LA DECLARACIÓN DE ESTOS CLAROS HECHOS COMO RACISMO Y ANTISEMITISMO (palabras vacías). AUNQUE SE AFIRME QUE EL MITO RACISTA NO TIENE FUNDAMENTO CIENTÍFICO Y QUE ESTAS ESPECULACIONES TRAMPOSAS SON SÓLO PATOLOGÍA HORMONAL INDICADA POR LA CIRCUNCISIÓN EN EL DÍA 8, QUE SOSPECHA DE UN RÉGIMEN PRIVADO DE CUALQUIER ÉLITE PROVIDENCIAL. ÉLITE PROVIDENCIAL, LA HEGEMONÍA DE LOS ESPECULADORES PRIVADOS DE

TODO SENTIDO MORAL O ESPÍRITU DE SÍNTESIS, QUE CULMINA EN UN VERDADERO TERRORISMO INTELECTUALISTA EN EL QUE TODA VERDAD ESTÁ PROHIBIDA POR LA LEY (EL COLMO DE LA MISTIFICACIÓN "DEMOCRÁTICA")...?

Cualquier verdadera élite sabría, por ejemplo, que la química de laboratorio no puede ser en modo alguno un principio de salud, aunque permita una represión sintomática espectacular en pacientes que llevan años con una alimentación y una higiene deplorables. ¿No se ha trivializado el MITO SACRO-SAINT DE LOS 6 MILLONES DE CÁMARAS DE GAS, cuando las comprobaciones hechas por historiadores como Rassinier, que pesaba treinta kilos cuando salió de DACHAU, y el profesor Faurisson, demócrata y antinazi, que estudió el problema durante 20 años, han demostrado la inflación de más de 5 millones, y la imposibilidad técnica de cámaras de gas ciclón B para 1.000 o 2.000 personas a la vez. Esto puede ser verificado por cualquier persona familiarizada con las normas técnicas para el gaseado, y algún día será confirmado por informes de expertos serios (informe LEUCHTER) y contraexpertos. Hay que señalar que nunca se ha visto una cámara de gas, mientras que los crematorios están todos presentes y en buen estado.

Eran esenciales en los campos de concentración para prevenir las epidemias de tifus y peste.

Esta jeremiada inaudita ha sido banalizada, mientras que desde la Segunda Guerra Mundial decenas de millones de muertos no han conocido más que el silencio, al igual que las decenas de millones exterminados por los "judíos" bolcheviques.

Es un lugar común que estas personas no interesan a nadie, pertenecen a "esa vil semilla de ganado", ¡no son judíos!

¿No se ha trivializado el silencio en torno al informe de la Cruz Roja de 1944? Tras un examen meticuloso de los campos alemanes, la Cruz Roja declaró que "A PESAR DE LOS RUMORES, NO EXISTE NI UN LEVE RASTRO DE CÁMARA DE EN NINGÚN LUGAR".

¿No se ha trivializado que en el juicio contra DEGESH, el fabricante del Ciclón B, el Director y los químicos declararon que las cámaras de gas, tal como afirmaba la propaganda, eran técnicamente IMPOSIBLES E IMPENSABLES?

¿No se ha banalizado que el famoso INFORME GERSTEIN, que gira en torno a este problema, FUE RECHAZADO EN EL JUICIO DE NUREMBERG, por ser tan tonto y caricaturesco?

¿NO FUE EL SILENCIO QUE RODEÓ EL HECHO DE QUE HITLER, TRES AÑOS ANTES DE LA GUERRA, HUBIERA PRESENTADO A LOS GOBIERNOS UN ACUERDO SEGÚN EL CUAL, EN CASO DE CONFLICTO, NO SE BOMBARDEARÍA A LAS POBLACIONES CIVILES, Y SOBRE TODO EL RECHAZO DE ESTE ACUERDO POR PARTE DE LOS GOBIERNOS CUYOS VERDADEROS AMOS TODOS CONOCEMOS?!! ¡!

Y sin embargo, sólo el bombardeo de Dresde causó 125.000 víctimas en una noche, y el de Tokio 195.000, es decir, más que la bomba del Sr. Oppenheimer sobre Hiroshima...

AHORA, MADAME VEIL, SI USTED HA LEIDO EL MEIN KAMPF AUNQUE SEA EN DIAGONAL Y HA OBSERVADO LA POLITICA DE HITLER EN SU PAIS, SABRA QUE SON PRECISAMENTE TODOS ESTOS HORRORES LOS QUE HITLER QUERIA EVITAR PARA SU PAIS E "INCLUSO PARA SUS ENEMIGOS", POR CITAR AL PAPA XII...

Cualquiera que conozca los hechos y haya leído Mein *Kampf*, especialmente a la luz de los acontecimientos de los últimos 50 años, ESTARÁ PERFECTAMENTE CONVENCIDO.

Esta es sin duda la razón por la que este libro está prohibido, mientras que el EXPRESS de GOLDSMIDT, ARON, MENDES-FRANCE, SCHREIBER, ABITTAN, GRUMBACH, PISAR, LAZLICH, KANTERS, GALLO, OTTENHEIMER etc., anuncia una novela que narra las venales aventuras homosexuales de un niño de 13 años CON UNA RECOMENDACIÓN A LOS JÓVENES DE ESTA EDAD PARA QUE LA LEAN.

Iba conduciendo por la carretera cuando oí este anuncio: la emoción me obligó a parar...

DENLE LA POLICIA Y LA JUSTICIA AL SR. LEVY YA NO SERA RIDICULO NI ABJECT Y HABRA EL SIGLO XX...

Ante estos hechos evidentes, ¿no podemos ver que el régimen nazi fue "UNA REACCIÓN SOCIOLÓGICA DE LEGÍTIMA DEFENSA", o como dijo Carrel, "la reacción normal de un pueblo que no quiere morir..."?

En los campos alemanes estaban todos aquellos que, consciente o inconscientemente, promovieron todos estos horrores "circuncidados el [8º] día: masones, comunistas, sacerdotes que nunca contaron con el apoyo de Pío XII, quien dijo: "Alemania no sólo lucha por sus amigos, sino también por sus enemigos, porque si el Frente Oriental se derrumba, el destino del mundo está sellado".

También dijo: "Sólo la Alemania nazi y el Vaticano son capaces de oponerse al peligro bolchevique, la primera políticamente, el segundo espiritualmente"...

QUIEN PUEDE CONTRADECIR A SU TOCAYA SIMONE WEIL CUANDO DIJO:

"LOS JUDÍOS, ESTE PUÑADO DE DESARRAIGADOS, HAN CAUSADO EL DESARRAIGO DE TODO EL GLOBO...".

¿Por qué no banalizar un régimen, ciertamente transitorio, que ha intentado con éxito devolver a su país su dimensión tradicional que ROTHSCHILD, MARX, FREUD, EINSTEIN, PICASSO Y CONSORTS han destruido totalmente?

¿No nos dijo Solzhenitsyn: EL RÉGIMEN NAZI FUE LA ÚNICA FUERZA POLÍTICA CAPAZ DE COMBATIR EL SUICIDIO MARXISTA GLOBAL...

En este juego global Rothschild-marxista, que gobierna el mundo de la forma más totalitaria, no se tienen en cuenta las necesidades reales de la humanidad:

Biológicos: los efectos nocivos de la quimización de la tierra, los alimentos y los medicamentos.

Ecológico: destrucción de la naturaleza y contaminación universal (50 años de abonos químicos han esterilizado totalmente el suelo) Sociológico: paro monstruoso, que en la situación actual, mal llamada "democrática", sólo puede crecer exponencialmente.
(Retorno de la mujer al hogar, y al valor del "trabajo" y no del dinero). El sistema es estúpido y su "progreso" aberrante.

Moral y espiritual: los males del laicismo, el marxismo y el freudismo, difundidos por profesores zombificados.

Entonces, Mme Simone Veil, ¿es usted una criminal o simplemente una inconsciente? ¿No podías leer tu HOMONIMO Simone Weil?

Me temo que eres un inconsciente, porque nadie querría desear el holocausto de los demás además del suyo propio.

¿NO PUEDES ENTENDER QUE EN UN MUNDO FINITO NO PUEDE HABER CRECIMIENTO INDEFINIDO?

Sobre todo cuando los procesos utilizados son antibiológicos, artificiales, patógenos y destructivos para los seres humanos y el planeta, como Hitler vio tan claramente en Mein Kampf.

[4]Esta campaña anti-insectos desespiritualizadora, con su intelecto hipertrofiado dando forma a una mente monstruosa, homicida y suicida, sólo tiene dos parámetros estratégicos: SUPRESIÓN RADICAL DE LA CIRCUMCISIÓN EN EL 8, DÍA 1 DE LOS 21 DÍAS DE LA PRIMERA PUBERTAD.

UN RETORNO A LAS PEQUEÑAS COMUNIDADES AUTÉNTICAMENTE RELIGIOSAS, ES DECIR, DE ACUERDO CON LAS LEYES DE LA NATURALEZA.

---

[4] Nota básica: (véase la página siguiente)

NOTA FUNDAMENTAL

La abolición radical de la circuncisión a los 8 días de la primera pubertad, que dura 21 días, tendría como efecto inmediato el restablecimiento de los genitales internos en toda su integridad.

Las mentes religiosas dirían que la conversión de Israel requiere la abolición de la circuncisión mal entendida. (Utilizo la palabra "conversión" no como una "vuelta a la religión católica", que ya ha mostrado suficientemente sus debilidades "y su ignorancia de las leyes de la vida", sino como una vuelta a las leyes de la vida y al respeto de la naturaleza.

Además, la sobreestimulación de los endocrinos orgánicos (hipófisis, tiroides, suprarrenales, genitales reproductores) permanecería hereditaria durante varias generaciones. Esto significa que los niños judíos se convertirían en INTERSTITUTOS hipofisarios y tiroideos como los faraones de Egipto.

Constituirían así una verdadera élite, que pasaría de una mentalidad analítica a una sintética, de lo cuantitativo a lo cualitativo, de una falta de sentido moral a un gran sentido moral.

Ideas como el marxismo o que "la maternidad no existe" serían imposibles. Los Warburg, los Marx, los Freud, los Oppenheim, los S.T. Cohen, los Bénézareffs, los Simone Veils, los Gurgi-Eliachefs, los Gurgi-Lazarus, los Soros, etc. serían imposibles.

Como dice DOMINIQUE AUBIER sobre el rito de la circuncisión en un libro que me envió:

La circuncisión "no correría el riesgo de destruirlo todo en las fronteras de las naciones"...

MÁS ALLÁ DEL ANTISEMITISMO

LA CLAVE DE LA TRAGEDIA JUDÍA: LA CIRCUNCISIÓN AL OCTAVO DÍA Y LA EDAD MEDIA.

"¿Quién habría pensado que un rito podría llegar tan lejos y arriesgarse a destruirlo todo en la frontera entre naciones?"
(Dominique Aubier)

Un hecho histórico es innegable: el antisemitismo (un término erróneo, por otra parte, ya que muchos verdaderos semitas nunca han experimentado el antisemitismo) contra los judíos se ha manifestado en todos los tiempos y en todos los continentes donde los judíos han estado presentes. Está por tanto, como dice Bernard LAZARE en su libro sobre el ANTISEMITISMO, en permanente gestación en el propio judío y NO en el antisemita.

No todas las épocas ni todas las latitudes se unieron para perseguir a los judíos. La advertencia de la Iglesia contra la perversidad judía sólo afectaba a los católicos, una pequeña fracción de todos los pueblos y lugares que no necesitaban a Roma para practicar un antisemitismo sangriento, incluso cuando los judíos poseían el máximo poder político y financiero.

Este ANTISEMITISMO (palabra tanto más absurda cuanto que un judío cuya ascendencia vive en Polonia desde hace siglos no es en absoluto semita) SE DEBE A SU CONSTANTE PARTICULARISMO EN EL TIEMPO Y EN EL ESPACIO.

Los "judíos" (denominación errónea, como veremos) tienen considerables facultades especulativas, pero en detrimento del SENTIDO MORAL, que no debe confundirse con su moral a menudo rigurosa, y del ESPÍRITU DE SÍNTESIS. Sus especulaciones modernas, JUDÉO CARTESIENNES, nos ofrecen una niágara mortal de pruebas por 9 de este fenómeno. Este particularismo no debe nada a la THORA, EL LIBRO SAGRADO JUDÍO, pues los pseudojudíos que dominan el mundo apenas han recibido instrucción religiosa y son, en sus especulaciones como en su vida, radicalmente ateos.

El espíritu de síntesis y el sentido moral QUE CARACTERIZAN A LAS VERDADERAS ELITES están totalmente ausentes de la oficialidad política.

La pseudodemocracia se transformará así en una judeocracia globalista que impone su cesarismo mediante el voto inconsciente de las masas desintegradas. La dialéctica de la libertad del hombre, la mujer y el niño está en el epicentro estratégico de esta destrucción demagógica, que juega con la ingenuidad y la vanidad de las masas. Los fenómenos "Michael Jackson" y "Madona" son síntomas deslumbrantes del hundimiento fisiológico y psíquico de las masas.

La palabra "judío" tiene un significado estrictamente religioso. Un judío es alguien que sigue los preceptos de la THORA, el único libro sagrado judío ortodoxo", afirma el especialista Alexandre Weil.

WARBURG, que en 1914-1918 subvencionó simultáneamente a los aliados, a los alemanes y a la revolución bolchevique, para venir a Europa en 1919 como negociador de paz (ya sabemos lo que fue el TRATADO DE VERSAILLES y a dónde condujo), HAMMER, que sólo en 1940 poseía tanto petróleo como las 3 potencias del Eje, MARX, KAGANOVITCH, Y 50 BOURREAUX JUDÍOS CARCETALES Y CONCENTRACIONISTAS QUE EXTERMINARON DZINES DE MILLONES DE GOYS EN LA U.R.S.S. (FRENKEL, YAGODA, JEJOFF, FIRINE, APPETER, ABROMOVICI ETC), FREUD, abúlico y pornógrafo con su humeante teoría pansexualista basada en la nada, SIMONE VEIL, piluloavorteuse, (la píldora es patógena y teratógena),BENEZAREFF, rey del cine pornográfico, con muchos otros del mismo origen en los EE.UU.BENEZAREFF, rey del cine pornográfico, con muchos otros del mismo origen en EE.UU., y en Europa, tales otros "judíos" reyes del alcohol mundial, de la carne, de la monopolización del trigo, de las telenovelas adormecedoras de la propaganda sistemática, de la violencia y del sexo, NO SÓLO NO SON JUDÍOS SINO QUE SON GRANDES CRIMINALES DE LA HUMANIDAD, COMO LO SON LOS REYES DE LA PRENSA MAXWELL Y GOLDSCHMIDT, que manipulan a las masas en un mar de propaganda antitradicional de bajo nivel, mentiras, errores y horrores.

La única crítica que se puede hacer a los VERDADEROS JUDÍOS es que callan ante estos grandes criminales que, además, usurpan el título de "judío"....

Una vez que hemos comprendido plenamente el particularismo especulativo ASINTÉTICO Y AMORAL de esta secta atea del judaísmo, una vez que nos damos cuenta de que un judío en Polonia y un judío en Sudamérica son somáticamente muy diferentes, compartiendo a menudo sólo sus rasgos faciales caricaturescos y sus poderes especulativos, TENEMOS QUE BUSCAR UN DENOMINADOR COMÚN QUE PUEDA DAR CUENTA DE TAL PARTICULARISMO.

SÓLO HAY CIRCULACIÓN EL 8º DÍA DESPUÉS DEL NACIMIENTO.

Esto queda claro cuando comprendemos la PRIORIDAD FUNCIONAL DEL SISTEMA HORMONAL SOBRE EL SISTEMA NERVIOSO Y EL SER EN GENERAL (obra del endocrinólogo Dr. Jean Gautier). En otras palabras, es nuestro sistema glandular el que nos dirige, siendo el sistema nervioso sólo un puente, que asegura nuestros automatismos, entre nuestra naturaleza glandular y nuestras acciones.

En mi tesis doctoral, demostré que los dandis románticos (Chopin, Lamartine, Musset, Liszt, Goethe, Byron, etc.) eran "tiroides" con tendencia "hiper". Esto explica su forma larguirucha, su esteticismo, su intuición y su imaginación.

Si además conoces la primera pubertad, que comienza el octavo día y dura 21 días, estás de enhorabuena.

Además, se puede hacer antes por pura inteligencia, porque la circuncisión al 8º día es el ÚNICO PARÁMETRO CONSTANTE que puede justificar semejante particularismo, máxime cuando hay una ausencia total de etnicidad, ya que los judíos siempre han estado prácticamente diseminados por todo el planeta, sin haber podido asentarse nunca más que unos pocos siglos, lo que no les permite características étnicas evidentes. Además, ninguna justificación étnica podría justificar tales poderes especulativos, carentes de todo sentido moral o espíritu de síntesis.

Si los judíos tuvieran sentido de la síntesis, habrían descubierto hace tiempo que la circuncisión era la fuente de TODOS SUS MALOS y la habrían suprimido. Su destino, al parecer, es precisamente que NO DEBIERAN haberlo descubierto....

La circuncisión se realizaba el octavo día, es decir, el primer día de la pubertad, que duraba 21 días y debía interrumpirse considerablemente. Determinará la mentalidad muy particular de quienes se someten a esta mutilación de forma permanente.

El 8º día, todos nuestros endocrinos se agitan. Durante 21 días, ésta será la PRIMERA PUBERTAD. Se manifiesta a través de los signos genitales y la actividad de las glándulas mamarias. La importancia de esta pubertad es considerable para nuestro funcionamiento glandular general y para todas nuestras posibilidades vitales. La glándula pituitaria es muy activa y actúa sobre todas nuestras otras glándulas para adaptarlas a la nueva vida. Así puede mantener el entorno orgánico del niño pequeño y permitirle resistir las influencias externas.

SI DURANTE ESTA EFECTIVIDAD HORMONAL, UN TRAUMATISMO INSOLUTO AFECTA AL LUGAR DONDE SE LOCALIZA EL PREPUCIO, cerca de nuestros genitales internos, un sistema endocrino de importancia fundamental, es obvio que se PERTURBARÁ EL EQUILIBRIO GLANDULAR QUE DEBE ESTABLECERSE EN LA PRIMERA PUBERTAD.

No cabe duda de que esta mutilación desviará en beneficio propio las actividades circulatorias y metabólicas que deberían aplicarse a los genitales internos (o intersticiales). Por lo tanto, es este sistema endocrino, del que sabemos desde hace 40 años que está atrofiado en los pacientes con demencia, el que se verá dañado, frustrado y afectado.

No se tratará de los genitales REPRODUCTORES, que aún no están formados y sólo evolucionarán más tarde. Por lo tanto, este traumatismo provocará una HIPOFUNCIÓN DEL GENITAL INTERNO.

Pero es la glándula de la voluntad, de la intelectualidad (que no tiene nada en común con el INTELECTUALISMO de la ciencia moderna, las finanzas y las ideologías asesinas como el marxismo, el freudismo y el anarquismo, no en su sentido real, sino en el sentido de "caos") y del sentido moral.

Esta hipotrofia de los genitales internos redundará en beneficio de los genitales reproductores y de los demás endocrinos, ESPECIALMENTE DE LA HIPOFISIS. Estos endocrinos se volverán de siete a diez veces más eficientes que los de otros humanos; EL RESULTADO ES QUE EN UNA DEMOCRACIA PSEUDO PRIVADA A CUALQUIER ELITE ESPIRITUAL, EL CIRCONCIS DEL DÍA 8th TOMARÁ TODO EL PODER.

Los tomarán tanto más fácilmente cuanto que están TOTALMENTE BORRADOS DE SENTIDO MORAL Y DE MENTE DE SÍNTESIS.

Por tanto, podrán utilizar cualquier proceso que deseen sin ningún reparo.

Son pues estos endocrinos, con exclusión de la glándula genital interna, los que asegurarán el desarrollo de la genitalidad. En consecuencia, el cerebro, constituido por un concierto endocrino sobrepotente PERO SIN NINGUNA EFECTIVIDAD DEL GENITAL INTERNO, liberará al individuo de todas las fuerzas opuestas, sentimentales y auténticamente intelectuales. (sentido moral, síntesis), que pueden, por ejemplo, oponerse al uso de la sexualidad, así como desarrollar sistemas o descubrimientos que se volverán contra el hombre (freudismo, marxismo, bomba atómica, bomba de neutrones, "liberación" de hombres, mujeres y niños, etc.).

Además, este traumatismo prepucial, que se registra automáticamente, desviará todos los esfuerzos de los genitales sobre los órganos reproductores durante los otros 2 periodos de la pubertad (entre los 13 y los 18 años). Además, la circuncisión provoca cicatrices que requieren una actividad especial por parte de la hipófisis. POR LO TANTO, ESTE SISTEMA ENDOCRINO ESTÁ LLAMADO A FUNCIONAR DESDE EL NACIMIENTO DEL NIÑO.

POR LO TANTO, SEGUIRÁ DOMINANDO LA ECONOMÍA HORMONAL GENERAL. Seguirá siendo persistente en su actividad. Actuará sobre lo somático y lo psíquico.

NORMALMENTE, LAS PERSPECTIVAS DE RAZONAMIENTO DE LA PITUITARIA ESTÁN ATEMPERADAS POR LOS GENITALES INTERNOS.

Pero en este caso, como decía muy bien Jacques Bergier, hablando de la circuncisión especulativa que él llamaba erróneamente "judíos", "HAY UNA ENFERMEDAD DE RAZONAMIENTO ULTRA"; ESTA ES FATAL PORQUE ES LA HIPÓFISIS LA ÚNICA QUE GARANTIZA LAS ELABORACIONES INTELECTUALES.

El pensamiento de los circuncidados el 8º día (una circuncisión excepcional no tendrá todas estas consecuencias) será por tanto exclusivamente materialista, calculador, abstracto, ANALÍTICO; por lo que el ser marcado hormonalmente de esta manera elaborará análisis, cálculos, en los que NO PODRÁ ENTRAR NINGUNA CONSIDERACIÓN MORAL NI PREOCUPACIÓN POR LA GLOBALIDAD SINTÉTICA HUMANA EN EL TIEMPO Y EL ESPACIO. LA EXCLUSIVIDAD DE ESTE TIPO DE ESPECULACIÓN HEGEMÓNICA SIGNIFICARÁ EL SUICIDIO DE TODO Y DE TODOS.

La ciencia se convertirá en magia negra porque será exclusivamente ANALÍTICA, MICROSCÓPICA, CUANTITATIVA, MIENTRAS QUE EL CONOCIMIENTO, la magia blanca, es SINTÉTICO, MACROSCÓPICO, CUALITATIVO.

Por lo tanto, la persona circuncidada el 8º es responsable, como agente cósmico, del colapso global: NO ES CULPABLE.

No es más culpable que el escarabajo de Colorado de la patata. No eligió las repercusiones de la circuncisión al octavo día, que ni siquiera es capaz de concebir. No es consciente de la mentalidad que le confiere. Víctima del antisemitismo, no comprende que sus especulaciones amorales e inmorales son la causa.

Si tuviera tal conciencia, HUBIERA ELIMINADO LAS CIRCUNSTANCIAS HACE MUCHO TIEMPO, sobre todo porque, curiosamente, sólo conserva este rito RELIGIOSO mal entendido e ignora la Torá.

Moisés estaba menos familiarizado con la cuestión glandular que los sacerdotes de Horus. Así que infligió esta circuncisión mal entendida a todo un pueblo, convirtiéndolo en un monstruo glandular e infligiéndole, además, LA IDEA DE LA HEGEMONÍA MUNDIAL.

Lo lograron sobre las ruinas putrefactas y sangrientas de naciones degeneradas. Así que no existe la raza judía (porque no existe) ni la etnia.

(Siendo la etnicidad el resultado de la adaptación hormonal a un entorno fijo durante al menos un milenio). SÓLO la circuncisión del 8º da cuenta de la mentalidad especulativa, amoral y sintética de los circuncidados, QUE ESTÁN ENTRANDO EN LA FASE ULTIMA DE LA EDAD DE LOS DIEZEBRIES ANUNCIADA POR LOS SABIOS DESDE HACE MILES DE AÑOS.

Hoy en día, la expropiación de todos los seres humanos por las finanzas vagabundas circuncidadas se ha institucionalizado. La usura, el crimen omnímodo denunciado por todas las civilizaciones, ha asumido el propio manto oficial del crédito, que, junto con el alcohol, es la fuente de todos nuestros males.

Todo esto sólo puede apoyarse en la desintegración masiva de individuos cuyo aspecto y vestimenta biotípicos, por ejemplo en el metro de París, son algo atroz y repulsivo.

El parahumano esclavizado por el crédito, la quimificación alimentaria y terapéutica, el freudismo, el marxismo, la música patógena y criminógena, se ha convertido en una especie de amalgama físico-química en blue jeans Levis, regida por la cuenta de resultados de las pseudodemocracias, que en realidad no son más que las dictaduras de la banca y el marxismo.

La droga se extiende libremente, GESTIONADA POR LAS ALTAS FINANZAS, poniendo el broche final a esta degeneración, mientras que los jóvenes, indefensos, sin empleo, en un mundo "circuncidado" sin piedad, se suicidan en masa, mientras que las verdaderas élites, que ya no dialogan con nadie, contemplan entre lágrimas este penoso espectáculo. Hoy, los circuncidados son dueños de lo que queda de los Estados. Sólo el Apocalipsis provocará un cambio irreversible en su destino y en el nuestro.

Sus combinaciones hipofisarias se encuentran en las reformas religiosas, las revoluciones como las de 1989 y 1917, las guerras, el descerebramiento zombificante y la pornografía. La civilización ha desaparecido bajo el efecto de la desintegración de sus glándulas pituitarias. Se trata de una tendencia natural para ellos, ya que las 4 endocrinas orgánicas (tiroides, hipófisis, suprarrenales, genitales reproductoras), mucho más potentes que en los demás humanos, se oponen permanentemente a los valores sintéticos, morales, divinos y altruistas que confiere un sistema genital interno en perfecto estado de funcionamiento.

Los financieros circuncidados Warburg, Hammer, Rothschild, Loeb, Kuhn, etc., como Freud y Marx, Einstein, Oppenheimer, S.T. Cohen, son ejemplares en este sentido. SPINOZA, excomulgado por la Sinagoga de Holanda, y por tanto NO judío, representa la primera concepción materialista de los tiempos modernos. Separó el misticismo de la filosofía y preparó el camino para el RACIONALISMO y la CIENCIA MODERNA, que casi ha terminado de exterminarnos.

FREUD hace depender nuestras posibilidades intelectuales de nuestras tendencias sexuales sublimadas. Nos reduce al nivel de un inconsciente bestial y, gracias a la pseudodemocracia, ha impuesto su neurosis a TODO EL MUNDO.

De hecho, esta anarquía glandular, apenas mantenida a raya por un intersticio deficiente, conduce a los circuncidados del 8º día a psicologías de agitación, destrucción y aniquilación, con el fin de establecer la dirección general del mundo. Ignoran la Torá y sólo conservan la circuncisión y el anuncio mosaico de su hegemonía mundial. A finales del siglo XX, esclavizaron a los gobiernos y al poder judicial enteramente a su devoción. Los tribunales aplican ahora sus leyes racistas y dictatoriales, disfrazadas de "antirracistas y democráticas". De este modo, los circuncisos aseguran su hegemonía sobre las masas descompuestas.

Sólo quienes formen pequeñas comunidades organizadas según líneas étnicas en las que se restauren los valores espirituales y morales podrán escapar al suicidio globalista que, mientras escribo, se manifestará en Sudáfrica, por ejemplo, en la ruina económica y la carnicería intertribal. Es absolutamente cierto que tras el suicidio global, el siglo XXI sólo recuperará su coherencia jerárquica a través de aquello que VINCULA, es decir, la religión. Hoy todo está al revés y sólo la VERDADERA RELIGIÓN volverá a poner las cosas en su orden providencial.[5]

La hegemonía mundial de los circuncidados en el 8º día sólo cumple la Edad Oscura sobre el imperio de las ruinas. En última instancia será también su propio suicidio y el fin de la mal entendida práctica de la circuncisión. La psicosis judeocartesiana está integrada en el determinismo absoluto de los circuncidados el 8º día, que no son en absoluto judíos.

---

[5] Según el doctor Alexis Carrel, nombrado por Pío XII miembro del Instituto Científico Vaticano, habría que criticar a la Iglesia por **su formalismo doctrinario y su ignorancia de las leyes de la vida (dietética, respiración controlada, oración auténtica, la única que puede unirnos con lo trascendente).**
También es absolutamente esencial eliminar las sustancias tóxicas que causan graves deficiencias y daños, y que alteran la glándula tiroides, la GLÁNDULA DE LA TENTACIÓN: café, tabaco, alcohol, alimentos químicos, carne.
No puedes hablar con Dios con la boca llena de sangre.
Es difícil imaginar mataderos en las inmediaciones del Templo de Luxor o de la Acrópolis...

Su misión cósmica es asumir un intelectualismo involutivo superior (Analitismo).

La perfecta comprensión de este texto implica un tiroides y unos genitales internos en buen estado.

UN EJEMPLO TÍPICO DE LOS AÑOS 90 DE LOS EFECTOS DE LA CIRCUNCISIÓN EN EL 8º DÍA: EL FINANCIERO SOROS.

¿Quién es Soros?

Especulador y filántropo (está de moda, después de ganar diez mil millones con la especulación que sólo permite la democracia, donar algunos millones a buenas causas), Soros es un judío húngaro emigrado. Se hizo multimillonario en Estados Unidos durmiendo...

Su suerte es tan reciente que no figura en el famoso libro de Henri Coston "Le veau d'or est toujours debout" (El becerro de oro sigue en pie), publicado en 1987.

Según Le Monde del 16 de septiembre de 1992, su fortuna aumentó de la noche a la mañana en mil millones de dólares, es decir, 5.000 millones de francos o 500.000 millones de céntimos. Como todo el mundo sabe, tales fortunas en un régimen monárquico o teocrático eran moneda corriente.

La historia nos dice, con razón o sin ella, que el superintendente Fouquet, del que el rey Luis XIV estaba celoso, ¡era un mendigo al lado de Soros!

Ha tenido que llegar la democracia para que por fin se consiga la Igualdad perfecta (+ ¡Igualdad y Fraternidad!) entre SOROS y UN BILLÓN DE PERSONAS DESEMPLEADAS EN TODO EL MUNDO....

Ha funcionado contra las divisas europeas, en particular la británica.

Le MONDE nos dice que en Gran Bretaña se le conoce como "el hombre que rompió la libra"...

Tras la tormenta que agudizó la recesión en Europa, Soros se embolsó dos mil millones de dólares. (Siete meses después, Soros volvió a ser noticia en el mercado del oro. Compró una participación en una de las mayores minas de oro de EEUU, NEWMONT MINING, por 400 millones de dólares, e hizo subir el precio.

Es el tipo de hombre de negocios astuto y misterioso, estimulado neuróticamente por una sobreestimulación de la glándula pituitaria debida a la circuncisión. Como Rothschild, actúa solo. Pero dispone de una herramienta que no tenía el ganador de la deshonesta estafa de Waterloo: el teléfono. Le gusta decir que el teléfono le basta para estar informado.

El teléfono es también todo lo que necesita para dar sus órdenes bursátiles en Wall Street, la City, París, Tokio y Fráncfort.

Tiene poco más de sesenta años cuando escribo este libro, y maneja los hilos de una red que engloba bancos y trusts obligados a cumplir sus órdenes y obedecer sus instrucciones.

No hace falta ser inteligente para comprender el poder que un hombre así puede tener sobre todos los políticos de cualquier país y sobre todas las masas. Es gente así la que puede globalizar el freudismo de la noche a la mañana, hacer que todo el mundo lleve vaqueros azules, iniciar una guerra que les favorezca y mañana, si la degradación mental ha sido bien dosificada, hacer que todo el mundo lleve un gorro de plumas en el trasero... ¡Este ejemplo grotesco es más saludable que la llegada mundial de la pornografía en nombre de la libertad!

Desde el hundimiento del sistema comunista en Europa del Este, el financiero Soros "se ha embarcado en una nueva vida". Gran especulador, ahora es filántropo en el Este, dice Le MONDE con cara seria:

"A través de una red de fundaciones creadas en 18 países excomunistas, contribuye a la construcción de la democracia intentando favorecer la aparición de sociedades abiertas (es decir, trusts o grupos financieros dependientes de él y de sus cómplices).

Dedica la mayor parte de su tiempo a sus fundaciones, por valor de 50 millones de dólares al año. En 1992, también donó 100 millones de dólares para ayudar a la investigación científica en Rusia, 50 millones de dólares en ayuda humanitaria a Bosnia y un préstamo de 25 millones de dólares a Macedonia.

Según LE MONDE, las fundaciones de George Soros han corrido distinta suerte en los diferentes países. En China, renunció bastante pronto tras ser infiltrado por los servicios de seguridad. En Polonia hizo un primer intento con intelectuales de SOLIDARITÉ, pero sin éxito...

La historia de su fundación en Moscú, estrechamente paralela a la evolución de la sociedad rusa, comienza en 1987, cuando Sájarov rechazó la oferta de Soros de colaborar, convencido de que su fundación sería infiltrada por el KGB: "Empezamos como una organización soviética", dice Soros, "nos costó dos putsches dentro de la fundación corregir la trayectoria y cinco años ponernos en marcha".

¿Han escapado los pobres rusos del dominio rojo para caer bajo el dominio dorado de un primo húngaro de los jefes del Gulag?

Soros se topó con la camarilla bolchevique y tuvo que cambiar su forma de trabajar sobre el terreno:

"El director llegó a la reunión como director y se fue como ex director. Entonces la persona que había organizado el golpe, el asesor jurídico de la fundación, asumió el cargo. Era "políticamente correcto", pero resultó ser peor dictador que sus predecesores. Así que, al cabo de un año, tuve que organizar otro golpe mientras él estaba en Estados Unidos"...

Se rompe sin escrúpulos el cuello a los ex soviéticos. El nuevo gobierno de Moscú "le da pocas esperanzas". Cuenta con ello:

"Ayudar al Ministerio de Educación a sustituir toda la enseñanza marxista-leninista por la de humanidades" (es decir, la del capitalismo)".

Mucho depende, como siempre observa LE MONDE, de la elección de personas por las que Soros puede decidirse en cinco minutos, por instinto, por flechazo, por intuición:

A veces no hemos encontrado el contacto", dice Soros, "por ejemplo en Lituania hicimos un trabajo muy bueno, pero no en Letonia. Cuando digo 'nosotros', en realidad soy yo: para empezar se necesita un contacto personal".

Una vez hecha su elección, confían plenamente en las fundaciones, incluido el dinero. El uso de los fondos lo decide localmente cada una de las fundaciones, y se envía una copia de las cuentas a Nueva York.

"Está empoderando a la gente de Europa del Este", dice Sandra Pralong, que dirige la Fundación Soros en Rumanía.

En Varsovia tuvo que actuar de forma diferente. Los polacos eran más recelosos y se resistían (Soros lo admite). Tenían una concepción diferente. Al final, el financiero triunfó. Le MONDE dice: "La Fundación Stefan Balory es ahora el buque insignia de las fundaciones de Soros"...

Los estadounidenses clarividentes han detectado al "filántropo explotador" que "juega con la fundación" "como una escopeta con forma de paraguas".

Este filántropo, que empezó como analista financiero, dio el paso en 1969 y creó su propio fondo.

Su historia puede resumirse así: de Hungría, donde George Soros vivió en semi-landestinidad durante la guerra para escapar al control de la policía del Regente Horthy, se fue a Londres en 1947, donde vivió al día. Consiguió obtener una beca y estudiar en la LONDON SCHOOL OF ECONOMICS. No regresó a Budapest, donde los tanques soviéticos habían sometido al país al régimen comunista. Fue en Wall Street donde hizo carrera, primero como analista financiero y luego, a partir de 1969, como "jefe" de su propia empresa, el QUANTUM FUND, que tomó la precaución de registrar en Curaçao, el conocido paraíso fiscal.

Desde entonces, ha amontonado miles de millones sin hacer olas. Es un tipo listo y sabe que "para vivir felices, vivamos ocultos"...

No es él quien, como el desdichado Tapie sobre el que se centran las cámaras de televisión y los tribunales de justicia, va a agitarse como una patética marioneta en los medios de comunicación. Tapie es un indigente comparado con Soros.

El gobierno lo utiliza para divertir a las masas y centrar su atención en algo que no sea el creciente desempleo. Y sin embargo, las acciones de Soros equivalen a la más grave de las delincuencias en un sistema político NORMAL. Estos delitos son tan grandes que en un régimen tradicional NO PODRÍAN NI PERPETRARSE...

En cuanto a Soros, acechando en la sombra, se enfrenta a la gran política.

En su país de expatriación, Hungría, se ha adivinado su juego y varios dirigentes de la derecha magiar le han puesto en la picota en sus escritos. En Eslovaquia y Rumanía, es violentamente denunciado. El feroz especulador nunca se convertirá en un San Bernardo. Es un astuto y codicioso financiero "democrático" (¡¡qué burla!!). Recientemente, cuando Soros compró el 10% de las acciones de su amigo Jimmy GOLDSMITH de NEWMONT MINING, provocó una subida del mercado del oro.

En "democracia" no hemos oído hablar de él.

El Sr. Emmanuelli, Presidente socialista de la Asamblea Nacional, se negó a ocupar su escaño porque el Rey Juan Carlos de España venía a hacer una presentación. ¡Un rey de un país socialista aún más podrido que el nuestro!

Apostemos a que si SOROS viene a hablar a la Asamblea, estará allí para aplaudir a este multimillonario manipulador surgido de la nada...

Estas marionetas políticas son tan grotescas que no encontramos palabras para describirlas...

Goys, ¡despierten o mueran!

"Y el mundo será gobernado por monstruos" (Apocalipsis)

"La verdad, esa vieja bruja" (Oscar Wilde)

"Los judíos, ese puñado de desarraigados, causaron el desarraigo de todo el globo" (Simone Weil).

"El advenimiento del Cesarismo judío es sólo cuestión de tiempo. La dominación del mundo pertenece al judaísmo. El crepúsculo de los dioses ya nos ha alcanzado. Si puedo dirigir una plegaria a mis lectores, es ésta: que guarden este libro y lo transmitan a sus descendientes. No

pretendo ser profeta, pero estoy profundamente convencido de lo que digo aquí: DENTRO DE CUATRO GENERACIONES NO HABRÁ ABSOLUTAMENTE UN SOLO CARGO EN EL ESTADO, SIN EXCEPTUAR EL MÁS ALTO, QUE NO ESTÉ EN POSESIÓN DE LOS JUDÍOS".

Esta cita procede del libro de WILHELM MARR LE MIROIR DU JUDAÏSME.

¡¡¡Fue escrito hace cien años!!!

El rechazo de la religión ha dado lugar a estructuras económicas injustas.

Durante 2 siglos hemos hecho todo lo posible para desarraigar y degradar al pueblo, para despojarlo de todo ideal, de todo amor a su oficio, de toda religión. El proletariado nace y es aplastado.

El ganado del mundo entregado al matadero, las guerras del 14-18, del 39-45 y las 150 guerras de este medio siglo entre el sistema liberal y la ideología marxista...

Aportan enormes fortunas a los "financieros que dirigen el mundo", los Bazile Zaharoffs, los Bloch-Dassaults...

No hay ejemplo en la historia de la humanidad de una deshumanización más profunda. La caída del Imperio Romano no fue más que un pequeño detalle comparado con este colapso global, en el que el hombre, aislado de todo vínculo natural y sobrenatural, ha sido entregado a la locura universal como un pecio que se puede rentabilizar y pornografiar a voluntad.

El hombre ha perdido todo poder de adaptación a la realidad.

La dominación de los circuncisos en el 8º día es definitiva: tendremos el Nuevo Orden Mundial, es decir, el caos universal.

No son judíos, porque todas las especulaciones materialistas que disuelven la humanidad son heréticas y criminales ante la THORA.

Son cerebros especulativos privados de sentido moral y de espíritu de síntesis por el hecho de su circuncisión. No es una cuestión de raza, porque las razas no existen, no es una cuestión de pueblo o etnia, porque los pseudojudíos no se han constituido por una pertenencia multisecular a un entorno fijo. Se trata de una secta de enfermos glandulares aquejados de especulacionismo crónico a cuyos "talentos" asesinos da rienda la farsa de la "demoncrassie".

Una curiosa "raza elegida" (la más racista del mundo) que, a través de las finanzas y el marxismo, está reduciendo a cenizas la tierra y a sus ingenuos habitantes.

Tienen todo el derecho. Están por encima de la ley internacional, no sólo en Israel, donde pueden masacrar a los palestinos y tomar sus tierras con impunidad, sino en todos los países donde son una pequeña minoría.

Es más, consiguen que las leyes sean aprobadas por los LICRAsseuses y los políticos de todos los bandos. Si la ONU ha sido capaz de estigmatizar el sionismo como racismo, es sólo una metedura de pata que pronto se revertirá. Lo importante también es no dejar que un heroico profesor hable de estudios históricos que no les gustan, sobre todo porque son incapaces de contradecir los hechos, y la certeza de que nunca hubo cámaras de gas ni 6 millones de judíos gaseados en los campos alemanes ES UNA MALÍSIMA NOTICIA A SANCIONAR IMPITOYABLEMENTE POR UN SERVICIO DE JUSTICIA APLICANDO LEYES INICIOSAS Y DESEABLES....

Su "democracia" ha instituido el crimen de pensamiento totalitario, como en 1984 de George Orwell... El antisemitismo, es decir, la lucidez hacia ellos, es el crimen inexpiable de los crímenes. Se persigue dictatorial e inapelablemente 50 años después del aplastamiento de Alemania. ¡Y esto contra octogenarios que intentaron salvar a Europa del horror absoluto en el que está sumida! ¡!

En cuanto al antigermanismo, no sólo se tolera, sino que se recomienda como virtud... ¡HITLER Y EL NACIONALSOCIALISMO SON EL MAL ABSOLUTO! ¡!

¡Qué importa que no hayamos visto ni un solo niño drogadicto o alcohólico, ni un solo parado, ni un solo trabajador desgraciado en el territorio del Reich! Su crimen inexistente, porque todo el mundo sabe hoy que el mito de los "seis millones de cámaras de gases un disparate aritmético-técnico, es superior en horror al centenar de millones exterminados en la URSS por la revolución Warburg-Lenin y los 50 verdugos judíos de las prisiones y campos de concentración (Frenkel, Jagoda, Firine, Apetter, Jejoff, Rappoport, Abramovici y KAGANOVITCH, cuñado de Stalin. En cambio, la democracia, pantalla de la dictadura absoluta y mundial circuncidada sobre un mundo descompuesto, ¡es el bien absoluto!

¿Qué importa que el mundo se disuelva en una putrefacción asquerosa, qué importa el caos internacional, la familia destruida, los suelos químicamente estériles, los 5000 lagos biológicamente muertos de Canadá, los 2000 lagos muertos de Suecia, la pornografía reinante, la perversión de nuestros niños, a través de la permisividad sexual enseñada desde la más tierna edad, como el rechazo la autoridad de los padres y de los maestros, el iatrogenismo, el teratogenismo, los suicidios masivos de nuestros niños, el paro, los escándalos políticos amnistiados?..

Todo es un desatino del régimen político ideal: DEMONCRASIA CIRCUMSTANTE.

El orgullo étnico de los blancos es un crimen, el orgullo étnico de la gente de color, de los musulmanes (excepto en Palestina) es la mayor de las virtudes.

La igualdad es la verdad absoluta revelada. Warburg o Soros, cuyo poder nunca ha sido igualado por ningún potentado en la historia, o Hammer, que poseía tanto petróleo como las 3 potencias del Eje en 1941, son iguales a los parados. El tonto del pueblo y Landru son tan buenos como Pericles o Goethe. Todos tienen derecho a votar: delincuente o profesor, traficante o científico, ¡todos iguales ante las urnas!

Las minorías indeseables, a menos que hayan tenido la desgracia, como los Harkis, de luchar por Francia, y los degenerados de todo tipo, deben recibir un apoyo especial y derechos especiales. Los derechos de la mujer deben propagarse ampliamente, para que por el trabajo y la perversión pierdan su identidad femenina y su finalidad como madres y esposas. Las mujeres son mejores que los hombres. Como juezas matrimoniales, por ejemplo, podrán completar la abolición total de la autoridad paterna y apoyar a las madres psicópatas y delincuentes contra la Ley y la Justicia.

Las etnias diferenciadas son la pesadilla de la circuncisocrasia: hay que mezclarlas todas (excepto a los circuncidados, que sólo se mezclan con la alta burguesía y la nobleza goy) que la circuncisocrasia pueda gobernar un mundo zombificado de amalgamas físico-químicas regido por la cuenta de resultados de la democracia globalista. Dios creó etnias diferenciadas, y esto no puede seguir así: rectifiquemos la creación: hay que abolir el concepto de Nación. Por otra parte, las fronteras artificiales impuestas por el colonialismo y la democracia son intocables: no importa si su artificialidad las convierte en tragedias permanentes y en causas de guerras, posiblemente mundiales.

La Constitución es más importante que la Nación

La economía es mucho más importante que la ecología. No importa si la hambruna universal está a la vuelta de la esquina. El liberalismo económico y la producción indefinida son dogmas intangibles. Debemos transportar alimentos por todo el mundo en beneficio de financieros desalmados, que ignoran el hecho de que sólo los alimentos cultivados en un lugar concreto tienen un valor nutritivo real para quienes viven allí. Así que el AUTOCUIDADO DEBE SER PROHIBIDO (el gran crimen de Hitler) CUANDO ES LA REGLA FUNDAMENTAL DE LA SALUD DE LAS PERSONAS.

CONSUMIR POR CONSUMIR ES UN VALOR EN SÍ MISMO

Debe crecer indefinidamente en un mundo finito. El crecimiento económico, la canibalización de la naturaleza y la extinción de especies por envenenamiento del medio ambiente son imperativos absolutos: por muy suicidamente aberrantes que sean...

El objetivo de la producción no es satisfacer necesidades, sino crear constantemente otras nuevas. Hay que desalentar la frugalidad, recomendar el hedonismo (enfermedades cardiovasculares, cánceres, sida, pequeños abrojos demoníacos...) Las naciones ricas deben ayudar a las pobres aunque éstas se nieguen a trabajar y sean responsables de su miseria. Cualquiera puede matar a un bebé sano en el vientre de su madre, pero si nace degenerado, tullido mental o físicamente, debemos hacer que sobreviva a toda costa, mientras dejamos que las naciones se masacren unas a otras por centenares de miles en Europa o África, y movilizamos al mundo entero por una cuestión de petróleo, ¡en una noche! (Yugoslavia, Ruanda, etc. y Kuwait)...

EL ÚNICO VALOR REINANTE ES EL DEL DINERO

La droga se extiende por todas partes con la complicidad de las finanzas internacionales (programa de T.V.: "Le nouveau désordre mondial" - 1994). Expresa la miseria biológica y psicológica de quienes eligen este paliativo suicida.

SI ERES UN FIRME CREYENTE EN LA ADORACIÓN PERPETUA DE TODA ESTA LOCURA DEMONCRÁSICA

TRIUNFARÁS EN LA VIDA. Si un día u otro, por ejemplo, vendes armas a todo lo que está siendo exterminado en el planeta como Bloch dit Dassault, serás condecorado con la Legión de Honor junto con alguna puta o invertido de la película.

En esta hermosa democracia, con mucho el peor de todos los regímenes, ya que es el único que consigue la CONTAMINACIÓN INTEGRAL DE LAS PERSONAS Y DEL PLANETA, las grandes ciudades americanas son el infierno en la tierra. Asesinan, violan, roban, saquean, chantajean y se drogan: no os preocupéis, goys franceses, imbéciles, mirad el estado de los suburbios en 1994. Pronto llegará el paraíso, como en EEUU.

¿Cómo pueden reaccionar los zombis del planeta, vestidos con sus blue jeans Levis y sus adornos zoomorfos? ¿No son ya más que el humus sobre el que germinar el renacimiento, tras el exterminio casi total del planeta por la finanza contaminante de Rothschild a Soros, del marxismo exterminador, del socialismo que arruina sin apelación, del freudismo abúlico y pornografizante, de la energía nuclear y sus desechos inservibles de Einstein, de la bomba atómica de Oppenheimer, de la bomba de neutrones de S.T.? La bomba de neutrones de Cohen.

Esta manada globalista de homúnculos se arrastra ahora bajo el dominio totalitario de la circuncisocracia globalista, racista, megalómana, MACRO CRIMINAL DE LA HUMANIDAD, que comparecerá póstumamente ante un supertribunal de Nüremberg que será auténticamente INTERNACIONAL Y NO INTERALIADO....

LA VERDAD SOBRE LA RAZA Y EL RACISMO

EL RACISMO DEL PSEUDO-ANTIRRACISMO

Nos han mentido durante décadas. Nos han engañado deliberadamente sobre la cuestión del racismo y la raza.

Es vital conocer la verdad sobre esta cuestión fundamental. En primer lugar, es posible fusionar etnias similares como franceses, alemanes, rusos, españoles, etc., pero es CRIMINAL intentar mezclar etnias muy diferentes como franceses, negros africanos o norteafricanos. En este último caso, el resultado son seres desgarrados interiormente, inestables y neuróticos, que pueden constituir masas revolucionarias ideales por los factores anárquicos que las componen.

Lo primero que hay que recordar es que LAS CARRERAS NO EXISTEN.

LAS ÚNICAS ETNIAS QUE EXISTEN SON LAS QUE RESULTAN DE LA ADAPTACIÓN HORMONAL A UN ENTORNO FIJO SIN CONTINUIDAD, A LO LARGO DE UN MILENIO MÁS O MENOS.

Esto significa, por ejemplo, que un par de esquimales determinados por el frío y la alimentación polar no conservarán su biotipo "hipotiroideo" si van y se generan durante siglos en una posición geográfica distinta de la suya. Del mismo modo, un negro del Ecuador sólo conservará sus características "hipofisarias con manifestaciones acromegálicas" en la medida en que permanezca en su entorno constitutivo, que permite la potente acción de los rayos solares sobre el lóbulo medio de la hipófisis.

Un CHOPIN tiroideo nunca nacerá en un país ecuatorial. El aspecto particular de los indios está y permanecerá sólo en la especificidad de la India, que es a la vez climática y nutricional.

Los pigmeos, que también son "hipotiroideos", tienen ciertas deficiencias relacionadas con un clima y un entorno particulares.

Esta realidad queda espectacularmente demostrada en casos extremos como ciertos grupos humanos que padecen enanismo, en los que la carencia de yodo impide el funcionamiento normal de la tiroides.

El único antirracismo real, y no hay otro, es apoyar y ayudar a los grupos étnicos merecedores y trabajadores en el lugar geográfico donde se formaron. El mestizaje institucionalizado es, por tanto, un grave delito de lesa humanidad.

Un criador de perros y caballos de raza sabe perfectamente que sus animales deben seguir una dieta específica y que los cruces sólo son posibles en pequeñas dosis y según normas rigurosas.

¿POR QUÉ debe negarse a los animales un trato preferente con respecto a los humanos en nombre del llamado antirracismo, que no es más que la orquestación de la degeneración y el suicidio de la raza humana?

Lo que hacemos con los animales debe hacerse con mayor rigor con los humanos. La mezcla étnica genera automáticamente todo tipo de racismo.

Los grupos étnicos nunca fueron creados para mezclarse. Los libros sagrados de todas las religiones dejan claro que "el hombre no debe mezclar lo que Dios ha separado". El empirismo más elemental demuestra lo sabia que es esta regla, y se convierte en una simple declaración de sentido común. La psicología y la fisiología de los distintos grupos étnicos son diferentes, y es normal que reaccionen entre sí como cuerpos extraños que hay que rechazar por la fuerza si es necesario. ESTO ES LO QUE NOS ESTÁN PREPARANDO LOS PSEUDO-ANTIRRACISTAS EN TODO EL MUNDO.

Dos etnias diferentes sólo pueden coexistir si han alcanzado un grado avanzado de desculturización y degeneración. Esto se manifestará en la vulgaridad general, la ausencia de reglas morales, la encorvadura física y de la vestimenta, la asimetría facial, las desproporciones y el gusto por la música regresiva y bestial.

A estas alturas del colapso, el mestizaje ya no es importante: desaparecido el grupo étnico, no queda nada que preservar.

En cuanto a los "judíos", el problema es radicalmente distinto.

EL TERMINO "JUDIO" NO TIENE OTRO SIGNIFICADO QUE EL RELIGIOSO. Implica fidelidad a las enseñanzas de la THORA Y A UNA TRADICIÓN TEOCRÁTICA BAJO LA CUAL SON HEREJES Y CRIMINALES TODAS LAS ESPECULACIONES AMORALES Y ASINTÉTICAS ATEMPORADAS AL MISMO TIEMPO QUE LAS DE WARBURG, HAMMER, ROTHSCHILD, MARX, FREUD, EINSTEIN, OPPENHEIMER, S.T.COHEN, PICASSO, MEYER-LANSKI, FLATO-SHARON, KAGANOVITCH, FRENKEL, YAGODA y otros que gobiernan un planeta privado de élites espirituales providenciales.

Por lo tanto NO HAY RAZA NI ETNIA JUDÍA. Por un lado porque las razas no existen y por otro porque NINGÚN PUEBLO JUDÍO SE CONSTITUYE POR PERTENENCIA A UN ENTORNO FIJO DESDE HACE POR LO MENOS MIL AÑOS.

La enseñanza nazi de que los judíos proceden de mezclas de negros u otras combinaciones es un absurdo que se deriva del hecho de que los científicos nazis no podían haber pensado en la circuncisión porque no sabían nada del hombre hormonal y, en particular, de la anterioridad funcional del sistema hormonal sobre el sistema nervioso y el ser humano en general.

Además, un "judío" de Polonia y un "judío" de Sudamérica tienen características somáticas completamente diferentes.

Pueden compartir rasgos caricaturescos que son objeto de burla histórica, así como posibilidades especulativas sin parangón, como las de las finanzas sin Estado, la física, la medicina alopática, el freudismo y el marxismo materialista, pero esto se debe EXCLUSIVAMENTE a una alteración hormonal provocada por la circuncisión en el 8º , el 1º de los 21 días de la 1ª pubertad.

ES MUY FÁCIL DE COMPRENDER que los males de las finanzas de Rothschild-Soros, que esclavizan al mundo entero y contaminan la tierra, de Marx y los 50 verdugos de las prisiones y campos de concentración que exterminaron a unos 100 millones de goys en la URSS, de la bomba atómica de Oppenheimer, de la bomba de neutrones de S.T. Cohen, de la normalización de la fealdad de Picasso y del gansterismo de Meyer Lanski y Flato-Sharon, ESTÁN EN LOS ANTIPODOS DE LAS ENSEÑANZAS DE THORA. La bomba de neutrones de Cohen, la normalización de la fealdad de Picasso, y el gansterismo de Meyer Lanski y Flato-Sharon, ESTÁN EN LOS ANTÓPODOS DE LAS ENSEÑANZAS DE LA TORA.

Lo que tenemos aquí es un SECTOR INTERNACIONAL que, por medio de una pseudo-democracia A LA QUE HAN QUITADO TODOS LOS FICHAJES, ha conseguido hacer normativas todas las grandes formas de delincuencia consagradas por el liberal-socialismo.

La especulación financiera liberal y la apocalíptica marxista dominan el mundo entero en una simbiosis perfecta que no oculta el supuesto antagonismo asesino entre el capitalismo liberal, dominado por los Warburg y los Hammers, y el capitalismo de Estado que acaba de derrumbarse en la URSS, financiado y dominado por Marx-Warburg-Hammer.

Es notable constatar que esta secta de circuncidados al 8º día, que orquesta todos nuestros colapsos, que no es en absoluto judía, sino macrocriminal de lesa humanidad, es megalómanamente racista por un lado y por otro ESTIMULA TODOS LOS RACISMOS EN NOMBRE DEL ANTIRACISMO, IMPONIENDO Y DEFENDIENDO EL MISMO INSTITUCIONALIZADO QUE DESTRUYE TODA CULTURA.

Todos estos hechos claros permiten comprender perfectamente, por un lado, la inexistencia de razas, y por otro, el racismo generalizado EN NOMBRE DEL ANTIRACISMO, que pronto convertirá a países como Francia y Alemania en el Líbano.

Vale la pena señalar de pasada que la famosa lucha de Sudáfrica contra el apartheid condujo a la miseria económica, a espantosas masacres interétnicas y a la desaparición de la población blanca.

Lo que había que hacer en Sudáfrica era simplemente mejorar la condición de los negros. Parece que ya no era tan mala, pues todos los negros de África, incluidos los de Mozambique que saltaban sobre las minas en la frontera, intentaban unirse a sus hermanos de etnia en Sudáfrica, cuya condición envidiaban...

Por lo tanto, es esencial que SE SUPRIMA TODA MUTILACIÓN SEXUAL SEGÚN LO PREVISTO EN EL NUEVO CÓDIGO PENAL, EN PARTICULAR DENTRO DE LOS PRIMEROS DÍAS DE NACIMIENTO.

Esta medida y un retorno natural a la teocracia permitirán evitar el reinado liberal de especulación suicida para la humanidad y el planeta, que no tiene ninguna posibilidad de escapar al JUDÉO CARTÉSIANISMO perdurable.

La única forma de conseguir la vuelta a las normas vitales es mediante dictaduras basadas en la Tradición, porque como decía el Dr. Alexis Carrel, que no puede estar en olor de santidad en la podredumbre política en la que vivimos: "LA DICTADURA ES LA REACCIÓN NORMAL DE UN PUEBLO QUE NO QUIERE MORIR"...

Justo cuando estoy terminando esta parte de mi libro, la señora de la limpieza me dice que un chico de veinte años se ha suicidado...

Unos días antes le había dicho a su madre: "No hay esperanza, no hay trabajo"...

EL MARISCAL DE "1984

Este ensayo fue escrito hace 10 años, en 1994. Las verdades expuestas en este ensayo han quedado más patentes tras otros 10 años de suicidio acelerado. [6]Hace 10 años, el suicidio de niños y jóvenes, del que acabo de tener otro ejemplo entre mis conocidos, no ocupaba la primera página de los telediarios, como tampoco lo hacían los cataclismos de Maastricht y de la G.A.T.T., Yugoslavia Ruanda, la expansión explosiva de la mafia, la droga, el marxismo...

"QUIERO LIBERAR A LOS FRANCESES DE LA TUTELA MÁS VERGONZOSA, LA DE LAS FINANZAS".

Esta frase, que resume TODA la política del Mariscal, bastaría para absolverle si fuera necesario.

En 1984, ¿no estamos en una situación mucho peor que la que predijo Orwell en su novela "1984"? "Las mentiras seleccionadas se convirtieron en la verdad permanente". "El crimen del pensamiento" saltó a la palestra en el asunto Faurisson, que denunció la ineptitud aritmético-técnica del sacrosanto dogma de *los 6 millones de cámaras de gas*. Al mismo tiempo, y por primera vez en la historia de la humanidad, se anuló una tesis doctoral de la que un ministro socialista, historiador y académico francés había hablado muy bien y había dado fe de su seriedad (asunto Roques).

Un coronel, jefe de los servicios históricos del ejército, ¡fue destituido únicamente porque se había expresado mal sobre el asunto Dreyfus!

---

[6] Más tarde se convertiría en **la Organización Mundial del Comercio**

Había ambigüedad en lo que dijo. ¡No había expresado con suficiente claridad la certeza de la inocencia de Dreyfus!

¡UBU REY CIRCUNCIDADO!

No hay libertad de pensamiento, y menos aún libertad para PROBAR, fuera del hipnótico mundo crepuscular que nos han urdido cuidadosamente los locos que nos gobiernan.

Citemos algunos pasajes de "1984" que son una descripción de nuestra actual situación liberal-bolchevique: "La historia se raspaba tantas veces como era necesario. Había toda una serie de departamentos especiales para proletarios, dedicados a la recreación. Se producían periódicos estúpidos sobre deporte, crimen y violencia, junto con canciones compuestas mecánicamente. Había una subsección llamada "pornosex", dedicada a producir el tipo más bajo de pornografía.

"La realidad es peor: rock regresivo, bestial y música posterior, donde se hiere, mata y pisotea, como en Vancouver, Melbourne, Altamont, Cincinnati y Los Ángeles, donde murieron 650 jóvenes en un festival de rock. Estos sonidos regresivos, con sus ritmos repetidos y sus múltiples efectos patógenos sobre el cuerpo y la mente, estimulan anormalmente la producción fisiológica de adrenalina, creando un estado agresivo criminógeno, así como el nivel de endorfinas en el cerebro, lo que determina un estado de estupefacción por efecto anestésico, y también se mata a cientos de personas en los partidos de fútbol. ¡Se acabó 1984!

Así que podemos "aceptar las violaciones más flagrantes de la realidad porque nadie capta la enormidad de lo que se pide" como resultado de la SUBLIMINACIÓN GENERAL. En 1984 de Orwell, el pueblo desahogaba su odio en las pantallas de televisión ante una cabeza que simbolizaba al "enemigo fascista", la bestia inmunda. Nosotros tendremos nuestro símbolo, probablemente en la televisión, con la farsa del juicio de Barbie, mientras que los verdugos no dirán ni una palabra sobre los 150 millones de víctimas físicas del bolchevismo, financiado por el banco judío USA. Y mientras tanto, la guerra Irak-Irán, con un millón de muertos, reequilibra los presupuestos de USA, Francia e Israel, que suministran armas a todos los beligerantes en gran beneficio de Nuestra Señora de las Finanzas y de nuestro padre el marxismo....

150 guerras totalmente CAPITALOMARXISTAS en los últimos 50 años no han hecho nada para alterar la confianza en todos los partidos políticos: los votantes persistentes están aturdidos. Se tragan cualquier cosa, por supuesto, menos la verdad si alguien tiene la brillante idea de servírsela. Con calculado cinismo, la verdad se reparte a trozos. Esta concesión diabólica puede dar la impresión de cierta libertad: no es peligrosa y no cuestiona el sistema. A principios de 1994, la televisión nos informaba de que "las Altas Finanzas se lucraban con la droga y la gestionaban"...

¿Ha despertado esta enormidad al consumidor-productor-votante de su coma? No! " Se podía conceder la libertad al pueblo porque estaba totalmente privado de inteligencia: le bastaban los periódicos y la televisión"...

¿No basta con la ATELEVISIÓN para las poblaciones zombificadas? "La condición mental gobernante debe ser la locura dirigida"...

"Les habían inculcado la capacidad de NO ENTENDER UNA ANALOGÍA, de no ser capaces de ver los errores de la lógica más elemental, de no entender los argumentos más simples. Habían sido entrenados por los medios audiovisuales para sentir hastío y repugnancia POR CUALQUIER COSA QUE NO FUERA EN LA LÍNEA DE LA ORTODOXIA OFICIAL.

Pero 1984 es menos trágico que 1994. En ninguna parte se predice la música patógena y las drogas globales. Si se prevé la pornografía, no se exhibe en las calles como las pancartas de las películas de

Bénézareff entre Montparnasse y la Gare de l'Est en París: "Salopes à enfiler" y "Plein le cul"...

Si hay dos bloques antagónicos, son diversos. El primer bloque no cuenta con sus multimillonarios rojos, Hammer, Oppenheimer, Rockefeller y consortes, para subvencionar la peor forma de tiranía que ha conocido la historia. Tampoco se trata de la descomposición masiva de las parejas, que aumenta en progresión geométrica, sobre la inutilidad paranoica y la muerte del amor. Una mujer legítimamente corregida deja a su marido, que vivirá en adelante al borde del suicidio, y se casa con el primer hombre que se le presenta; un hombre de sesenta y dos años deja a su mujer de sesenta, que se suicida... Ejemplos como éstos abundan internacionalmente...

En "1984", Orwell no previó la muerte del Rin, Chernóbil, 6 millones de inmigrantes de África y Asia, el monstruoso desempleo, que según el Club de Roma pronto superará los mil millones. El increíble aumento de las enfermedades venéreas y la aparición del SIDA. Tampoco "1984" previó el advenimiento del iatrogenismo y el teratogenismo (enfermedades causadas por medicamentos químicos, vacunaciones sistemáticas y daños genéticos). Tampoco previó el tráfico de genes y cromosomas, ni la monstruosidad de las "madres de alquiler", que se han convertido en la norma en cerebros totalmente desprovistos de cualquier sentido de la moral o la estética. En 1984 "EL MÁS INTELIGENTE ES EL MENOS NORMAL"...

Eso lo resume todo, y la novela de Orwell es una triste historia CERRADA A LA REALIDAD FRANCESA Y GLOBAL...

En cuanto a la educación, ese caldo de cultivo de consumidores-votantes, analfabetos, iletrados, disco-clientes, delincuentes, sacos de patatas de colores y descerebrados totales, no tiene nada que envidiar a "1984".

Bajo la imperturbable máscara de la neutralidad (este fanatismo de la nada), hace tiempo que ha atrincherado todas las salidas hacia lo Espiritual, entregado los sueños de la infancia al zombismo, al fanatismo mesiánico revolucionario...

NO HAY NEUTRALIDAD en los Profesores que, como dóciles robots, destilan el santo evangelio de Karl Marx, incluida la educación gratuita.

Y TODOS LOS PARTIDOS POLÍTICOS ZOMBIFICADOS MANIPULADOS POR WARBURG-MARX SON RESPONSABLES DE ESTE COLAPSO PLANIFICADO Y CONSENSUADO.

Todas las constituciones llamadas democráticas no permiten más libertades que LA DEL SUICIDIO MUNDIAL RECUBIERTA CON LAS ORIPS DEL GRAN COUTURER LIBERTÉ-EGALITÉ-FRATERNITÉ; Bonita libertad la concedida a FAURISSON, a NOTIN, a ROQUES, a ZUNDEL, al COLONEL GAUJAC y así sucesivamente.

¡Qué igualdad entre el multimillonario rojo Hammer y el financiero Soros, y los parados! ¡Qué fraternidad tenemos hoy en Ruanda y Yugoslavia, en el hambre capitalista del Tercer Mundo, y ahora del Cuarto, que seguirá creciendo, y en las 150 guerras capitalistas-marxistas de este medio siglo!

¿Y EL MARSHAL? ¿Qué HIZO, qué QUISO hacer?

¿SUS POLÍTICAS NOS LLEVARON A ESTOS HORRORES?

Para él, el trabajo de los franceses era el recurso supremo del país. Tenía que ser sagrado. El capitalismo y el socialismo internacional, que lo habían explotado y degradado, formaban parte de la época anterior a la guerra. Eran tanto más desastrosos cuanto que, aunque aparentemente opuestos, eran secretamente uno con el otro.

"YA NO SUFRIREMOS SU TENEROSA ALIANZA", dijo. Acabaremos con la disensión en la ciudad, no la permitiremos dentro de nuestras fábricas y granjas. No renunciaremos al poderoso motor del beneficio, ni a las reservas que acumula el ahorro, pero el beneficio seguirá siendo la recompensa al trabajo duro y al riesgo.

EL DINERO SÓLO SERÁ LA RECOMPENSA DEL ESFUERZO. UNA RAZA DE AMOS NO DEBE CONVERTIR A LOS QUE TRABAJAN EN UNA RAZA DE ESCLAVOS.

Habrá que recuperar la tradición artesanal y volver a enraizar al francés en la tierra de Francia.

LA LUCHA DE CLASES, VISTA COMO EL GRAN MOTOR DEL PROGRESO UNIVERSAL, ES UN CONCEPTO ABSURDO QUE CONDUCE A LOS PUEBLOS A LA DESINTEGRACIÓN Y A LA MUERTE...

Un nuevo estatuto debía preludiar la relación entre el capital y el trabajo que garantizaría la dignidad y la justicia para todos. Nunca en la historia de Francia el Estado había estado más esclavizado que en los decenios de preguerra, esclavizado simultáneamente por coaliciones de intereses económicos y por equipos políticos y sindicales que pretendían falsamente representar a la clase obrera. El régimen del Mariscal debía ser una jerarquía social, ya no basada en la falsa idea de la igualdad natural de los hombres, sino en la necesaria igualdad de oportunidades concedida a todos los franceses para demostrar su aptitud para el servicio. El sistema económico de antes de la guerra tenía los mismos defectos que el sistema político: apariencia de liberalismo, pero en realidad total sumisión a los poderes adinerados.

La libre competencia era el resorte principal y regulador del régimen liberal; el día en que las coaliciones y los trusts rompieron este mecanismo esencial, la producción y los precios quedaron indefensos ante la especulación.

Luego se produjo el espectáculo de millones de personas desprovistas de lo necesario para vivir ante existencias no vendidas e incluso, crimen supremo, destruidas CON EL ÚNICO FIN DE SOPORTAR EL PRECIO DE LAS MATERIAS PRIMAS.

"Retomaré", dijo el Mariscal, "contra el capitalismo egoísta y ciego, la lucha que los soberanos de Francia iniciaron y ganaron contra el feudalismo. PRETENDO QUE MI PAÍS NO SEA EXTERMINADO POR EL MARXISMO Y EL LIBERALISMO ECONÓMICO".

Dado que todos los partidos políticos, sin excepción, son cómplices de ambos, ¿cómo podemos esperar que el mariscal pueda ser rehabilitado por el ROTHSCHILDO-MARXO-FREUDO-EINSTEINO-PICASISMO?

Para aquellos que piensan que el Mariscal no necesita ser rehabilitado.

En cuanto a los demás, ¡no pedimos a los verdugos que rehabiliten a sus víctimas!

Todo esto es de rabiosa actualidad. Estamos en un lío infinitamente peor que el descrito por el Mariscal, porque si cualitativamente es el mismo (con sus agravantes: mujeres totalmente destruidas como esposas y madres), cuantitativamente ha adquirido proporciones hinchadas, acelerándose exponencialmente hacia lo peor.

¿Los remedios? LOS DEL MERCADO, es decir, el BUEN SENTIDO. El dilema es simple: o eso o la muerte...

TRAS EL INTENTO DE ASESINATO DEL PROFESOR FAURISSON:

¿LOS *6 MILLONES DE CÁMARAS DE GAS* MITO Y DOGMA O REALIDAD? ¿PR FAURISSON ENEMIGO PÚBLICO N° 1 O HÉROE INTERNACIONAL DEL SIGLO XX?

PRINCIPALES ARGUMENTOS PSICOLÓGICOS

El dogma *de los 6 millones de cámaras de gas* es tan inamovible como el de la Redención. ¿Quién discutiría con un profesor que revelara que Pol Pot (¡¡que nunca fue juzgado por crímenes de lesa humanidad!!) asesinó a 2 millones de personas en lugar de a 4 millones, según la información oficial? ¿Quién se indignaría si supiéramos que los verdugos judíos de las prisiones y campos de concentración (Kaganovitch, Frenkel, Yagoda, Firine, Rappaport, Abramovici, etc.) masacraron a 30 millones de personas en la URSS en lugar de los 60 millones que se les atribuyen? NADIE.

Por qué demonios anunciar la EXCELENTE NOTICIA de que no hubo 6 millones de víctimas judías ni cámaras de gas para exterminar a 1000 personas a vez SERÍA UNA MALÍSIMA NOTICIA A SANCIONAR POR LA JUSTICIA????

En 5000 años de historia, este caso es único: es una deslumbrante ilustración conocido fenómeno judío de la jeremiada. PAUL RASSINIER, diputado socialista y profesor de historia que fue internado durante años en los campos alemanes, salió pesando 30 kilos, murió a consecuencia de su internamiento y fue perseguido por los libros que escribió para denunciar la verdad. Desde su muerte, sus publicaciones han estado envueltas en una conspiración de silencio, sin duda en nombre de la libertad de expresión democrática...

El PROFESOR FAURISSON, que estudió el problema durante 20 años, fue condenado a pesar de que el jurado "NO OBJETÓ LA SERIEDAD DE SU TRABAJO EN EL DEBATE CON LOS ESPECIALISTAS Y EL PÚBLICO"... (considerandos de la sentencia).

HENRI ROQUES, cuya tesis sobre el informe Gerstein fue anulada por primera vez en la historia, a pesar de que el más importante historiador de los medios de comunicación, Alain Decaux, hoy ministro socialista, dio fe públicamente de la excelencia de esta tesis. De hecho, ¡esta tesis debería haber sido inútil, ya que fue impugnada en el juicio de Nuremberg!

ERNST ZUNDEL, en Canadá, cuyo juicio causó un gran revuelo. No sólo destruyó el mito del Holocausto, sino que el ingeniero especializado en gaseamiento de EEUU, F. LEUCHTER, demostró que no pudo haber NINGÚN GASEADO DE HUMANOS CON CICLÓN B en Auschwitz. Además, el juicio estableció sin la menor ambigüedad, UNA CONJURACIÓN INTERNACIONAL DE BANQUEROS SIONISTAS Y BOLCHEVISMO....

A pesar de la considerable publicidad que este juicio generó en Canadá, NO SE HIZO PUBLICIDAD DE NINGUNA INFORMACIÓN EN LOS MEDIOS DE COMUNICACIÓN.

¡En el coloquio celebrado en 1980 contra Faurisson (Y AL QUE NO FUE INVITADO MUY DEMOCRÁTICAMENTE: "HABLAMOS DE LOS REVISIONISTAS PERO NO CON ELLOS", dijo, sin pudor, un Exterminador CONFIDENTE EN LA PROBABILIDAD INTELECTUAL Y LA LIBERTAD DEMOCRÁTICA DE EXPRESIÓN!!),

Raymond Aron admitió que no había pruebas concretas de ningún tipo, ningún documento escrito que estableciera la existencia indiscutible de cámaras de gas homicidas...

Se incauta ANNALES RÉVISIONNISTES, de nuevo en nombre de la libertad de expresión democrática. No hay derecho de réplica para el profesor Faurisson, insultado groseramente en el programa de Polac. El mismo día, 70.000 jóvenes zombificados se quitan las bragas para imitar a una niña balando textos ignorantes. La pornografía y las drogas se extienden muy democráticamente, al igual que la música regresiva y patógena.

¿Desde cuándo la democracia no permite la LIBRE EXPRESIÓN Y LA RESPUESTA Y EVIDENCIA DE UNA POSIBLE MENTIRA????

¡Faurisson implora, suplica que se le ponga cara a cara con múltiples contradictores ante un público lo más numeroso posible! ¡!

¡MUÉSTRAME UN SOLO MENTIROSO EN 5000 AÑOS DE JUDEOCRISTIANISMO QUE HAYA HECHO TANTO!

La mala fe, los aspavientos generales, los gases lacrimógenos, las agresiones, los intentos de asesinato PRUEBAN INAPELABLEMENTE QUE FAURISSON TIENE RAZÓN ANTES INCLUSO DE ESTUDIAR LAS RELACIONES ARITMÉTICAS Y TÉCNICAS RELATIVAS A ESTE ASUNTO...

Es más, se le llama "nazi", como a todos los que plantean este sacrosanto tema de la ADORACIÓN PERPETUA.

Sin embargo, todo el mundo sabe que Faurisson es demócrata, antinazi y miembro de la Liga de los Ateos. Señalemos de paso que esta liga que vocifera su epicentrismo democrático no quiso mantener a Faurisson entre sus miembros POR LA

NATURALEZA DE SUS INVESTIGACIONES Y DESCUBRIMIENTOS. Si el Sr. Lévy ya no es ridículo en el siglo XX, ¡tampoco lo es el Sr. Homais!

No cabe duda.

El absolutismo de mil novecientos cuarenta y cuatro conferido al dogma *de los 6 millones de cámaras de gas* es la prueba psicológica flagrante de su impostura.

Si Faurisson estuviera equivocado, se habría demostrado que lo estaba hace mucho tiempo, ante un público lo más numeroso posible, lo que era muy fácil para la judería gobernante...

ARITMÉTICA Y PRUEBAS TÉCNICAS

6 millones, o incluso 4 millones (suponiendo que 2 millones murieran a consecuencia de la guerra, lo cual es inexacto), representan un país como Suiza. Fueron exterminados en 7 campos de concentración en 1943-44.

Conocemos el número exacto de crematorios y los tiempos de cremación individuales y totales. DE HECHO, LOS HORNOS CREMATORIOS PERFECCIONADOS NO SE INSTALARON HASTA FINALES DE 1943 (el propio Georges Wellers lo confirma en su libro a favor de las cámaras de gas). Esto significa que la cremación no fue técnicamente perfecta hasta que se instalaron estos hornos. Las incineraciones masivas anteriores no podían haber sido exhaustivas. Habrían provocado epidemias de tifus en toda Europa.

¡SI HACEMOS FUNCIONAR LOS CREMATORIOS DE ACUERDO CON LA DURACIÓN CONOCIDA DE LA CREMACIÓN DEL HOLOCAUSTO (MENOS DE 2 AÑOS) Y LA DURACIÓN INDIVIDUAL CONOCIDA, EL

RESULTADO ES QUE LOS CREMATORIOS SEGUIRÁN FUNCIONANDO HASTA EL AÑO 2020!!!

TODOS los crematorios, que eran absolutamente necesarios para prevenir el tifus, estaban en funcionamiento. Sabemos exactamente cómo funcionan.

SIN EMBARGO, NO EXISTEN CÁMARAS DE GAS QUE UTILICEN EL CICLÓN B. Este producto se utiliza en Alemania por los servicios de higiene desde 1921.

A este respecto, es divertido visitar la cámara de gas de Struthoff, en Alsacia, donde se dice que el ácido cianhídrico escapó por una chimenea, después del gaseado, A CINCUENTA METROS DE LA RESIDENCIA DEL COMANDANTE....!! ¡!

"Tras el gaseado, abrimos la puerta: las víctimas, aún palpitantes, cayeron en nuestros brazos. Cinco minutos después, retiramos los cadáveres".

Esto es una tontería, porque se necesitan 20 horas de ventilación y máscaras antigás para llevar a cabo una operación así...

Cualquiera puede informarse sobre la cámara de gas utilizada en EE.UU. para UNA (máximo 2) personas condenadas a muerte. SU INCREÍBLE COMPLEJIDAD DEMUESTRA CLARAMENTE QUE GASEANDO 2000 PERSONAS A LA VEZ CON ÁCIDO CIANHÍDRICO ES UN DISPARATE TÉCNICO.

El hecho de que el minúsculo campo de Struthof fuera confundido durante 40 años con una cámara de gas pasará a la historia como un ejemplo memorable de la ingenuidad de las masas. Lo mismo ocurre con todo este asunto, que no resiste unos minutos de reflexión aritmético-técnica en la escuela primaria. Es seguro que si a un alumno de CM2 se le diera el problema de *los 6 millones de habitaciones por gas* y lo resolviera según las afirmaciones de la propaganda oficial, obtendría un cero en su trabajo.

En 1949, en el juicio de DEGESH, fabricante del ciclón B, el director general de la empresa, el Dr. Héli, y el inventor del ciclón B, el Dr. Ra, declararon que el gaseado en las condiciones descritas era imposible y ESENCIAL. NADIE NOS HABLA DE ESTE JUICIO, AL IGUAL QUE NADIE NOS DICE QUE EL INFORME GERSTEIN, QUE LA JUDEOCRACIA LLEVA 50 AÑOS EXALTANDO, ¡FUE IMPUGNADO EN EL JUICIO DE NUREMBERG!

Un famoso periódico americano, el AMERICAN JEWISH YEAR B00K, nos dice en el n° 43 página 666, QUE EN LA EUROPA OCUPADA POR LOS ALEMANES EN 1941, HABÍA ¡3.300.000 JUDÍOS!

Podemos admirar la conciencia, la lógica y la buena fe de los exterminadores en este extracto de Le Monde del 21 DE NOVIEMBRE DE 1979: "Todo el mundo es libre de imaginar o soñar que estos hechos monstruosos no tuvieron lugar. Desgraciadamente, ocurrieron, y nadie puede negar su existencia sin ofender a la verdad. No debemos preguntarnos cómo fue técnicamente posible semejante asesinato en masa: FUE TÉCNICAMENTE POSIBLE PORQUE OCURRIÓ.

ESTE ES EL PUNTO DE PARTIDA DE CUALQUIER INVESTIGACIÓN HISTÓRICA SOBRE EL TEMA.

Nos corresponde simplemente reiterar: no hay, NO PUEDE HABER DEBATE SOBRE LAS CHIMENEAS DE GAS"...

Lo lamentable es que fue precisamente sobre la base del mencionado y subrayado punto de partida que FAURISSON EMPEZÓ ESTE TRABAJO PARA DEMOSTRAR A SUS ESTUDIANTES LA RELACIÓN ENTRE LAS CHIMENEAS DE GAS Y LOS 6

MILLONES. Lo lamentable es que fue esta "realidad" la que le llevó a descubrir el mayor engaño de la historia.

En todo caso, a la estupefaciente afirmación paranoica y dogmática que la precede, cuya locura es evidente para cualquiera (¡¿qué nota podríamos poner a un alumno que escribiera una redacción según semejante lógica?!). Una profesora y periodista suiza, Mme Paschoud, (que desde entonces ha sufrido LAS PEORES PERSECUCIONES), nos dice: "Las cámaras de gas existieron, ¡que así sea! Me gustaría que alguien me explicara por qué, desde hace más de 20 años, los revisionistas son objeto de persecuciones en su vida profesional y privada, cuando sería muy sencillo, PARA ACALLARLOS DEFINITIVAMENTE, APORTAR UNA SOLA Y ÚNICA DE ESAS INNOMBRABLES PRUEBAS IRREFUTABLES QUE PRETENDEN SER CAPACES DE REVELAR INCESANTEMENTE"...?

¿Quién podría decir que estas dos frases no son una respuesta definitiva al texto demencial que las precede?

Pero aquí está el clavo en el ataúd soviético: "LA PUBLICACIÓN DE LOS ARCHIVOS RUSOS DE AUSCHWITZ ELEVA A 75.000 EL NÚMERO DE VÍCTIMAS DE AUSCHWITZ DURANTE EL PERÍODO DEL HITLERISMO...".

FAURISSON CIFRA EN 150.000 EL NÚMERO TOTAL DE VÍCTIMAS DE AUSCHWITZ.

LA CONCLUSIÓN ES CLARA: SE MIRE COMO SE MIRE EL PROBLEMA, EL DOGMA DE LOS 6 MILLONES DE AULAS ES UN DISPARATE:

TÉCNICA ARITMÉTICA PSICOLÓGICA

FAURISSON ES, POR TANTO, UN HÉROE QUE ARRIESGA SU VIDA CONTRA MAYOR, MÁS SINGULAR, MÁS INSÓLITA Y MÁS INÚTIL MENTIRA DE LA HISTORIA.[7]

Las leyes estalinistas, orwellianas e inconstitucionales sobre "delitos de pensamiento" son ahora la novena prueba de la impostura: todo el mundo ha comprendido...

No necesitamos leyes dictatoriales para imponer la VERDAD...

---

[7] Cuando decimos "inútil", no nos referimos a la burda y vergonzosa explotación política y financiera de esta jeremiada.
También hay que señalar que las inconstitucionales leyes estalinistas de "delitos de pensamiento" son ya DIECINUEVE PRUEBAS de la impostura: no hacen falta leyes dictatoriales para imponer la verdad.

El mito de la producción indefinida y la canibalización de la naturaleza

El humanismo ha hecho del hombre el ombligo del universo, y el resultado es la agonía del hombre y de la naturaleza: por eso se repudia el humanismo.

A pesar de un ligero parón en el crecimiento económico, el mito sigue arraigado y absoluto. Persistimos en poetizar más alto que el laúd. Algunos, como Cousteau, se dan cuenta de que estamos cuidando el lecho de muerte de la naturaleza. Nuestro planeta tiene 10.000 km de diámetro. Tiene 3/4 de agua y 2/5 de tierra. Si eliminamos las regiones polares, los desiertos y otros lugares inhóspitos, nos encontramos con que nuestro espacio viable se reduce a una estrecha franja en torno al paralelo 50º. Una franja muy estrecha.

Sin embargo, los países industriales que se encuentran precisamente en este espacio viable han ido invirtiendo poco a poco un montón de tierra fértil que, en consecuencia, ya no produce nada, porque necesitan este tesoro para construir calles, casas y, sobre todo, COMPLEJOS INDUSTRIALES. Como todos los neuróticos, creemos firmemente que esto es indispensable para nuestro crecimiento económico, vital para nuestro bienestar, Y UNA CONDICIÓN SINE QUA NON PARA EL PROGRESO.

Nos hemos acostumbrado a la buena vida. Corremos a la farmacia o al médico alópata por la menor cosa, creyendo que la medicina moderna, por desgracia muy cualificada, patógena y teratógena - pero quién sabe-, nos curará y nos tranquilizará, y que viviremos una larga vida cómodamente, por supuesto. Nos estamos permitiendo libertades con las que ninguna generación anterior había soñado. Gracias a las maravillas de la técnica, el tiempo y el espacio se han reducido. Podemos ver lo grande y distinguir lo pequeño. Utilizamos esta perspectiva hiperanalítica de la mente no sólo para promover lo que erróneamente llamamos "educación", sino también para mantener en marcha las ruedas de la industrialización y la producción en masa. El resultado de esta producción frenética es una forma de histeria caracterizada por un síntoma: LA PRODUCCIÓN DEJA DE SATISFACER NUESTRAS NECESIDADES PARA CAER EN LA VESANÍA DE LA PRODUCCIÓN POR LA PRODUCCIÓN, DEL CONSUMO POR EL CONSUMO.

Nuestros conocimientos y recursos se utilizan ahora para un único fin: EL PROCESO EXCLUSIVO DE MATAR LA NATURALEZA. En economía liberal, esto se llama "crecimiento económico", y la economía comunista no ha hecho más que reproducir implacablemente el crimen capitalista de mutilar irreversiblemente nuestro entorno terrestre. PENSAR Y ACTUAR ECOLÓGICAMENTE TIENE SENTIDO.

Desgraciadamente, si los conocidos como "Campesinos" (palabra que significa "campesinos") conocían este significado, los que se autodenominan "ecologistas" están MUY CERCA DE SABER lo que significa.

Está claro.

Tenemos que entender que la realidad profunda de todo es que: todo en este mundo es interdependiente y no puedes burlarte de la naturaleza porque *NUNCA SE RINDE*.

En consecuencia, toda nuestra civilización debe adoptar una dirección diferente a la estrategia suicida judeo-cartesiana: debe ser RAZONABLE, no rentable a corto plazo, y PARALÓGICA.

Nuestra economía está consumiendo energía y materias primas infinitamente preciosas QUE SE HAN ACUMULADO DURANTE MILES DE AÑOS.

Es un proceso de consumo del que no tenemos motivos para sentirnos orgullosos, a pesar de todos los pequeños artilugios que nos proporciona y que admiramos, con los ojos muy abiertos, con la ingenuidad de un niño de cinco años al que le acaban de regalar un tren eléctrico. Como sabemos, nuestra sociedad produce objetos que no tienen ninguna posibilidad de ser utilizados dentro de 100 años.

LO MÁS ATERRADOR ES EL RITMO EXPONENCIAL AL QUE CONSUMIMOS MATERIAS PRIMAS Y ENERGÍA:

SE DUPLICA CADA 40 AÑOS. Por tanto, podemos calcular cuánto tiempo nos queda para agotar el hierro, el aluminio, el cobre, el carbón, el petróleo, el uranio, etc.

Las grandes empresas se devanan los sesos febrilmente para encontrar la manera de aplazar lo inevitable antes de que hayamos explotado hasta la última gota del precioso petróleo del planeta. Es bastante absurdo pensar que los nuevos descubrimientos de reservas nos permitirán prolongar nuestro saqueo de la naturaleza.

EL TIEMPO DEL FIN DE TODO PUEDE SER EXTENDIDO POR UNA PEQUEÑA CHOUYA. Eso es todo lo que podemos esperar.

Mientras tanto, seguimos tartamudeando como robots, pronunciando eslóganes idiotas en honor del "maravilloso progreso".

TEÓRICAMENTE podríamos curar esta psicosis de explotación sin fin para obtener beneficios sin honor y volver a una "economía de la naturaleza". Durante siglos hemos utilizado fuentes de energía regenerativas como el agua y la madera.

Por desgracia, la realidad es que esto es casi imposible.

Es difícil ver cómo podemos reducir el consumo de materias primas y de energía, porque en nuestro pequeño planeta tienen que vivir MÁS DE 4 MIL MILLONES de seres humanos, 3 mil millones de ellos en países a los que algunos comediantes negros llaman "en vías de desarrollo"... Estos países son RADICALMENTE incapaces de alimentar a sus ciudadanos y rechazan el esfuerzo necesario para limitar la natalidad de sus hambrientos ciudadanos.

De vez en cuando recibimos documentos visuales, escritos y orales que describen el horror espantoso de los niños que sufren desnutrición y piden nuestra ayuda. Es cierto que las gigantescas sumas invertidas en armar a las naciones del mundo aliviarían, durante un tiempo, su sufrimiento y limpiarían algo el medio ambiente, puesto que la industria, contaminante por definición, dejaría de producir armas. Esta visión caritativa sólo sería un paliativo muy temporal. LA AYUDA SERVIRÍA TAMBIÉN PARA AUMENTAR LA TASA DE NACIMIENTOS EN LAS FAMILIAS y, en consecuencia, la demanda de ayuda AUMENTARÍA EXPONENCIALMENTE...

Sabemos que la mayoría de los niños de estos países morirán de hambre.

Sin embargo, la natalidad y el ciclo de empobrecimiento se concentran en nudos cada vez más estrechos.

Sin embargo, nuestros empresarios siguen considerando estos países como mercados para sus mercancías producidas en serie, tan sobreproducidas que no tienen salida en los países donde fueron fabricadas. Es cierto que cuando estos países son insolventes, las finanzas, incapaces de ejercer su totalitarismo oculto de las

Multinacionales, entregan los países apropiados, en nombre del derecho de los pueblos a la autodeterminación, para EXTERMINAR EL MARXISMO. Constantemente se nos dice que, ayudando a esos países pobres, estamos asegurando nuestros puestos de trabajo y elevando nuestro nivel de vida. ¿Merece la pena que 4.000 millones de personas de un planeta superpoblado compren televisores, frigoríficos, coches y viajes de vacaciones?

No merece la pena porque tardaremos 40 años, si aún tenemos materias primas, en dar este placer a 4.000 millones de personas, que serán 7.000 millones al final de esos 40 años.

Además, los artículos suministrados hace tiempo que están gastados o caducados.

ESTAMOS, POR TANTO, GUIADOS POR GRIBAS PARALÓGICAS CON LAS QUE ES IMPOSIBLE CUALQUIER DIÁLOGO SINTÉTICO y que, además, incluso lúcidas, NO PODÍAN HACER NADA POR EL TOTALITARISMO ABSOLUTO DE LAS LLAMADAS FINANZAS "JUDÍAS"...

La superpoblación en el Tercer Mundo es un desastre

Habría sido mejor promover una reducción de la población del Tercer Mundo, pero muchos políticos de los países afectados consideran que el control de la natalidad es un eufemismo que oculta el deseo de exterminar a los no blancos. Incluso han instituido un programa de natalidad...

Por tanto, es cierto que la ayuda a los países subdesarrollados, y no a los países "en vías de desarrollo", es para nosotros UNA FORMA ADICIONAL DE SUICIDIO Y NO UNA AUTÉNTICA CARIDAD.

Cualquier ayuda que recibamos volverá como un boomerang en forma de un gigantesco ejército hambriento que exigirá más y más ayuda.

Ayudar a las mujeres embarazadas significará niños hambrientos en el futuro. No hay que hacerse ilusiones.

Serán niágaras de míseros refugiados fluyendo hacia nosotros día tras día. Y todo ello en un contexto ubuesco, porque ¿QUÉ AYUDA PODEMOS OFRECER CUANDO NUESTRAS MATERIAS PRIMAS SERÁN VIRTUALMENTE SUPRIMIDAS?

Hace poco leí en el "INFORME CARTER", entre un mar de callejones sin salida, que, por ejemplo, Cataluña será un desierto a finales del siglo XXI....

Dentro de 60 años, habrá 12.000 millones de personas en el planeta si nuestra civilización judeocartesiana, conclusión lógica del judeocristianismo, no se ha derrumbado totalmente.

MUY POCOS de nosotros comprendemos que el proceso de exterminio conocido como crecimiento económico está exponencialmente ligado al aumento de la población del Tercer Mundo. El ritmo al que estamos consumiendo las materias primas y la energía del planeta se está duplicando al mismo tiempo que la población, y ello a pesar de que las POBLACIONES BLANCAS ESTÁN DISMINUYENDO EN PROPORCIONES CADA VEZ MAYORES.

Dirigidos por demagogos incompetentes que deben sus dietas a la "dictadura democrática de las finanzas", y que, COMO SUS MAESTROS, CARECEN COMPLETAMENTE DEL ESPÍRITU DE LA SÍNTESIS.

Nos obligan a creer que el crecimiento económico es más importante que el futuro de nuestros hijos.

Así que el CRECIMIENTO es el fetiche polivalente de estos demagogos.

Un hecho evidente es que políticos, curas, pastores varios y otros títeres y payasos (PIENSE QUE ABBÉ PIERRE VOTÓ POR MAASTRICHT!!!!) nos empujan a la adoración perpetua del CRECIMIENTO ECONÓMICO, un dogma tan sacrosanto como el del HOLOCAUSTO.

Pagaremos con nuestras vidas y las de nuestros hijos.

El crecimiento económico es un espléndido nenúfar que observamos con adoración mientras crece y crece y crece hasta cubrir toda la superficie del lago, asfixiándolo en el propio espejismo que nos deslumbra.

Al fin y al cabo, tenemos los maestros y los mitos que nos merecemos...

Estadísticas de la ONU

Las cifras son aterradoras: mil quinientos millones de personas que viven en la pobreza absoluta. Mil millones de personas al borde de la pobreza.

800 millones de desnutridos. Mil millones de analfabetos.

Y cada día todo el mundo se pregunta cómo será el siglo XXI. La humanidad está en retroceso, el progreso material es una regresión general y la pobreza de la mayoría...

El mito del progreso

"La mentira del progreso es Israel" (Simone Weil)

"Su ensayo sobre el progreso es perfecto" (Gustave Thibon).

No hay término más manido que ése: "Vive le progrès", "on n'arrête pas le progrès", y otros eslóganes que la frivolidad popular pronuncia inconscientemente.

Esta ambigua palabra sólo cubre un aspecto del progreso: el progreso MATERIAL, TÉCNICO y sus inesperados corolarios.

Por supuesto, sabemos que el hombre ha creado máquinas, coches, aviones, cohetes, ordenadores, frigoríficos, radios, televisores, centrales termonucleares con sus Chernobil y su potencial para transformar los lugares donde se instalan en desiertos radiactivos durante milenios...

Pero, ¿es este progreso una realidad profunda o forma parte de la trágica quimera que la metafísica oriental denomina "MAYA", que significa "ilusión"?

Hay muchos reversos angustiosos en la moneda del progreso: la destrucción de los equilibrios ecológicos, la desaparición de especies animales y vegetales a un ritmo exponencial, el hundimiento espiritual, moral y biológico de la humanidad a través de una alimentación industrial tratada químicamente y RADICALMENTE NO ESPECÍFICA PARA EL BIOTIPO HUMANO, un método terapéutico patógeno y teratogénico, la existencia de residuos radiactivos prácticamente indestructibles e inabastecibles, la influencia de inversiones monstruosas como el marxismo y el freudismo, en una palabra, LA CONTAMINACIÓN UNIVERSAL DEL PLANETA, DE LAS ALMAS Y DE LOS CUERPOS...

Tal es el triste precio del progreso.

EL VERDADERO PROGRESO DEBE SER LA SIMBIOSIS PERFECTA DE CUATRO PERSPECTIVAS:

Equipamiento:

Pero sin consecuencias negativas. En el Antiguo Egipto, cuando un científico hacía un descubrimiento que podía perjudicar algún día al hombre sintético, es decir, al hombre considerado en su totalidad dentro de la naturaleza, LA CASTA SACERDOTAL LE OBLIGABA A TRAGAR SIMBÓLICAMENTE EL PIPIRUS EN EL QUE SE EXPONÍA. Nunca debe rechazarse un instrumento o un sistema que mejore el trabajo de un artesano. Pero, como decía Simone Weil, "hay que prohibir todo progreso material que conduzca al sistema concentracionario de las fábricas". Este "progreso" sólo puede conducir a la dictadura de las finanzas, a la superproducción, al hiperconsumo, a los productos tóxicos y sin alma, al reino de la usura (crédito oficial), a las guerras económicas e internacionales y a todas las formas de contaminación concreta y abstracta.

Por eso la tentativa alemana de preguerra (1939) de volver a la tradición AUTARQUICA estaba condenada al fracaso por el hecho mismo de la dictadura absoluta de las finanzas, que debe conducir un día al globalismo, a un mundo contaminado y degenerado.

El proletariado alienado, explotado por el Capitalismo, presa fácil de ideologías suicidas de robotización extrema, y que destruye decenas de millones de personas "por su propio bien", es también el producto de este progreso fraudulento y contaminante...

Espiritual:

Y esto es FUNDAMENTALMENTE antes incluso de ser material. Pero la espiritualidad ha desaparecido hasta tal punto que la mayoría de los subhumanos que quedan en el planeta ni siquiera conocen el significado de la palabra. La gente se ha convertido en ateos "inconscientes", como el hombre más primitivo. Curiosamente, el ateísmo militante sigue siendo un vestigio de espiritualidad. La gente se odia o se ignora, las naciones y los individuos luchan entre sí por razones irrisorias, porque la psique ya no tiene un sentido básico del rigor, la verdad, la justicia o el amor. Todas las formas de anormalidad mental o delincuencia florecen, aumentan, se generalizan y se convierten en normativas, como la homosexualidad, por ejemplo. La espiritualidad es tan poco prerrogativa de los estadistas actuales que el ateísmo reina en la política como en casi todo el mundo moribundo, y esto por primera vez en la historia de la humanidad consciente.

Moral:

Implica una conciencia cada vez más aguda de lo que está bien y lo que está mal.

Esta conciencia viene dada a los seres por su alma y no por definiciones intelectualistas abstractas. HOY ASISTIMOS A LA LICUEFACCIÓN DEL SENTIDO MORAL...

Las consecuencias son evidentes: guerras y revoluciones basadas en exigencias corticales impulsadas por las finanzas y no en la única exigencia legítima del advenimiento de una auténtica élite digna de ese nombre.

En un mundo TOTALMENTE CARENTE DEL ESPÍRITU DE LA SÍNTESIS, la música regresiva patógena y criminógena, las drogas y la homosexualidad (cuya etiología se basa especialmente en la carencia de vitaminas y la masturbación precoz fomentada por los TORDJMAN y compañía), crecen geométricamente, al igual que todas las formas de delincuencia, de las cuales la juvenil es la más trágica.

En 1991, a pesar de que la pena de muerte estaba prácticamente abolida, ¡más de 20.000 personas murieron violentamente en Estados Unidos!

Estética:

Implica el florecimiento del sentido de la belleza.

Y no pinturas abstractas creadas por la cola de un burro o las patas de un pájaro...

Hoy en día, la fealdad diluye la humanidad: ES COMO LA LOCURA, LA BESTIALIDAD, EL ATEISMO, LA HOMOSEXUALIDAD QUE SE HA CONVERTIDO EN NORMATIVA. Los subhumanos en su ambigüedad sexual, envueltos en sus blue jeans Lévis unisex, ya no tienen nada en común en su apariencia biotipológica con un artesano de la Edad Media o un noble del

Renacimiento. El arte pictórico se pierde en el horror, en palabras del propio Picasso, que confesó al escritor Papini, de "explotar lo mejor posible la estupidez y la codicia humanas"...

La arquitectura va desde el horror de los rascacielos y el Centro Pompidou hasta los "basureros populares" de las urbanizaciones modernas, que tienen mucho que ver con la etiología de la delincuencia juvenil.

LA PENA ES INEXISTENTE O PUNIBLE POR LEY. Puede llevar a la cárcel a cualquiera que tenga la audacia de expresarlo si frustra la criptodictadura (cada vez menos cripto) que nos gobierna.

La literatura se pierde y se ahoga en la insignificancia, en formalismos infantiles que no son más que un manto de vacío total. La psicología desaparece y es sustituida por infiernos libidinosos freudianos, que no tienen ninguna base en la realidad científica.

Este pansexualismo, esta demonía de la economía marxista, se combinan para destruir al hombre DESDE DENTRO Y DESDE FUERA.

ASÍ QUE NO HAY PROGRESO REAL.

Si el progreso hubiera sido real, no habría reducido al Tercer Mundo al hambre, al mundo occidental al Cuarto Mundo, a las intrigas políticas y a todas las formas de delincuencia y contaminación.

El progreso tal como lo conocemos es una ilusión, porque conduce a la destrucción de la especie humana y de su medio ambiente. El Mediterráneo y el Rin se están muriendo por el vertido de residuos industriales. 2000 lagos están biológicamente muertos en Suecia, y 5000 en Canadá. Los bosques desaparecen no sólo por el consumo excesivo de papel, sino también por los gases tóxicos que emanan de las fábricas y los automóviles, como el ácido sulfúrico.

Este pseudoprogreso sólo implica un avance en el enfoque matemático-analítico de la mente.

IGNORA LA REALIDAD.

Así que tiene la misma patología que las enfermedades mentales que presentan este síntoma: se destruye a sí mismo y todo lo que toca.

Estamos retrocediendo trágicamente, no avanzando. Esta regresión podría conducir al suicidio colectivo, no a un verdadero progreso.

Un primate con conocimientos matemáticos, con un cuarto de baño, una metralleta, la lotería, una píldora patógena y teratógena para su pareja, el Express, la televisión infantil y subliminal, no es más avanzado que su antepasado que sólo tenía un tirachinas y el río para bañarse.

NO SE ARRIESGO A DESTRUIR A SUS SEMEJANTES Y A LA NATURALEZA O A SUICIDARSE DESPUES DE HABER SIDO DESACREDITADO POR WARBURG, MARX, FREUD, Y EXTERMINADO AL FINAL POR LA BOMBA ATOMICA DE OPPENHEIMER, PERFECCIONADA POR LA BOMBA DE NEUTRONES DEL SR. S.T.COHEN...

SUICIDIO GLOBAL JUDEOCARTESIANO

En este mundo analítico y especulativo, totalmente desprovisto de inteligencia, es decir, de espíritu de síntesis y de sentido de la moral, nos hemos dado cuenta:

La quimificación del suelo, que lo vuelve estéril. (50 años de fertilizantes químicos hacen que el suelo sea permanentemente improductivo).

La quimificación de los alimentos (colorantes, conservantes) y la quimificación terapéutica provocan la degeneración del género humano y enfermedades como el daño cromosómico hereditario (teratogenismo).

La desaparición de la humanidad CUALITATIVA, del sentido moral, del espíritu de síntesis y del sentido estético. Cualquier tipo de música cantada o pintura informe será apreciada por las masas zombificadas.

El crecimiento exponencial de una población puramente cuantitativa.

Las enfermedades víricas crecerán en progresión geométrica. LAS A.I.D.S. NO HARÁN SINO AUMENTAR EN PROPORCIONES ENORMES MIENTRAS NO SE CUENTE CON LA FIDELIDAD DE LA PAREJA. Aunque el S.I.D.A. está aún en pañales, esta verdad elemental ya no necesita ser demostrada: es evidente por sí misma...

Las bombas atómicas, las centrales nucleares y los submarinos atómicos hundidos pueden generar Chernobyls.

Los residuos nucleares no neutralizables pueden ser un auténtico cataclismo.

Los residuos domésticos, producidos exponencialmente sin tiempo suficiente para destruirlos, pueden invadirnos de tifus, peste y cólera...

La desaparición de los bosques para la publicidad y las papeletas electorales, en particular, tendrá consecuencias ecológicas catastróficas.

Las especies animales y vegetales están desapareciendo a un ritmo alarmante, completando un desequilibrio ecológico irreversible.

LA DESAPARICIÓN DE LA CLASE CAMPESINA, ÚNICA FORMA DE GARANTIZAR UNA VIDA NACIONAL AUTOSUFICIENTE, PUEDE REDUCIR UN PAÍS AL HAMBRE DE LA NOCHE A LA MAÑANA MEDIANTE UN SIMPLE DESORDEN POLÍTICO-FINANCIERO ORGANIZADO POR LAS FINANZAS.

El mestizaje institucionalizado, que es un verdadero CRIMEN CONTRA LA HUMANIDAD, está creando un racismo PERMANENTE E INEVITABLE. Degenerará en LIBANIZACIÓN DE PAÍSES Y GUERRA CIVIL.

LA LIBERTAD PSEUDO DE LAS MUJERES las masculiniza y las priva de sus cualidades de madres y esposas, absolutamente necesarias para EL EQUILIBRIO DE LOS NIÑOS. Los divorcios y la falta de madres producirán en todo el mundo delincuencia juvenil, suicidios de jóvenes y una convergencia hacia Michael Jackson, Madona y las drogas... LA HUMANIDAD SE VE ASÍ PRÁCTICAMENTE PRIVADA DEL DEVENIR.

EL DESEMPLEO MONSTRUOSO alcanzará pronto los 2.000 millones de personas. De ellas, la generación de más edad estará cualificada, pero habrá una masa informe sin educación, analfabeta o iletrada.

Las megalópolis se saturarán de coches y gases nocivos. Será imposible repostar. Los bosques ya destruidos serán corroídos por los gases de escape de los coches, como ocurre en Alemania.

La capa de ozono desaparecerá imperceptiblemente, dejando a los seres humanos expuestos a radiaciones mortales.

Cabe señalar que, aunque anuláramos los efectos perjudiciales de algunos de los parámetros mencionados, bastaría con UNO de ellos para asegurar nuestra destrucción (residuos atómicos, superpoblación mundial, desaparición de las madres, etc.).

¿Qué haría un rey, es decir, alguien nacido providencialmente con espíritu de síntesis, en una situación así?

NADA.

El primer paso sería eliminar a todos los seres humanos no aptos para la vida dejando actúe la selección natural. Tendríamos que abolir todas las formas de quimificación alimentaria y terapéutica, incluida la vacunación sistemática, que destruye los sistemas inmunitarios. Tendríamos que abolir totalmente el imperio del dinero y sustituirlo por el valor del trabajo. Deberíamos permitir que la jerarquía humana se reconstituyera en función de la densidad espiritual de cada individuo, que es NUESTRA SUPREMA DESIGUALDAD (¡pero nuestra igualdad ante Dios!).

Era la antigua realidad de las castas que el degenerado Occidente ya no comprende.

A pesar de la abolición social del sistema de castas, NO SE PUEDE ABOLIR PSICOLÓGICAMENTE: SÓLO TENEMOS

AMIGOS Y RELACIONES PROFUNDAS CON LOS DE NUESTRA CASTA.

UN BRAHMÁN HOY ESTÁ CONDENADO A LA INCOMPRENSIÓN TOTAL Y A LA SOLEDAD.

EL MARXISMO, QUE HA MATADO Y VOLVERÁ A MATAR

En 1984, de George Orwell, la sociedad socialista tiene sus dogmas en todas las perspectivas y está prohibido, so pena de las penas más severas, cuestionarlos.

En eso estamos a finales del siglo XX. NADIE se atrevería a cuestionar la democracia, aunque sea el peor de los regímenes, ya que está provocando progresivamente una destrucción radical concreta y abstracta, abulizando y "liberando" el freudismo, la medicina y los abonos químicos, las vacunaciones sistemáticas que desintegran el sistema inmunitario, etc...

Este dogmatismo totalitario se manifestó de forma espectacular en el asunto Faurisson antes mencionado.

Nunca se le permitió expresarse libremente en los periódicos y editoriales oficiales. Se le impuso una multa de 300.000.000 de céntimos, que nunca pudo pagar. Sin embargo, se dictaminó que no se cuestionaba la seriedad de su trabajo. Exigió controles más estrictos que los impuestos por KATYN (!!!), ¡pero NUNCA los consiguió!

¡LA LICRA SE APODERA DEL TRATAMIENTO DEL PROFESOR PARA PUBLICAR LA SENTENCIA Y *OMITE TOTALMENTE EL PASAJE RELATIVO A LA SERIEDAD DE SU TRABAJO PARA SER DISCUTIDO CON LOS ESPECIALISTAS Y EL PUBLICO!* ¡!

¡Honestidad judía!

Pero no pasa un día sin que el "Gran Hermano" capitalista-marxista nos inflija el bombo subliminal e hipnótico *de "6 millones de habitaciones para gasear"* que tanto asco da a todo el mundo...

Apareció la prohibición absoluta y atroz de discutir el dogma. A los imprudentes se les prometió la hoguera, ¡igual que se quemaba a las brujas en la Edad Media!

Sin embargo, el estudio objetivo de este problema no deja lugar a dudas.

Miremos objetivamente las realidades comunistas...

Estas realidades fueron denunciadas por Solzhenitsyn, Pascalini y el propio Jruschov. Podemos hablar de 150.000.000 de muertos...

Es cierto que no eran judíos, que fueron exterminados por judíos, y que en este caso ¡150 millones verdaderos son mucho menos que 6 millones falsos! Tal es la contabilidad de "esta vil semilla de ganado"...

El régimen comunista impuso las siguientes medidas de la manera más totalitaria: dispersó la Asamblea Constituyente e introdujo la práctica de las ejecuciones sumarias. Aplastó las huelgas y cuando los campesinos desposeídos se sublevaron, los aplastó de la manera más feroz. Desarticuló la Iglesia y redujo 20 provincias a la hambruna.

Luego vino la terrible hambruna del Volga en 1921. Finalmente, habiendo arruinado a Rusia con la guerra civil, pidió ayuda a América. América, que ya había financiado la revolución a través de sus financieros judíos, Warburg, Loeb, Schiff, Sasoon, Hammer etc., acudió al rescate. Pero la memoria del pueblo se ha borrado del salvamento de millones de vidas por la AMERICAN RELIEF ADMINISTRATION.

Hay que tener en cuenta que los regímenes socialistas de cualquier signo sólo viven a través del capitalismo, del que son a la vez el enemigo y el vástago...

Los primeros campos de concentración en los que se hacinaba a un gran número de personas fueron creados por el régimen bolchevique (los británicos también crearon campos atroces en Sudáfrica para los bóers, pero aunque eran asesinos, nunca llegaron a la escala de estos mataderos para millones de personas).

En los 80 años que precedieron a la revolución bolchevique, hubo 17 ejecuciones al año, A PESAR DE LOS REPETIDOS ATENTADOS CONTRA LA VIDA DE LOS TSARS.

Pero la Cheka ejecutaba a más de 1.000 personas al mes, y en 1937, bajo el terror estalinista, hubo 40.000 ejecuciones al mes...

DESDE 1941, HA QUEDADO PERFECTAMENTE CLARO QUE EL CAPITALISMO LIBERAL HA AYUDADO CONSTANTEMENTE A RUSIA A FORTALECER SU RÉGIMEN HIPERTOTALITARIO.

(¡Sin duda en nombre de los derechos humanos y civiles básicos!)

En YALTA, sin razón aparente, las democracias liberales reconocieron la ocupación soviética de Mongolia, Estonia, Letonia y Lituania, y 7 u 8 países europeos fueron entregados a la URSS.

Durante las 3 décadas siguientes, el lugar fue abandonado uno tras otro.

En África, cada vez más países satélites están en una situación angustiosa... Casi toda Asia está en manos comunistas.

Portugal y España, a pesar de algunos rechazos convulsos, han caído en el precipicio marxista.

DURANTE 30 AÑOS, OCCIDENTE HA CEDIDO ANTE EL COMUNISMO TOTALITARIO MÁS DE LO QUE CUALQUIER NACIÓN DERROTADA HA CEDIDO ANTE SU VENCEDORA.

Ya han cedido Vietnam y Corea del Norte, y mañana lo harán Japón, Formosa, Malasia, Filipinas, Tailandia y 10 países africanos y más...

Por qué no, ya que un político occidental, Willie Brand, dijo: "Aceptaría la distensión incluso con Stalin"...

INCLUSO CUANDO EJECUTABA A 40.000 PERSONAS AL MES, SIN DUDA...

Y se atreven a hablarnos de Hitler, que no hizo más que meter en campos ("no más dolorosos que los campos soviéticos", como nos dijo el propio Bloch Dassault) a sus enemigos de siempre que impedían el renacimiento de Alemania...

¿Qué significó la distensión en la URSS?

Los que intentaron cruzar el Muro de la Vergüenza para refugiarse en Occidente y escapar del paraíso soviético FUERON ASESINADOS SIN PENA EN NOMBRE DE LA LIBERTAD DEMOCRÁTICA.

A pesar de los riesgos que corrían, algunos prefirieron morir en este vuelo heroico.

¿Cómo se manifestaba esta relajación? El mero hecho de cenar con un estadounidense era un delito castigado con 10 años de cárcel.

Los titulares decían: "Los sanguinarios imperialistas estadounidenses quieren esclavizar al mundo".

Esto es cierto, incluso para el comunismo, porque los grandes multimillonarios que financiaron el bolchevismo eran comunistas de circuncisión (¡Hammer fundó el Partido Comunista Americano y nunca fue molestado durante el Macarthismo!) ¿PERO ES UN BONITO TÍTULO RELAJANTE?

Sólo gobierna el partido Y DE UNA MANERA INFINITAMENTE MÁS TOTALISTA QUE LOS TZARS.

En 40 años sólo ha habido irrisorias elecciones farsa. El pueblo no tiene ABSOLUTAMENTE NINGUNA INFLUENCIA. Ni la prensa ni el poder judicial tienen la más mínima independencia o libertad. CUALQUIER PENSAMIENTO QUE NO SEA EL DEL ESTADO ES CORTADO DE RAÍZ.

Desde el caso Faurisson, hemos estado en este camino...

Bajo este terrible régimen, los MOLOTOV y otros carniceros que asesinaron a millones de personas nunca fueron llevados ante un tribunal y se jubilaron con cómodas pensiones.

LA CONSTITUCIÓN NO SE HA APLICADO NI UN SOLO DÍA.

Todas las decisiones son tomadas en secreto por un pequeño grupo de irresponsables y luego caen como un rayo sobre el pueblo.

Miles de personas son sometidas a "dietas especiales" en hospitales psiquiátricos, y las inyecciones de sustancias químicas destruyen parte de sus células cerebrales.

Hay miles y miles de presos políticos.

Cuando el régimen ha condenado a un hombre, éste no encuentra ni vivienda ni trabajo. Los jóvenes ya no creen en la enseñanza superior, totalmente reduccionista y propagandista. Prefieren no ir a la universidad.

Solzhenitsyn no entiende por qué las democracias utilizaron un régimen mucho peor que el nazismo, cuando el nazismo era la única fuerza política capaz de derrotar al bolchevismo...

(No ha leído Mein Kampf, lo que explicaría todo muy bien).

"Habríamos visto después", dice Solzhenitsyn.

"Hemos matado al cerdo equivocado" dijo Churchill...

¿No sería el objetivo último de la hegemonía del dólar un condominio americanomarxista, como el anunciado por George Orwell en "1984", condominio del que Yalta sería el primer paso?

Las delicias del comunismo chino no son mejores: 60 MILLONES DE CHINOS EXTERMINADOS POR NO QUERER TUMBARSE EN LA CAMA BOLCHEVIANA DE LOS PROCESOS.

SIN EMBARGO, TODO EL MUNDO SABE QUE CHANKAITCHEK Y MAC ARTHUR ESTABAN DISPUESTOS A IMPEDIR QUE CHINA SE HUNDIERA EN EL COMUNISMO Y QUE A AMBOS SE LO IMPIDIÓ LA IMPLACABLE INTERVENCIÓN DEL GOBIERNO DE LOS EEUU...

Vale la pena señalar de paso que los dirigentes de la China comunista fueron formados por los estadounidenses y los jesuitas... (conferencia de Marc Blancpain).

En la URSS, por no hablar de los millones de víctimas que perecieron durante la revolución financiada por los banqueros judíos americanos, 60 millones fueron exterminados entre 1932 y

1939. Este hecho denunciado POR LOS MISMOS COMUNISTAS EN EL PROGRAMA "APOSTROFES" DE BERNARD PIVOT.

Como hemos dicho, la gran mayoría de los verdugos eran personas circuncidadas al 8º , como FRENKEL y YAGODA, QUE SON LOS ÚNICOS RESPONSABLES DE MILLONES DE MUERTES.

El silencio sobre esta verdad es absoluto, pero la cifra de 6 millones de habitaciones de gas se repite y se repite todos los días en los medios de comunicación, a pesar de la imposibilidad aritmética y técnica denunciada por RASSINIER y FAURISSON. Uno se pregunta si existe UNA SOLA ETNIA en el mundo que llevaría los casos a juicio y sería implacablemente condenada, por el único motivo de minimizar, con razón o sin ella, el número de sus víctimas en una guerra que tuvo lugar hace 50 años, y en la que el enemigo fue totalmente derrotado...

ESTE HECHO PSICOLÓGICO DEMUESTRA POR SÍ SOLO LA IMPOSTURA DEL HOLOCAUSTO. Por eso, sólo LAS MEDIDAS TOTALITARIAS PUEDEN MANTENER ARTIFICIALMENTE EL MITO.

Un hecho histórico está bien establecido: tan pronto como se estableció el régimen bolchevique en 1918, es decir, 15 años antes de la K.Z. de Hitler, se crearon campos de concentración para los enemigos del régimen: monárquicos, socialdemócratas, anarquistas. Los campos estaban dirigidos por verdugos judíos. El Comisariado del Pueblo para Asuntos Internos era responsable del Guepeu, la milicia y la administración de los campos de concentración.

El siniestro YAGODA era el jefe del N.K.V.D. OURITSKI, SORENSON, JEJOFF eran sus colaboradores.

Bajo su control funcionaba la dirección principal de los campos: DAVIDOVITCH, BERMAN, eran los jefes, y KOGAN, SEMEN, FIRINE, APETTER, se encargaban de diversas regiones o sectores. APETTER estaba a cargo de la DIRECCION GENERAL DE LAS PRISIONES.

¿Cómo se atreve alguien a hablarnos de los 6 millones de cámaras de gas, AUNQUE SEA CIERTO, cuando sabemos a ciencia cierta que el campo de concentración que torturó a decenas de millones rusos FUE CREADO Y MANTENIDO POR 50 BOURREAUX DE ORIGEN JUDÍO?

¿No hace falta algo más que UN MONSTRUOSO BULTO???

Recordemos también que el ideólogo MARX, al igual que Lenin (un pequeño judío de adopción) y los miembros del gobierno revolucionario, eran de origen judío, y que sus víctimas fueron tan numerosas que los historiadores no logran ponerse de acuerdo por decenas de millones...

¿Quién ha sido feliz bajo este régimen en el que el alcohol empapa a CUARENTA MILLONES DE INDIVIDUOS? Se puede comer un poco, tal vez, siempre que se exterminen los millones de bocas que quedarían sin trabajo, mediante hambrunas organizadas o los Gulags.

¿Cómo puede este régimen alimentar al país cuando sabemos que Ucrania, que fue el granero del mundo bajo los zares, ya ni siquiera es capaz de suministrar trigo sólo para Ucrania?!! ¡!

¿Quién se sublevó en Praga, Berlín Este, Budapest, Gdansk y Varsovia, sino LOS TRABAJADORES Y LOS GASTOS?

El comunismo nunca ha defendido ni lo primero ni lo segundo, porque el COMUNISMO, como todas las formas de socialismo, LE QUITA TODO A TODOS.

La lista de grupos humanos exterminados por este régimen abominable no tiene fin. Un millón y medio de musulmanes fueron deportados o masacrados:

LOS MUSULMANES DE CRIMEA LOS BLAKARSLES

LES KARATCHAIS

LOS CHECHENOS LOS INGUSHES...

En un programa de Bernard Pivot, Mme Carrère d'Encausse, una historiadora muy oficial, dijo lo siguiente:

"Incluso si el experimento comunista hubiera tenido éxito, que no es en absoluto el caso, no valía la pena un precio tan espantoso en vidas humanas"...

Un escritor judío entrevistado recientemente por Jacques Chancel dijo tras evocar este panorama: "¿CÓMO PUEDE HABER UN SOLO COMUNISTA EN EL MUNDO?

Formular la pregunta equivale a formular un diagnóstico psiquiátrico.

En cualquier caso, es cierto que en la RUSIA SOVIÉTICA NO HABÍA NI UN SOLO FUERA DE LA "NOMENKLATURA"...

¡Tolerancia, tolerancia!

"*En 1984, los más inteligentes serán los menos normales.* George Orwell.

Hay tolerancia:

Por el marxismo, que extermina a millones de personas en todo el mundo.

Por la pornografía y la permisividad sexual, que degradan la esencia del hombre y lo bestializan.

Para películas sobre violencia y sexo.

Para los homosexuales, víctimas ellos mismos de la tolerancia,

Por los alimentos modificados químicamente. Por fomentar la masturbación (factor de homosexualización) y la degradación moral y física.

Para los asesinos de 5 personas o los violadores de niñas. Por una píldora patógena, cancerígena y teratógena.

Para el aborto en autoservicio.

Para el tráfico de fetos y niños considerados no nacidos y tras experimentos de laboratorio, CUANDO COMIENZAN A CAMINAR SE LOS LANZA A INCINERADORES (libro: "Bébés au feu"). (¡Mientras que el aborto para la eugenesia FUE RETENIDO COMO CRIMEN DE HUMANIDAD CONTRA EL NAZISMO EN EL JUICIO DE NUREMBERG!!)

Para los contaminadores de todo tipo que esterilizan lagos y mares y exterminan especies animales y vegetales...

NO HAY TOLERANCIA CON LA VERDAD:

Para el profesor FAURISSON, ¡QUIEN QUISO DARNOS A CONOCER LA RECONFORTANTE NOTICIA SOBRE EL ERROR DE LAS 6 MILLONES DE CÁMARAS DE GAS!

NO TOLERA NADA QUE SEA LIMPIO, GENUINAMENTE LIBRE.

SÓLO HAY TOLERANCIA PARA LO INTOLERABLE.

SÓLO HAY TOLERANCIA PARA LO QUE NOS EXTERMINA.

Hay tolerancia para la "MÚSICA QUE MATA"... [8]

---

[8] MEYERLANSKI, circuncidado el 8º día, padrino de la MAFFIA estadounidense, mantenía atado al F.B.I. gracias a un expediente de chantaje que tenía sobre HOOVER, jefe del F.B.I. Ninguna lucha contra la MAFFIA era posible mientras Hoover viviera, ni siquiera por la buena voluntad de Robert Kennedy a quien la MAFFIA asesinó (Canal+18/6/94).

MÚSICA QUE MATA

El público ingenuo cree que el Rock 'n Roll, el Rapp y la pseudomúsica de estas décadas son formas inofensivas de entretenimiento y una moda pasajera de la juventud eufórica. ESTO ES ABSOLUTAMENTE FALSO.

Los Beatles no se equivocaron cuando dijeron:

"NUESTRA MÚSICA ES CAPAZ DE PROVOCAR INESTABILIDAD EMOCIONAL, COMPORTAMIENTOS PATOLÓGICOS, INCLUSO REVUELTAS Y REVOLUCIONES. EL ROCK'N'ROLL ES EL CENTRO ENERGÉTICO DE UNA REVOLUCIÓN MUNDIAL...".

No parece haber ambigüedad en esta afirmación, como demostraremos. ¿Sería posible que semejante arrebato rítmico regresivo no produjera ningún efecto FÍSICO, PSICOLÓGICO, MENTAL, MORAL, ESPIRITUAL en el individuo y en las masas?

Sólo un retrasado mental afirmaría la inocuidad de este megacrimen de lesa humanidad del que obtienen inmensos beneficios empresas financieras de identidad inequívoca.

Desgraciadamente, tales idiotas pueden encontrarse ahora en profusión, porque el propósito de esta "música" es precisamente producir un número exponencial de trastornos mentales en todo el planeta...

Examinemos los efectos de estas pseudomúsicas de lo concreto a lo abstracto.

Veamos primero la histeria colectiva, los disturbios y las reyertas que estallan en los festivales cuando suenan estos ruidos atroces:

En Vancouver, durante un espectáculo de los Beatles, bastaron 30 minutos para que 100 personas fueran pisoteadas, agredidas y gravemente heridas...

En Melbourne, más de 1.000 personas sufrieron heridas graves en un festival de rock.

En Beirut, sólo se pudo dispersar a una multitud histérica de participantes con la ayuda de 5 mangueras hidráulicas.

En 1969, en Altamont (Estados Unidos), un festival de los Rolling Stones atrajo a 300.000 personas. Varios jóvenes murieron asfixiados y tres por sobredosis.

En Cincinnati, Estados Unidos, en el Coliseum River Front, en 1975, once jóvenes murieron pisoteados por los 18.000 espectadores que rompieron las barreras para entrar en el festival. La banda, "the Who", COMENZÓ SU SHOW COMO SI NADA HUBIERA PASADO...

Al final del espectáculo, espectadores enloquecidos invadieron el escenario, provocando la asfixia de varios.

Durante un rocambolesco fin de semana en Los Ángeles, MURIERON 650 JÓVENES. Los frigoríficos de la morgue ya estaban llenos y los cadáveres se depositaban en los pasillos a lo largo de las paredes a ambos lados. Un horrible olor a muerte impregnaba el edificio. Los cadáveres no pudieron ser identificados. Las víctimas eran jóvenes que habían abandonado el hogar familiar.

Resumámoslo citando "el gran latido" de FRANCK GARLOCK.

"Los discípulos del caos y el desorden no podrían haber encontrado un vehículo más perfecto para promover e inculcar sus ideas y su "filosofía" a las jóvenes generaciones de todos los países del mundo. Sin embargo, en los países donde la música rock es más popular - Estados Unidos y el Reino Unido- no sólo la tasa de delincuencia juvenil es la más alta del mundo, sino que la tasa de delincuencia juvenil, nacimientos fuera del matrimonio, actos de violencia, asesinatos y suicidios es también la que crece más rápidamente en el mundo...".

Así pues, estos hechos tan evidentes demuestran que la revolución de la pseudomúsica, como el rock'n'roll, etc., ha provocado la perversión más perfecta de la juventud que el mundo haya conocido jamás.

"Pervierte a la juventud y conquistarás la nación", he oído en la literatura de izquierdas. Esto va más allá de la frase de CRÉMIEUX: "Poseed la prensa, poseeréis la opinión"...

¿Cuáles son los efectos físicos y orgánicos de esta pseudomúsica?

Son trágicos. La más importante es la hipotrofia progresiva de la glándula genital interna, que, como ha demostrado el endocrinólogo Dr. Jean Gautier, es el órgano del SENTIDO MORAL, del amor a Dios, de la fuerza de voluntad, de la atención voluntaria y de las cualidades humanas más nobles.

LA INSUFICIENCIA DE ESTE GEL CONDUCE AUTOMÁTICAMENTE AL REDUCCIONISMO MENTAL, AL ATEISMO, y a la ausencia de SENTIDO MORAL. Sabemos desde hace 40 años que esta glándula está atrofiada en las personas con demencia.

Se han hecho las más variadas observaciones, según el temperamento, sobre los efectos patológicos de esta música repetitiva y coreada, con sus letras ignorantes.

Tengo que decir que cuando oigo este tipo de "música" por casualidad, siento golpes dolorosos e insoportables en el centro de mi cuerpo. Lo que es aún más extraordinario es que, incluso cuando me tapo los oídos, sigo sintiendo físicamente este estremecimiento de todo mi ser. Es obvio, entonces, que para encontrar placer en tales exploraciones, tienes que estar ya desintegrado. Se absorben entonces COMO DROGAS de las que el adicto no puede prescindir. Siguen siendo insoportables para cualquiera que haya mantenido su cuerpo y su alma sanos.

Clínicamente se han observado varios efectos: cambios en el ritmo cardíaco y en la respiración. Aumento de las secreciones de las glándulas endocrinas, en particular de la hipófisis que, como todos sabemos, es el conductor automático del organismo. (El conductor voluntario son los genitales internos). Cuando la escansión se acentúa, la laringe se contrae; cuando la música "desciende", se relaja. El metabolismo básico y los niveles de azúcar en sangre cambian durante una audición.

Por tanto, es posible "jugar" con el organismo humano como si fuera un instrumento, y de hecho algunos compositores de música electrónica manipulan el cerebro cortocircuitando los FACULTOS CONSCIENTES, TAL COMO HACEN LAS DROGAS...

El ritmo predominante de la música rock y pop condiciona el organismo y estimula las funciones hormonales.

La intensidad amplifica los efectos: por encima de 80 decibelios el efecto es desagradable y por encima de 90 llega a ser perjudicial. En los conciertos de rock se miden 106-108 decibelios en el centro de la sala y 120 cerca de la orquesta.

Los otorrinolaringólogos también están descubriendo problemas de audición en jóvenes, sordera de aparición temprana, que normalmente sólo afecta a los ancianos.

También han aumentado las enfermedades cardiovasculares y los trastornos del equilibrio.

Desgraciadamente, los efectos "auditivos" van acompañados de efectos "visuales" cuya negatividad no se corresponde con los efectos auditivos.

Desde el punto de vista visual, la intensidad de la iluminación especial y el uso de rayos láser causan daños irreversibles en los ojos de algunas personas. Si el rayo penetra en el ojo, puede quemar la retina, creando un punto ciego permanente.

Además, los destellos de luz brillante que estallan al ritmo de la música provocan a veces mareos y fenómenos alucinatorios.

DE HECHO, EL GOBIERNO BRITÁNICO HA EMITIDO UNA ADVERTENCIA SOBRE ESTE TEMA Y LA HA DIFUNDIDO EN LAS ESCUELAS. El renombrado musicoterapeuta ADAM KNIESTE tiene esto que decir sobre el tema:

"El problema central causado por la música rock en los pacientes que he tratado proviene claramente de la intensidad del ruido, que provoca hostilidad, agotamiento, narcisismo, pánico, indigestión, hipertensión y una extraña narcosis. EL ROCK NO ES UN PASATIEMPO INOFENSIVO, ES UNA DROGA MÁS MORTÍFERA QUE LA HEROÍNA, QUE ENVENENA LA VIDA DE NUESTROS JÓVENES…".

En el plano sexual, las vibraciones de baja frecuencia provocadas por la amplificación de los bajos, combinadas con el efecto repetitivo del "beat", tienen un efecto considerable sobre el líquido cefalorraquídeo.

A su vez, este fluido afecta directamente a la glándula pituitaria, que controla la secreción hormonal. El resultado global es un

DESEQUILIBRIO DE LAS HORMONAS SEXUALES Y SURRENALES Y UN CAMBIO RADICAL EN INSULINA EN SANGRE, de modo que las diversas funciones que controlan las INHIBICIONES MORALES SE NEUTRALIZAN TOTALMENTE.

Los efectos psicológicos no son menos graves: la influencia DEPERSONALIZADORA es extrema. Las personas sufren profundos traumas psicoafectivos.

He aquí las conclusiones evidentes:

Cambios en las reacciones emocionales que van desde la frustración hasta la violencia incontrolable. Pérdida del control consciente y reflejo y de la concentración.

Reducción considerable del control de la inteligencia y la voluntad sobre los impulsos subconscientes.

Sobreexcitación neurosensorial que produce euforia, sugestionabilidad, histeria y, en algunos casos, alucinaciones.

Deterioro grave de la memoria, la función cerebral y la coordinación neuromuscular.

Estado depresivo que conduce a la neurosis y la psicosis, especialmente si se combinan música y drogas.

Estado hipnótico o cataléptico, convirtiendo a la persona en una especie de zombi o robot. Tendencias SUICIDALES Y HOMICIDAS, aumentadas considerablemente al escuchar este tipo de música a diario durante largos periodos.

Automutilación, autoinmolación, autocastigo, especialmente en grandes concentraciones. Impulsos irresistibles de destrucción, vandalismo y disturbios tras conciertos o festivales de rock...

Los efectos MORALES se derivan automáticamente de esta tragedia clínica: sexo, drogas, revueltas, magia negra, satanismo, de otra época...

Al horror de los efectos sonoros y luminosos se añade la agresión subliminal. La agresión subliminal consiste en introducir en los textos elementos sugestivos que son reconstituidos por la mente consciente e influyen en la víctima, es decir, en todos los jóvenes del mundo.

No hace falta insistir en este efecto tan real, porque los propios textos pueden influir cínicamente, sin necesidad de efectos subliminales.

He aquí el texto de una canción desgraciadamente famosa que ilustra claramente un aspecto del monstruoso crimen de lesa humanidad que constituyen estos pseudomusiques:

"Dios me dijo que te despellejara vivo
Yo mato niños

Me gusta verlos morir
Yo mato niños

Hago llorar a las madres
Las aplasto bajo mi coche
Quiero oírlas gritar

Dales de comer caramelos envenenados
Y estropear su Halloween..."

Uno se pregunta por qué los poderes político y judicial no intervienen para castigar ejemplarmente estos delitos, en los que la perversidad se suma al infantilismo...

En el álbum KILLERS de Queen, si pones la música al revés obtienes: "empieza a fumar marihuana".

En la canción 'When Electricity Came to Arkansas', hay una sección ininteligible que suena al revés: "Satan, Satan, Satan, he's God, he's God, he's God" y el mensaje termina con una risa demente.

Podríamos escribir un libro enumerando los efectos subliminales, satánicos, blasfemos, o el fomento de las drogas o la sexualidad bestial.

POR LO QUE ES EVIDENTE QUE LA INTELIGENCIA, LA VOLUNTAD, EL LIBRE ALBEDRÍO Y LA CONCIENCIA MORAL SON OBJETO DE TAL ASALTO A TRAVÉS DE TODOS LOS SENTIDOS QUE SU CAPACIDAD DE DISCERNIMIENTO Y RESISTENCIA SE VE DISMINUIDA O NEUTRALIZADA POR COMPLETO.

En este estado de confusión mental y moral, el camino está TOTALMENTE ABIERTO a los estallidos más violentos de los impulsos reprimidos, el odio, la ira, los celos, la venganza, la sexualidad. Las estrellas de rock, A PESAR DE SU PATENTADA DEBILIDAD, SE CONVIERTEN EN ÍDOLES A LOS QUE SE QUIERE AMAR.

ES UN SUCEDÁNEO DEL SENTIMIENTO RELIGIOSO PERVERTIDO HACIA LA BESTIALIDAD Y LA NEUTRALIZACIÓN DEL SER.

Este embrujo tiene consecuencias macabras: las "groupiez" o chicas que acompañan al "ídolo", complacen todos sus caprichos sólo para ser sustituidas por otras chicas en la siguiente gira. Hubo suicidios provocados por la muerte de la "estrella", y asesinatos como el de John Lennon.

Nada puede resistirse a la inevitable erosión de la conciencia, el corazón y la mente de quienes escuchan estas espantosas regresiones rítmico musicales de las que sólo podemos proteger a los nuestros mediante el PRINCIPIO DE AUTORIDAD y la explicación de todo ello cuando la inteligencia del joven esté suficientemente desarrollada. MIENTRAS TANTO, EL IMPERATIVO ABSOLUTO DE LA PROHIBICIÓN ES ESENCIAL SI QUIERES SALVAR A TUS HIJOS, PORQUE PARA CUANDO TENGAN EDAD DE COMPRENDER, YA SE HABRÁN PODRIDO...

El espíritu de esta subversión se encuentra en el texto del anarquista JERRY RUBIN:

"Elvis despertó nuestros cuerpos, cambiándolos por completo. El rock duro y animal, que guarda su secreto en el ENERGY BEAT, penetraba ardientemente en nuestros cuerpos: el ritmo trepidante sacaba a relucir todas las pasiones reprimidas, contenidas. El asiento trasero de un coche era el teatro de la revolución sexual, mientras que la radio del coche servía de medio para esta subversión. El rock marcó el inicio de la revolución. Fusionamos una nueva vida política con un estilo de vida PSIQUÉDELICO. Nuestro estilo de vida, nuestro ácido, nuestra ropa friki, nuestra música rock, esto es LA VERDADERA REVOLUCIÓN... ".

PARA QUE TODO QUEDE PERFECTAMENTE CLARO.

¿QUIÉN FINANCIA?

Esto es el globalismo. Para asegurarse de llegar a los jóvenes indiferentes a los discursos y estrategias políticas, ha confiado a la agencia WICCA la tarea de crear estudios de producción de rock que garanticen la difusión mundial de las obras de los grupos más agresivos y tarados. Algunos de los estudios de producción más conocidos son:

Zodiac Productions, Atlantic Productions, Capitol Records Inc. Mercury, Inter global music, aristo records, etc.

Jerry Rubin no deja lugar a dudas sobre quién es.

Un tal GURGY LAZARUS está cobrando cómodos miles de millones con este inmenso crimen de lesa humanidad. Una vez lo vi en televisión.

Es tan asquerosamente guapa que no podrías imaginar un peor director del Infierno...

Simbolismo feo: "TENEMOS LA CARA DE NUESTRA ALMA", dijo Carrel...

Así que todo esto forma parte del complot globalista para llevar a los jóvenes hacia el INTERNACIONALISMO CORRESPONDIENTE AL ADVENIMIENTO DE UN GOBIERNO MUNDIAL ÚNICO.

La ruptura sucesiva de los vínculos con la familia, la religión, la nacionalidad y la etnia cultural hace que los jóvenes pierdan todo sentimiento de pertenencia a un grupo o a un país determinado, pero se sientan CIUDADANOS DEL MUNDO; El ciudadano globalista, átono, estupefacto, drogado, incapaz de convicciones distintas de las que experimenta por la subliminalización de los medios de comunicación de masas, sin fe ni ley, sin obligación para con los padres, Dios, la patria o el amo, totalmente entregado como un zombi votivo productor de consumo a los Immondes que lo manipulan ocultamente poniendo en su mano la bandera ensangrentada de la libertad psicodélica...

¿Hay UN SOLO partido político que se haya levantado repetidamente, como hacen todos por el disparate aritmético-técnico *de los 6 millones de habitaciones a gas*, para denunciar esta desintegración de nuestra juventud global?

Qué partido grita todos los días contra la música que mata y las drogas que "benefician y son gestionadas por las Altas Finanzas judías"????

NINGUNA.

Sobre el Dr. A. Carrel y la manía de rebautizar calles con su nombre

¿Cómo podría la especulación circuncisa que conduce a los pueblos a lágrimas sangrientas y a una degeneración única en la historia, aceptar sin histeria la existencia de un verdadero genio cuya conciencia proporcionaba todos los parámetros necesarios para una humanidad feliz y equilibrada?

Imposible. Así que los ayuntamientos atrofiados ceden a las presiones de la circuncisocracia para cambiar el nombre de las calles Carrel; hablamos de 16 ciudades. No he podido escribir a todos los alcaldes, pero al menos he hecho el esfuerzo de hablar con los de Estrasburgo, Béziers y Limoges.

Alcaldes y concejales, me he enterado por la prensa de que se han visto obligados a plantearse si retirar el nombre de ALEXIS CARREL de la calle que lleva su nombre en su ciudad.

Me gustaría llamar su atención sobre este grotesco incidente, que se suma a lo grotesco de nuestra "sifilización" (Baudelaire).

Carrel es la mente más grande que he conocido desde los griegos. Su destreza quirúrgica es superada con creces por su lucidez como pensador, y desde 1934, cuando se publicó "EL HOMBRE DESCONOCIDO", todo demuestra que tenía razón en todo, y que el estado de descomposición purulenta en el que nos encontramos está muy por encima de sus pronósticos, que no son pesimistas, sino realistas.

TODAS LAS GRANDES CIVILIZACIONES HAN SIDO EUGENISTAS y ninguna ha aceptado la proliferación exponencial de fenómenos motores y psíquicos, delincuentes y criminales consentidos. NINGUNA ha aceptado el GRAN HOLOCAUSTO de cientos de millones de niños normales en el vientre de sus madres....

NADA DE NADA.

Estamos gobernados por la alta finanza judía y el marxismo.

Yo mismo soy judío y me avergüenzo de serlo cuando veo el papel que están desempeñando mis compatriotas judíos en la ruina y el suicidio de la humanidad, ayudados por payasos políticos.

NINGUNO DE ELLOS tiene la más mínima autoridad intelectual para haceros quitar de vuestros pueblos el nombre de Carrel, que a la cabeza del Estado seguro que no habría sido generado el liberalismo y el marxismo judío:

El monstruoso desempleo crece exponencialmente. Quimificación y esterilización del suelo.

La desaparición de una humanidad cualitativa.

Una vuelta a la barbarie de las ciudades americanas, los suburbios franceses y las masacres interétnicas.

Enfermedades víricas como el SIDA generadas por la desaparición deliberada de toda moralidad y la expansión de la pornografía.

Bombas atómicas y de neutrones, Chernóbil pasado y futuro, la invasión de residuos nucleares extremadamente peligrosos

La invasión de los desechos domésticos, con el tifus, la peste y el cólera, puede provocar la desaparición de los bosques y el asesinato de la agricultura y los agricultores.

La desaparición de la clase media y de las PYME

La mezcla étnica institucionalizada, con la libanización de los países y el racismo endémico, creado y querido por los pseudo "antirracistas" para quienes el antirracismo no es más que un pretexto para su hegemonía, para su dictadura absoluta, en particular sobre los medios de comunicación de masas.

La pseudolibertad de las mujeres, que las priva de su condición de madres y esposas y abandona a sus hijos a la droga y la delincuencia.

La música que mata es patógena, tanto mental como somáticamente, y criminógena en las megalópolis saturadas de coches y gases nocivos que pronto serán imparables.

La desaparición exponencial de especies animales y vegetales, acentuando el desequilibrio ecológico.

La desaparición de la capa de ozono, que deja a la humanidad y a la naturaleza expuestas a radiaciones mortales.

Pueden estar seguros de que la gestión del Estado según la conciencia de Carrel NUNCA HABRÍA ABORTADO SUICIDIO COMO EL JUDÉO CARTÉSIANISME NOS ASEGURA implacablemente.

La lectura de L'HOMME CET INCONNU le convencerá de ello, y terminaré con una cita del libro que resume perfectamente esta carta:

"LOS GRANDES CRIMINALES NO ESTÁN EN LA CÁRCEL, SINO EN LA CÚSPIDE DE LA SOCIEDAD LIBERAL"...

No hagas el ridículo ante la historia rebautizando una calle que lleva el nombre de una verdadera élite, que habría garantizado la sana supervivencia de la humanidad si hubiera tenido el poder de hacerlo.

El Institut sur l'Homme que Carrel había creado gracias al mariscal Pétain era una institución razonable y necesaria para proteger a la humanidad contra quienes, dotados de inmensos defectos, la estaban destruyendo...

Atentamente

El sorprendente CHURCHILL

Habría que cambiar el nombre de todas las calles que llevan su nombre. ¡!

Un antiguo funcionario declaró al Toronto Star, el 20 de junio de 1992, que Churchill quería esterilizar o internar en campos a 100.000 inferiores. Reveló que documentos secretos del gobierno hechos públicos recientemente revelan que Churchill, tras ser nombrado Ministro del Interior en 1910, estaba preocupado por el hecho del colapso moral y de que las personas de baja inteligencia tuvieran más hijos que las clases cultas. Pensó que esto conduciría al declive de la raza británica.

Y añadió: "Creo que la fuente que alimenta el flujo de la locura debe secarse y sellarse antes de que acabe el año"...

En un artículo de 1920 (fotocopia adjunta), publicó una reflexión muy inteligente y lúcida sobre la cuestión judía y expresó claramente los peligros del judaísmo internacional especulativo...

¡No queda ni una calle para Churchill!

Como muestra el artículo de 1920 (ver traducción), la lucidez de Churchill sobre el peligro del suicidio planetario que estamos viviendo a manos de la judería internacional era perfecta, así como su voluntad de practicar la eugenesia, como cualquier país razonable.

Una niágara de pruebas de 9 demuestra que tenía razón en todo frente a la descomposición judeocartesiana general de la humanidad.

Por desgracia, Churchill sucumbió. Fue confiscado por la judería internacional. Se dejó invertir por los financieros y recordamos cómo el financiero Baruch influyó en Churchill, que puso patas arriba al coronel Beck. Él había hecho un acuerdo completo con Hitler, que fue roto, forzando a Hitler a invadir Polonia...

Probablemente fue esta esclavitud contra su conciencia lo que le llevó a la bebida. Fue literalmente comprado por los judíos, que pagaron sus considerables deudas.

A pesar de su clarividencia, se comprometió en una guerra sin cuartel contra Alemania, que intentaba heroicamente salvar a la humanidad y liberarla de la atroz dictadura del dólar, que ahora nos extermina...

En 1920, se habría aliado con Hitler para luchar contra el bolchevismo, cuyas fuerzas impulsivas e ideológicas "circuncidadas" conocía, al igual que Solzhenitsyn.

Al aliarse con Stalin, SUICIDÓ A TODA LA HUMANIDAD.

Cuando Hitler le envió a RUDOLPH HESS, ese "criminal de la paz", para intentar lograr la paz en una alianza contra las fuerzas bolcheviques, lo encarceló sin siquiera recibirlo PORQUE NO DEBÍA SER ESCUCHADO, PORQUE LA JUDERÍA ESTADOUNIDENSE DESEABA ABSOLUTAMENTE LA GUERRA, a la que arrastró a los Estados Unidos, a pesar de los mejores esfuerzos de verdaderas élites como LINDBERG.

Sin embargo, fue clarividente, porque en 1945, ante el embajador estadounidense, pronunció estas palabras históricas:

"Matamos al cerdo equivocado"...

Sionismo contra bolchevismo, una lucha por el alma del pueblo judío por Rt, Hon. Winston Churchill

(Extracto del *Illustrated Sunday Herald*, 8 de febrero de 1920)

"Algunas personas aman a los judíos y otras no; pero ningún hombre sensato puede dudar de que son, sin lugar a dudas, la raza más formidable y notable que jamás haya aparecido sobre la faz de la tierra". Disraeli, el Primer Ministro judío de Inglaterra y líder del Partido Conservador, siempre fue leal a su raza y estuvo orgulloso de su origen. En una conocida ocasión dijo: "El Señor trata a las naciones como las naciones tratan a los judíos".

"Es cierto que cuando consideramos el miserable estado de Rusia, que, de todos los países del mundo, ha tratado a los judíos con la mayor crueldad, y cuando, por contraste, observamos la buena fortuna de nuestro país, que parece haberse preservado de los horribles peligros de aquella época, debemos admitir que nada de lo que ha sucedido desde entonces en la historia del mundo ha podido invalidar la verdad de la segura afirmación de Disraeli.

JUDÍOS BUENOS Y MALOS

En ninguna parte alcanza tanta intensidad el incesante conflicto entre el bien y el mal, siempre presente en el corazón humano, como en la raza judía. En ninguna parte se expresa con tanta fuerza y de forma tan terrible la dualidad de la naturaleza humana. Debemos a los judíos, en la Revelación cristiana, un sistema ético que, aun separado enteramente de lo Espiritual, sería incomparablemente el don más precioso dado a la humanidad, un don rico, hay que decirlo, en toda la sabiduría y el conocimiento fusionados. Fue sobre la base de este sistema y de esta fe que toda nuestra civilización actual surgió de las ruinas del Imperio Romano. ES MUY POSIBLE QUE ESTA MISMA RAZA ASOMBROSA PUEDA, EN LA ACTUALIDAD, CREAR UN PROCESO QUE, AL

DESARROLLAR OTRO SISTEMA DE MORAL Y FILOSOFÍA TAN PERVERSO COMO BENEFICIOSO HA SIDO EL CRISTIANISMO, SI NO SE CORTA DE RAÍZ, REDUCIRÍA IRREMEDIABLEMENTE A CENIZAS TODO LO QUE EL CRISTIANISMO HA HECHO POSIBLE.

Sería casi como si el Evangelio de Cristo y el Evangelio del Anticristo estuvieran predestinados a brotar del mismo pueblo, y que esta raza mística y misteriosa hubiera sido elegida para las manifestaciones supremas tanto de lo divino como de lo satánico.

JUDÍOS "NACIONALES

No puede haber mayor error que atribuir a cada individuo una parte reconocible de las cualidades que conforman el carácter nacional. Hay toda clase de hombres en cada país y en cada raza, algunos buenos, otros malos, y la mayoría de ellos promedio. No hay mayor error que negar a un individuo, a causa de su raza u origen, el derecho a ser juzgado por sus méritos personales y su comportamiento. En el pueblo judío, con su genio particular, los contrastes son más notables, los extremos más marcados, las consecuencias más concluyentes.

En esta época fatídica, hay tres corrientes principales de pensamiento político entre los judíos. Dos de ellas aportan eficacia y esperanza a la humanidad, y en un grado muy elevado, pero la tercera es radicalmente destructiva.

En primer lugar, están los judíos que, viviendo en todos los países del mundo, se identifican con ese país, entran en su vida nacional y, aunque se adhieren fielmente a su propia religión, se consideran ciudadanos de pleno derecho del país que los ha acogido.

Un judío así que viviera en Inglaterra diría: "Soy un inglés que practica la religión judía". Esta es una concepción digna y útil en el más alto grado. En Gran Bretaña sabemos bien que durante la gran lucha la influencia de lo que podría llamarse "judíos nacionales" en muchas partes del país estuvo abrumadoramente del lado de los aliados; y en nuestro propio ejército los soldados judíos desempeñaron un papel muy distinguido, algunos ascendieron a la cabeza del ejército y otros ganaron la Cruz Victoria por su valor.

Los judíos nacionales rusos, a pesar de la posición inferior de la que sufrían, lograron desempeñar un papel honorable y útil en la vida nacional de la propia Rusia. Como banqueros e industriales, promovieron enérgicamente el desarrollo de los recursos económicos de Rusia y fueron los primeros en crear esas notables organizaciones que son las sociedades cooperativas rusas. En política, apoyaron mayoritariamente los movimientos liberales y progresistas, y fueron los más firmes defensores de la amistad con Francia y Gran Bretaña.

JUDÍOS INTERNACIONALES

En violenta oposición a toda esta esfera de esfuerzos judíos, surgieron los proyectos de la Internacional Judía. Los miembros de esta siniestra confederación proceden, en su mayoría, de las desafortunadas poblaciones de los países donde los judíos son perseguidos a causa de su raza. La mayoría de ellos, si no todos, han abandonado la fe de sus antepasados y han eliminado de sus mentes cualquier esperanza espiritual de otro mundo.

Este movimiento entre los judíos no es nuevo. Desde la época de Spartakus, Weishaupt a la de Karl Marx, y luego Trotsky (Rusia), Bela-Kun (Hungría), Rosa Luxemburgo (Alemania), y Emma Goldman (EE.UU.), esta conspiración mundial para derrocar nuestra civilización y reconstituir la sociedad sobre la base del desarrollo detenido, la malversación envidiosa, y la igualdad imposible ha ido en constante crecimiento.

Desempeñó, como ha demostrado una escritora moderna, la Sra. Webster, un papel definitivamente evidente en la tragedia de la Revolución Francesa.

Fue el motor de todos los movimientos subversivos del siglo XIX. Ahora, esta camarilla de personalidades extraordinarias procedentes de los bajos fondos de las grandes ciudades de Europa y América se ha agarrado al pelo del pueblo ruso y se ha convertido prácticamente en el amo indiscutible de este enorme imperio.

TERRORISTAS JUDÍOS

No es necesario insistir en el papel desempeñado por estos judíos internacionales, en su mayoría ateos, en el logro real de la revolución bolchevique rusa. Es, sin duda, de la mayor importancia. Su papel aquí supera a todos los demás.

[9]Con la excepción de Lenin, la mayoría de las figuras destacadas son judías. Además, tanto la fuerza motriz como la inspiración procedían de líderes judíos. La influencia de rusos como Bujarin y Lunacharsky no podía compararse con el poder de Trotsky o Zinovieff, el dictador de la Ciudadela Roja (Petrogrado), o Krassin o Rudec, todos ellos judíos. En la institución soviética, la preponderancia de los judíos es aún más asombrosa. Y la parte dominante, si no principal, del sistema de terrorismo aplicado por la Comisión Extraordinaria para el Combate Contrarrevolucionario corrió a cargo de judíos y, en algunos casos notables, de mujeres judías.

El mismo dominio nefasto ejercieron los judíos durante el breve periodo de terror en que Bela Kun gobernó Hungría.

---

[9] Lenin era un pequeño huérfano judío adoptado por la familia Ulyanov.

El mismo fenómeno se produjo en Alemania (especialmente en Baviera) mientras se permitió que esta locura descendiera sobre los temporalmente postrados alemanes. Aunque en todos estos países había muchos no judíos que eran tan malos como los peores revolucionarios judíos, el papel desempeñado por estos últimos, si se tiene en cuenta la insignificancia de su número en relación con la población, es asombroso.

PROTECTOR DE LOS JUDÍOS

Huelga decir que las más intensas pasiones de venganza se exacerbaron en los corazones del pueblo ruso. Dondequiera que la autoridad del general Denikin podía ejercerse, siempre se brindaba protección a la población judía y sus oficiales hacían esfuerzos considerables para impedir las represalias y castigar a quienes las instigaban. Esta situación prevaleció hasta tal punto que la propaganda petlurista contra el general Denikin lo denunciaba como el "protector de los judíos". Las chicas Healy, sobrinas del Sr. Tim Healy, relatando su experiencia personal en Kiev, declararon que, por lo que ellas sabían, en más de una ocasión, oficiales que habían cometido ofensas contra judíos habían sido degradados y enviados al frente.

Pero las hordas de bandidos que infestan la vasta zona del Imperio ruso no dudan en satisfacer su gusto por la sangre y la venganza a costa de poblaciones judías inocentes, siempre que se presenta la ocasión. El bandolero Makhno, las hordas de Petlura y Gregorieff, que jalonaban todos sus éxitos con las masacres más innobles, encontraron por doquier entre las poblaciones medio aturdidas, medio furiosas, una ávida reacción hacia el antisemitismo en su forma más repugnante.

El hecho de que en muchos casos los intereses judíos, como sus lugares de culto, sean excepciones a la hostilidad bolchevique universal, ha tenido el efecto de asociar cada vez más a la raza judía con los horrores que ahora se perpetran.

Esto es una injusticia para millones de personas inofensivas, la mayoría de las cuales son víctimas del régimen revolucionario.

Por lo tanto, resulta especialmente importante crear y desarrollar un movimiento judío fuerte que aleje las mentes de la gente de estas asociaciones fatales. Por eso el sionismo tiene hoy un significado tan profundo para todo el mundo.

UNA PATRIA PARA LOS JUDÍOS

El sionismo ofrece una tercera esfera a las concepciones políticas de la raza judía. En agudo contraste con el internacionalismo comunista, presenta a los judíos una idea nacional de carácter imperativo.

La oportunidad y la responsabilidad de proporcionar a la raza judía de todo el mundo una patria y un centro nacional de vida recayeron en el Gobierno británico en virtud de la conquista de Palestina.

La talla de estadista del Sr. Balfour y su sentido de la historia no tardaron en aprovechar esta oportunidad.

Se hicieron declaraciones que decidieron irrevocablemente la política británica.

La feroz energía del Dr. Weissman, el cerebro detrás de los aspectos prácticos del proyecto sionista, apoyado por muchos de los judíos ingleses más eminentes, así como por la plena autoridad de Lord Allenby, están todos centrados en la realización y el éxito de este movimiento profundamente motivador.

Está claro que Palestina es demasiado pequeña para admitir más que una fracción de la raza judía. También está claro que la mayoría de los judíos nacionales no desean ir allí. Pero si, como puede ser, durante nuestra vida, se creara un Estado hebreo a orillas del Gurdine, bajo la protección de la Corona británica, y que incluyera a tres o cuatro millones de judíos, sería un acontecimiento en la historia del mundo, positivo desde todos los puntos de vista, y particularmente en armonía con los intereses más genuinos del Imperio británico.

El sionismo se ha convertido ya en un factor fundamental en las convulsiones políticas de Rusia, como una poderosa influencia competidora en los círculos bolcheviques del sistema comunista internacional. Nada puede ser más significativo que la furia con que Trotsky atacó a los sionistas en general y al Dr. Weissmann en particular.

La cruel penetración de su mente no le deja ninguna duda de que sus objetivos de un estado comunista mundial bajo dominación judía se ven directamente frustrados e impedidos por el nuevo ideal que dirige las energías y esperanzas de los judíos de todo el mundo hacia un objetivo más simple, más verdadero y más alcanzable.

La batalla que está comenzando entre judíos sionistas y bolcheviques es nada menos que la batalla por el alma del pueblo judío.

DEBERES DE LOS JUDÍOS LEALES

En estas circunstancias es particularmente importante que los judíos nacionales de todos los países que son leales a su tierra adoptiva se presenten en cada oportunidad, como ya lo han hecho muchos judíos ingleses, y tomen parte prominente en todas las medidas para combatir la conspiración bolchevique. De este modo podrán defender el nombre judío y dejar claro al mundo entero que el movimiento bolchevique no es judío, sino vehementemente repudiado por la gran masa de la raza judía.

Pero la resistencia negativa al bolchevismo en todos los campos es insuficiente. Se necesitan alternativas positivas y practicables en las perspectivas moral y social, construyendo con la mayor rapidez posible un Centro Nacional Judío en Palestina que pueda convertirse no sólo en un refugio para los oprimidos de las desdichadas tierras de Europa Central, sino que sea también un símbolo de la unidad judía y el templo de la gloria judía.

Es una tarea que requiere todas las bendiciones...".

* * *

Por desgracia, Churchill no comprendió que el sionismo y el bolchevismo estaban vinculados, que aullaríamos sobre un falso holocausto y callaríamos sobre el verdadero holocausto de decenas de millones de personas a manos de los judíos bolcheviques revolucionarios y concentracionarios...

No comprendió que los inocentes engendran a los Marx, los Freud y los Soros. No comprendió la tragedia de la circunsición al [octavo]...

Y ahora "este rito va a destruirlo todo en las fronteras de las naciones" (Dominique Aubier).

ENSAYO SOBRE EL JUDEOCRISTIANISMO, EL JUDEOCARTESIANISMO Y EL DOGMA DEL HOLOCAUSTO

¿No es asombroso que Eisenhower, Churchill y Pío XII nunca mencionaran el Holocausto judío en sus memorias, ni antes ni después de ser escritas, a pesar de que Estados Unidos, Inglaterra y el Vaticano disponían de una red de espionaje muy eficaz?

Todo el mundo sabe, por ejemplo, que el Vaticano disponía de una red tan eficiente en Polonia que las cámaras de gas nunca podrían haber escapado a sus sutiles e implacables investigaciones. No podría haber pasado por alto el tráfico necesario para la compra y producción de cámaras de gas como tampoco el tráfico y facturación de crematorios, de los que lo sabía todo.

Esta simple observación revela la hinchada estatua del impostor, confirmada por LA REACCIÓN PSICOLÓGICA de aquellos a quienes se les comunica la buena nueva de la inexistencia de cámaras de gas y la enorme inflación de la cifra de 6.000.000 subrayada por las demostraciones aritméticas y técnicas.

Es sorprendente no encontrar ninguna mención del Holocausto ni en la Cruzada en Europa de Eisenhower ni en la Historia de la Segunda Guerra Mundial de Churchill, ambas escritas DESPUÉS DEL JUICIO DE NUREMBERG. Y sin embargo, oímos hablar mucho del Holocausto en los medios de comunicación, incluso en las grandes películas. Es cierto que el cine está totalmente en manos de los circuncisos.

También es cierto que los occidentales están especialmente maduros para la hipnosis del Holocausto.

Los negros probablemente habrían reaccionado de otra manera: se habrían sentido muy orgullosos de este exterminio y habrían advertido a los judíos de que si seguían lloriqueando exterminarían a diez veces más.

Los asiáticos habrían ofrecido sus más humildes disculpas, esperando pacientemente el momento de exterminar mentiras y mentirosos.

Nosotros, en cambio, tratamos esta mentira como un dogma religioso digno de adoración perpetua, sin mencionar jamás a los 50 verdugos judíos de las cárceles y campos de concentración que EXTERMINARON A 60 MILLONES DE GOYOS EN LA URSS....

Y, sin embargo, todo el mundo los conoce, desde que Solzhenitsyn publicó sus nombres y fotografías en el Volumen II del Archipiélago Gulag.

El dogma es, por tanto, el de la mil novecientos ochenta y cuatro religión de Estado, como tan bien describió George Orwell en su novela "1984". El dogma está bien custodiado por LA LEY ANTI-CONSTITUCIONAL Y ANTI-DERECHOS HUMANOS de la inquisición estalino-gayssoviana.

Así que debemos haber perdido toda nuestra herencia espiritual y ésta debe haberse metamorfoseado en apestoso egoísmo y materialismo. Vivimos en la religión estatal mediática de la democracia liberal.

Al igual que la religión estatal cristiana, tiene sus dogmas antinaturales, sus exigencias de CREENCIAS ABSOLUTAS. No hace falta decir que los herejes serán perseguidos, ya que la alineación con 1984 de Orwell y Brave New World de Huxley se convierte en la condición sine qua non para la supervivencia.

Los dogmas fundamentales de esta sociedad antinatural son los siguientes:

Todas las razas son absolutamente iguales excepto, como decía Coluche, "los judíos que son más iguales que los demás", y que tienen, está implícito, muchas cualidades superiores (Ver: ROTHSCHILD, MARX, FREUD, EINSTEIN, PICASSO, OPPENHEIMER, S.T COHEN, BENEZAREFF, SOROS, FLATOSHARON, WARBURG, HAMMER, GURGILAZARUS, DAVID WEILL, SIMONE VEIL, MEYERLANSKI, padrino de la MAFIA, et al)...

El racismo es el más enorme de los crímenes, aparte del racismo antiblanco, que es una virtud comprensible: no es en modo alguno un delito, ni siquiera una falta. Todas las naciones deben ser multirraciales, EXCEPTO ISRAEL (!!!) porque los judíos necesitan una patria. Los demás no la necesitan en absoluto, y podemos negrificarlos, arabizarlos, asiatizarlos ad libitum...

El paraíso llegará a la Tierra cuando hayan desaparecido todas las razas, cuando la sangre se mezcle excepto la judía, que debe conservar su propia identidad. El militarismo es malo a menos que se utilice contra Sudáfrica o contra un enemigo de Israel.

Los hombres feminizados y las mujeres masculinizadas son normales y deseables, al igual que la homosexualidad.

Preservar su grupo étnico es, por tanto, un delito. Por otro lado, puedes masacrarlos o reducirlos a la inanición, si eres un presidente marxista, en cuyo caso tendrás derecho a ayudas y apretones de manos de nuestros delicados presidentes liberal-socialistas.

Estos presidentes marxistas de África, América y Asia nunca serán tratados como criminales de lesa humanidad y, como Pol Pot, disfrutarán de total libertad. Este título está reservado exclusivamente a quienes impedirían hacer daño a los judíos, metiéndolos en campos o matándolos mediante la guerra.

Adolphe Hitler es ABSOLUTAMENTE MALO, Y EL SOCIALISMO NACIONAL ES EL PEOR INVENTO DE LA HISTORIA.

No importa que Hitler diera a su país un trabajo y un ideal en pocos años. NUESTRAS PSEUDODEMOCRACIAS, DONDE TODO ESTÁ DESINTEGRADO Y PODRIDO, SON EL RÉGIMEN POLÍTICO IDEAL.

Esto debe enseñarse desde la guardería y CUALQUIER desviado SÓLO PUEDE SER UN PSICOPÁTA IRRELEVANTE QUE DEBE SER ABSOLUTAMENTE "ESTALINO-GAYSSOTISADO"....

El Holocausto, que en realidad es UNA INCEPCIÓN ARITMÉTICOTECNICA, es el peor crimen de la historia, pero en absoluto los 200 millones de goys exterminados por el COMUNISMO INTERNACIONAL, JUDÍO EN SU ESENCIA A TRAVÉS DE SUS IDEÓLOGOS Y FINANCIADORES.

Todos somos culpables del Holocausto y sólo podremos redimirnos adhiriéndonos, o incluso rindiéndonos incondicionalmente, a las democracias liberal-socialistas.

Que esto se resuelva en una CONTAMINACIÓN TOXICOLÓGICA BIOLÓGICA, MORAL, ECOLÓGICA, ECONÓMICA, PORNOGRÁFICA, A NIVEL PLANETARIO, no tiene ninguna importancia para los sinarcas de la Judeocracia globalista CARENTE TOTALMENTE DE SENTIDO MORAL Y DE ESPÍRITU DE SÍNTESIS.

Lo importante es afirmar la pseudodemocracia con la igualdad de SOROS, WARBURG y los parados, que pronto serán mil millones en el planeta según el Club de Roma.

ES OBVIO QUE SIN LA PAPELETA ELECTORAL, LOS CIRCUNCISOS PIERDEN TODO EL PODER, YA QUE SOLO VOTAMOS A LOS QUE ELLOS MANIPULAN.

Si una tradición religiosa tomara el poder democráticamente, las se anularían muy democráticamente. A los que me dicen que la democracia permite elegir democráticamente un régimen distinto del propio, les recuerdo la reciente anulación de las elecciones argelinas...

Sólo los partidos pésimos con una falta total de valores reales pueden salir elegidos.

Estos dogmas despreciables y antinaturales son enseñados en las escuelas, predicados por los gobiernos, afirmados por los tribunales y añadidos al dogma de todos los movimientos cristianos.

Y SIN EMBARGO, A PESAR DE QUE EL MÁS IMBÉCIL DE LOS IMBÉCILES PUEDE VER QUE ESTOS DOGMAS IMBÉCILES SON LA RECETA IDEAL PARA EL CAOS SOCIAL Y ECONÓMICO Y LA EXTINCIÓN RACIAL, MILLONES DE GOYS ABRAZAN BALBUCEANTEMENTE ESTAS CREENCIAS SUICIDAS QUE VAN EN CONTRA DE TODAS LAS LEYES DE LA NATURALEZA.

¿POR QUÉ?

Simplemente porque estos dogmas fáciles ejercen un poder demagógico religioso muy superior al de las Iglesias establecidas. Satisfacen la necesidad de pertenecer a un rebaño que ha abdicado de toda libertad real. Alimentan una cierta necesidad de orden e incluso un ideal confuso para una masa que ha abdicado de toda libertad.

Son tan comunes entre los católicos practicantes como entre los miembros de la Unión de Ateos.

El hecho psicológico abrumador es cómo estos fantasmas de hombres se someten a las sucias novatadas de las escuelas. ¿Qué hombre digno de tal nombre no preferiría morir o matar antes que besar la cabeza de un cerdo, como hemos visto en televisión?

Las masas no tienen sentido crítico y sin guías espirituales están perdidas.

Por último, estos dogmas absurdos no exigen ninguna autodisciplina, están desvinculados de cualquier Trascendencia y fomentan el egoísmo y la autocomplacencia.

El hombre, convertido en su propia caricatura, quiere creer en tantas tonterías. A esto añade su fe incondicional en la farsa del Holocausto, que se convierte en EL dogma fundamental de la nueva religión. Una religión que ni siquiera es consciente de haber adoptado.

Todo esto, y podemos verlo POR ENCIMA DEL OBJETIVO DEL MÊLÉE Y DE CUALQUIER PARTIDO PRIVADO, ES LA ANTITESIS RADICAL Y ABSOLUTA DEL SOCIALISMO NACIONAL.

El nacionalsocialismo toma nota: la flagrante desigualdad de los grupos étnicos.

Estaba legítimamente preocupado por su grupo étnico y en absoluto por el odio racial (la conciencia que tenía del peligro del judaísmo internacional, tan bien expresada por Churchill en su artículo de 1920, no tenía nada que ver con el odio racial, una etiqueta que los judíos le impusieron como coartada en su lucha contra Hitler y que llevan haciendo desde 1934).

Hitler abogaba por una comunidad de pueblos con una herencia y una sangre comunes. Quería pureza étnica (como la que practicaban los judíos, con la excepción, por razones de penetración, de las hijas de la nobleza o de la alta burguesía), formación militar, disciplina y hombres y mujeres responsables.

Defendía la maternidad como LA virtud principal.

Así que parece que el principal objetivo del bombo del Holocausto, aparte de las inauditas ventajas políticas y financieras, es DEMOSTRARNOS QUE HITLER TENÍA RAZÓN EN TODO LO ESENCIAL.

Cualquier mente objetiva que haya estudiado el problema de Hitler y el nacionalsocialismo sabe que este organizador había llevado a su país, en un tiempo récord, de la podredumbre de Weimar, donde TODO ERA JUDÍO, a una increíble y maravillosa comunidad en armonía con la naturaleza.

Hitler incluso protegía a los animales con un código especial, y dañarlos de cualquier forma era un delito.

Había dado a su patria una herencia germánica, valores fundamentales y un alto propósito.

EL RESULTADO FUE EL MILAGRO SOCIAL Y ECONÓMICO QUE TODOS CONOCEMOS, QUE EN POCOS AÑOS, CON 6 MILLONES DE PARADOS, DEJÓ ESTUPEFACTO AL MUNDO ENTERO.

POR TANTO, LOS CIRCUNCISIONISTAS NO JUDÍOS IDEARON LA FARSA DEL HOLOCAUSTO PARA VELAR LA

VERDAD LO MÁS POSIBLE SIN CUESTIONARLA JAMÁS, ¡AUNQUE SERÍA UNA EXCELENTE NOTICIA! ¡!

Por lo tanto, está perfectamente claro que destruir el mito del Holocausto, que en sí mismo no significa nada comparado con los 60 millones exterminados en la URSS por 50 verdugos judíos, es un golpe mortal para la religión liberal-socialista.

Ergo: creencia en el Holocausto = democracia.

Lo asombroso del dogma del Holocausto es que, durante años después de la guerra, NADIE HABLÓ NUNCA DE ELLO. Luego, después de 8 o 10 años, hubo una explosión histérica. Cuando a la gente se le muestra el absurdo ARITMÉTICO, TÉCNICO Y PSICOLÓGICO de esta fábula (una fábula, además, grotescamente concebida, porque si los judíos hubieran dicho que 3 millones de los suyos habían sido masacrados fusilándolos o ahorcándolos, el Holocausto habría sido PERFECTAMENTE CREDIBLE, a pesar de la verdadera inflación aritmética incluso con esta cifra), no quieren saber nada y reaccionan como los musulmanes ante el cerdo.

SON ALÉRGICOS A LA VERDAD SI PERTURBA SU CONDICIONAMIENTO.

Siguen siendo emocionales y no pueden utilizar su inteligencia, como los niños, como las personas hipnotizadas.

Lo sorprendente es que, como dijo Hitler, "cuanto más grande es la mentira, más se la creen". Entonces, ¿cómo no iba a ser fácil para los judíos, que lo dominan todo y en particular los medios de comunicación, transformar este mito absurdo en verdad histórica? Una verdad nunca controlable, como el imprudente FAURISSON o el desafortunado NOTIN, que no se interesaba en absoluto por el Holocausto pero quería utilizar este ejemplo mediático para demostrar el poder condicionante de la prensa, condicionante porque hipnótico, como el ateo-levy-sion...

Parece que la gente quiere sentirse culpable: parece que la culpa es un legado psicológico del cristianismo, un condicionamiento estructural.

Cuando nuestros antepasados fueron cristianizados, con demasiada frecuencia a la fuerza, los Padres de la Iglesia iniciaron un programa educativo de sumisión, superstición y AUTO-DEVALORIZACIÓN.

El sentimiento de culpa comenzó con la forma estúpida en que se trató el pecado original, que la endocrinología me ha mostrado como sexual, pero que debería haber sido tratado de manera muy diferente (un mal uso de la sexualidad provoca una exacerbación de la glándula tiroides de la tentación y una insuficiencia de los genitales internos. Podemos comprender las trágicas consecuencias cuando sabemos que la exacerbación de la glándula tiroides produce orgullo e imaginación morbosa, y que la reducción de la actividad de los genitales internos disminuye el amor a Dios, el espíritu de síntesis y el sentido moral). Las desgraciadas hermanas y hermanos que se acusaban de haberse acostado con el diablo eran quemados vivos. Estos súcubos e íncubos eran víctimas de una tiroides turgente, de una incapacidad de estar a la altura de su castidad, y se imaginaban haber consumado el crimen de los crímenes acostándose con el diablo, sobre todo porque su estado glandular insatisfecho les había proporcionado un verdadero orgasmo.

Así que la psicología general era que éramos pecadores nacidos malvados y corruptos y que no podíamos hacer otra cosa que inclinarnos y pedir perdón a un Dios judío. La carne es mala, debemos odiar la carne, odiarnos a nosotros mismos, ser culpables, confesarnos y así salvarnos.

En el cristianismo primitivo, la aplicación histérica de esta culpa dio un giro funesto. Las jóvenes despreciaban su cuerpo y estaban convencidas de que cualquier relación sexual era mala (CF: "Jesús concibió sin pecado": ¡implicando que la relación carnal de José y María, los esposos legales, era pecado!) y las condenaba al infierno eterno.

Hombres y mujeres vagaban por toda Europa torturándose y flagelándose, odiando la vida y suplicando a la muerte que los liberara. Es repugnante y antinatural, pero debemos conocer los hechos porque afectan a nuestras vidas hoy en día.

La palabra CRISTIANISMO JUDÍO es perfectamente explícita. Los orígenes del cristianismo son judíos. El lavado de cerebro comunista procede rigurosamente de la misma metodología psicológica. El dogma del Holocausto es en sí mismo el producto de dos milenios de esclerosis dogmática.

Los blancos están, pues, psicológicamente condicionados a sufrir la hegemonía judía. Paradójicamente, si mi lucidez ante los hechos escapa a esto, es precisamente porque soy judío.

Este condicionamiento de culpabilidad facilita la manipulación de los blancos por parte de los medios de comunicación, las profesiones liberales, los gobiernos y la justicia, que están totalmente "circuncidados" (no se debe utilizar la palabra "judío", ya que esta palabra sólo tiene un significado estrictamente religioso: el gangsterismo normativo del judeo cartesiano no es judío).

Era un juego de niños precipitar a los blancos a la integración racial, a la inmigración masiva de no blancos, a la liberación de la mujer, que iba a exterminar el concepto de familia y reducir a los niños al dolor, al suicidio, a la droga, a la delincuencia, a la música patógena...

Otro juego de niños era "holocausto"...

Esta creencia dogmática en el mito absurdo e incontrolado del Holocausto es consecuencia directa de la conformación psicológica forjada por el cristianismo histórico.

No hace falta ser cristiano practicante para estar profundamente holocausto. Los humanistas patentes que son cristianos menos la superstición, reducidos a divinizar al hombre que se va a homonculizar dentro de tres siglos, están igual de infectados cuando no lo están más ya que constituyen toda la clase política.

Hay algunos cristianos conscientes de la necesidad de preservar la etnicidad y que, como Churchill, no dudan del peligro mortal de una especulación internacional amoral, asintética y circuncisa. Pero siguen influidos por la Biblia judía.

Estos cristianos más o menos lúcidos basan su filosofía de la vida y del futuro en las arenas movedizas de la perversión judaica.

¿Se puede leer un libro más lleno de exterminio de pueblos, cobardía, incesto y otros horrores?

La historia es bastante clara: SIEMPRE HA SIDO EN LOS PAÍSES CRISTIANOS, Y SÓLO EN ESTOS, DONDE HA REINADO EL ESPECULACIONISMO ATEO JUDÍO FINANZAS, LAS IDEOLOGÍAS ASESINAS Y LA CIENCIA CONTAMINANTE.

El cristianismo histórico, que desde el siglo III ha olvidado todas las reglas de la vida que hacen al hombre y lo unen con lo Trascendente, fue la primera enorme multinacional judía que sirvió de nido a TODAS LAS ESPECULACIONES JUDÉO CARTESIANAS DEL BOLCHEVISMO LIBERALO SOCIALO.

Es perfectamente comprensible que, a pesar de no ser un enemigo declarado de la Iglesia, Hitler intentara proteger a los jóvenes de la influencia judeocristiana.

Hoy en día, una masa de esclavos egoístas, materialistas y pornográficos (la mayor fortuna de Inglaterra pertenece a un pornógrafo, mientras que la Reina sólo ocupa el puesto 57 en la lista de fortunas inglesas: un símbolo irrisorio de la inversión de todos los valores), jamás podrá alcanzar una especie humana altamente evolucionada, capaz de conducir al mundo del caos a una edad de oro.

Cuando vemos en documentales y fotografías la belleza de los jóvenes alemanes del Tercer , sus ojos claros llenos de ideales, nos decimos que PODRÍAN HABERLO HECHO. En cuanto a nosotros, contemplamos la horrorosidad biotípica de los muertos vivientes holocaustizados en la clandestinidad, envueltos en ese uniforme de la mierda internacional que son los bluejeans de LEVIS. La Iglesia pastoral ha tenido el inmenso mérito de la caridad de la cultura monástica, el esplendor de Vézelay y Chartres, la santidad de Francisco de Asís y Monsieur Vincent. Pero la Iglesia dogmática ha convertido la historia en una esclerosis doctrinaria en la que las temibles nociones de herejía y anatema, que el paganismo había ignorado, han hecho correr mares de sangre y lágrimas...

El dogma, desafío a la inteligencia elemental y al sentido moral, confección de lo abstruso y contradictorio, hereda de la Sinagoga un Dios excluyente, tiránico y celoso, el Dios justiciero de los teólogos, que procede de una mentalidad primitiva donde la justicia tribal se basa en ley del Talión y en la práctica del chivo expiatorio.

Era inevitable que esta religión de doctrinarios y teófagos, que desde hace unos 2000 años ignora las reglas que hacen al hombre y lo unen a Dios, culminara en el JUDÉO CARTÉSIANISMO, es decir, la especulación atea de los Rothschild de las finanzas liberales reduciendo a todos las contaminaciones y las hambrunas mundiales, de Marx, bolchevizando, robotizando y exterminando a los hombres por decenas de millones, de Einstein y los daños genéticos de la energía nuclear, de Oppenheimer y su bomba atómica, de S.T Cohen y su bomba de neutrones, de Freud y su abulia pornográfica, de Djérassi y su píldora patógena y teratógena, de Weisenbaum y sus ordenadores que convertirán a los hombres en mapas, de Picasso y su arte de mortuorio...

En 5000 años de racismo, DESCONOCIDO HASTA AHORA, los que practican la circuncisión al 8º día de vida (causa FUNDAMENTAL de un trauma hormonopsíquico que explica su PARTICULARISMO CONSTANTE EN EL TIEMPO Y EL ESPACIO) han fundado cuatro religiones revolucionarias: Judaísmo, Islam, Cristianismo y Marxismo. Esta última, la ATEA MÍSTICA, es el punto final suicida del judeocartesianismo, que a su vez llevó al judeocristianismo a un final estrepitoso.

No cabe duda de que Poncio Pilato, un romano, condenó a Cristo al suplicio romano de la cruz.

PERO ES CIERTO que los judíos insistieron en gran medida en que se llevara a cabo la tortura. La comunidad judía no quería que hubiera la menor ambigüedad en cuanto a su NO complicidad con alguien que era considerado un zelote mientras los romanos ahogaban sin piedad en sangre cualquier revuelta.

Es perfectamente comprensible que la comunidad judía quisiera dejar claro a los romanos que no tenían ninguna inclinación a sublevarse y que, para ellos, este agitador de alto perfil era un gran peligro potencial.

Pero, ¿es éste el problema histórico de la Crucifixión?

De hecho, es en el mismo momento en que el Rothschildo-Soros-Marxo-Freudo-Einsteino-Picassismo está en proceso de destruir todos los valores contenidos en el símbolo de Cristo que la Iglesia elige encorvarse vergonzosamente ante la circuncisocracia globalista.

Es un triste estado de cosas, con la Iglesia aplastando sus valores mientras la ortodoxia judaica no se ha movido ni un milímetro. Un gran rabino dijo una vez:

"Si fuera católico, sería fundamentalista, porque como judío soy ciertamente fundamentalista...

Podemos ver que el rabinato es perfectamente cómplice de los ateos circuncidados especuladores que son todos criminales ante la Torá.

Ella no dice nada e Israel recibe a SOROS con gran fanfarria...

Georges Steiner lo resume todo en este conciso apotegma: "Llevamos 5.000 años hablando demasiado, palabras de muerte para nosotros y para los demás".[10]

---

[10] Sólo unos pocos años después de que este libro fuera escrito por primera vez, EL SUICIDIO SE HA CONVERTIDO EN LA PRINCIPAL CAUSA DE MUERTE ENTRE LOS JÓVENES: *Viva la pseudo-democracia judía...*

CASO TOUVIER

Todos los días me viene a la mente una frase de uno de mis amigos y colegas cuando pienso en la forma en que se comporta la gente:

"Los circuncidados el ^{8o} acabarán ejerciendo una hegemonía total sobre la humanidad debido a la insuficiencia mental de la mayoría de los seres humanos"...

Un libro de mil páginas no haría justicia a este fenómeno porque sería muy inagotable. Me vienen a la mente algunos símbolos.

La Sra. Klarsfeld, una mujer no judía, que durante 50 años ha sido testigo de la descomposición de la humanidad bajo la égida de los Circuncisionistas, descomposición que no debe nada ni al Tercer Reich ni a Vichy, y que persiste en perseguir, cincuenta años después, a los pseudocriminales de la guerra de dos regímenes que habían devuelto el honor y la limpieza a su pueblo.

Es testigo mudo de los macrocrímenes judeocartesianos de lesa humanidad que se han convertido en norma. Y, sin embargo, sabe muy bien que ni bajo Vichy ni bajo el Tercer Reich vio un niño drogado, un niño suicidado, 4 millones de parados, la invasión de inmigrantes, el aborto de niños sanos (¡recuerden que el aborto por razones eugenésicas legítimas fue considerado crimen de lesa humanidad contra Alemania en los juicios de Nuremberg!!), la contaminación química, la desaparición de los bosques, la pornografía, la tentacular Maffia, etc.

Arno Klarsfeld, que no es judío porque su madre no lo es, pudo hacer la misma observación histórica y procesar al desgraciado Touvier, sin sorprenderse de ver a 50 abogados, circuncidados o masones, arremetiendo contra un anciano canceroso de 80 años que sólo tenía un abogado, y esto 50 años después del final de 2 regímenes a los que la podredumbre actual no debe nada... pero donde todo, absolutamente todo, está "circuncidado"...

Barbie, que sabía que estaba condenado de antemano en un circo estúpido.

Podría haber deshonrado a la Resistencia, cuyos tejemanejes conocía de sobra, y no dijo ni una palabra.

Podría juzgar estos cincuenta años de crímenes de lesa humanidad que no deben absolutamente nada al nazismo, pero TODO al liberal-bolchevismo circuncidado. No hizo nada y se dejó condenar como una fregona...

Touvier, que sin duda debió salvar a 23 judíos permitiendo que fusilaran a 7, porque es dudoso que los alemanes se hubieran contentado con tan poco, tras el asesinato de Philippe Henriot, cuya lucidez podemos medir 50 años después al releer sus discursos, que palidecen ante la atroz realidad...

Touvier habría podido justificar su opción política sometiendo a un juicio implacable los 50 años de macrocrimen, que nada deben a Vichy: tras una acusación tan radicalmente aplastante, habría pulverizado la sala del tribunal, y habría logrado la victoria suprema de ser condenado de todos modos. No dijo NADA.

Tanto Barbie como Touvier se comportaron como cómplices de sus acusadores...

Y la demostración suprema de estulticia goyesca: Maître Trémollet de Villers, abogado de Touvier, que, en la carta que sigue a este preámbulo, me responde:

"Defiendo a Touvier, no a toda la humanidad"...

Sin embargo, el adversario había declarado ingenua y oficialmente que era sobre todo el juicio Vichy... ¡!

El epicentro del problema era, pues, para el Sr. Touvier, justificar su opción política en 1940 frente a la podredumbre por excelencia y supuestamente democrática de esos 50 años, que nada debía a Vichy...

No lo entendemos.

Como he dicho y como veremos, no se trata tanto de una cuestión judía como de una insondable estupidez goy...

Los judíos tienen el don del decreto. Los goys, el don de la mierda...

Este juicio, 50 años después, de un anciano canceroso que había elegido la limpieza, que había visto fusilar a BRAZILLACH, que para mí vale por 100.000 congéneres, que había sido testigo de 50 años de descomposición judeo-cartesiana putrescente y había visto suicidarse a nuestros hijos en un contexto judío despiadadamente materialista, me inspiró las siguientes cartas...

CARTA A MAÎTRE TRÉMOLLET DE VILLERS
(ABOGADO DE PAUL TOUVIER)

Mi querido Maestro,

He leído "oublier Vichy" de Me Klein, y su libro "Touvier est innocent".

Me resulta difícil expresar mi indignación, que me exigiría volar un libro de 1.000 páginas para desahogarme en un segundo. Hay pocas palabras para expresar el indecible horror que siento ante este espantoso asunto, que demuestra que mis congéneres no conocen límites cuando se trata de arrogancia, histeria e imprudencia.

También parece que hay algo inconmensurable en la falta de valor e inteligencia de los goys: después de todo, ¿por qué aguantan tantas mentiras, cómo se dejan subliminalizar de esta manera?

Sin embargo, las pruebas están a la vista de todos y sólo la hipnosis puede impedir que las veamos... De la lectura de estos libros se desprende inmediatamente lo siguiente: Por un lado, el Sr. Touvier, que fue juzgado e indultado por el Presidente Pompidou, no tiene por qué volver a enfrentarse a la justicia: que lo haga está en contradicción formal con la Constitución y los Derechos Humanos.

Es más, 50 años DESPUÉS DE LA GUERRA es único en la historia de la humanidad subraya clínicamente la prodigiosa histeria de Klarsfeld y los de su calaña, que permanecen PERFECTAMENTE MUTALES sobre los 50 verdugos circuncidados de prisiones y campos de concentración que exterminaron a unos 60 millones de goys en la URSS, dirigidos por KAGANOVICH, cuñado de Stalin.

ESPERAMOS LOS JUICIOS Y LOS MEMORIALES:

¿Debe tratarse de un descuido, negligencia o simple despiste del Sr. KLARSFELD? ?

Por otra parte, el libro de Me Klein muestra con una ingenuidad desarmante lo que usted afirma: se trata del juicio de Vichy y de la mayoría de los franceses que veían en el Mariscal al restaurador de Francia por encima de la porquería menor que acabábamos de vivir bajo la Tercera República.

Digo "menor" porque hoy nos metemos en un purín mayor, ya que lo de la República de Weimar es infinitamente *más grave* a escala mundial (ecología, drogas, delincuencia, sangrientos dictadores marxistas propulsados por el mundo, mafia, 150 guerras, iatrogenismo, teratogenismo, residuos nucleares, Chernóbil, etc.).

Estos crímenes de lesa humanidad no deben nada al Tercer Reich o a Vichy, sino todo, absolutamente todo, al contexto capitalista-marxista, donde reinan los circuncidados el 8º día...

(No digo "judíos" porque estos señores y sus especulaciones son criminales ante la Torá y de lo único que se puede acusar a los auténticos judíos es de guardar un silencio cómplice ante estos impostores).

Por lo tanto, el verdadero juicio reside en la elección política del Sr. Touvier y en ninguna otra parte.

Es incuestionablemente "culpable" de esta opción, y por eso le corresponde justificarla con una terrible y radical acusación...

Su libro incluye cartas del coronel Rémy, héroe de la Resistencia, y del general Laurent, que habría hecho fusilar a Touvier en tiempos de la guerra: ambos hablan sin ambigüedad en favor de Paul Touvier.

No se puede esperar eso de gente histérica como Klarsfeld, que no ha aprendido nada de 5.000 años de historia sobre las exacciones y el parasitismo judíos.

La modestia y la modestia deberían guiarles, sobre todo si sabemos, como todo el mundo ha podido averiguar desde 1979, que el mito de *los 6 millones de cámaras de gas* es un disparate aritmético-técnico, como demostró definitivamente el informe Leuchter, especialista en gaseamientos en EEUU, y el contrainforme Leuchter exigido por los propios exterminadores...

NUNCA en 5.000 años de historia se han combinado mejor que hoy los parámetros cualitativos y cuantitativos de un posible antisemitismo sangriento.

Por lo tanto, según su libro, hay que justificar el hecho "banal" de que el Sr. Touvier salvara a 23 judíos dejando fusilar a 7 de ellos (una represalia muy irrisoria de los alemanes por el asesinato de Philippe Henriot), pero sobre todo hay que justificar las razones de la opción política del Sr. Touvier a la luz de estos 50 años de macrocrímenes contra el hombre y la humanidad, que no deben nada radicalmente al Tercer Reich ni a Vichy...

En estos cincuenta años, hay una gigantesca acusación contra mis compañeros hiperdelincuentes de lesa humanidad, una acusación indiscutible e irrefragable.

¿Qué hemos estado presenciando durante 50 años en este mundo democrático con su Marxmerdia y su ateo-lèvy-sion?

Que vemos ya que ni Hitler ni el Mariscal Pétain tienen responsabilidad alguna???(me remonto un poco más atrás en cuanto al super crimen contra los DERECHOS HUMANOS que el MARXISMO TENTACULAR lleva a cabo con total impunidad).

Desde 1917, el régimen soviético ha mantenido el poder estrictamente mediante el terror. En 4 años Lenin masacró a más de 2 millones y medio de ciudadanos. Kaganovitch, Yagoda, Frenkel, Jejoff, Rappaport, Abramovici, Ouritski, Firine, Apetter, y otros 50 circuncidados el 8º día, masacraron a 60 millones de personas en campos de concentración, campos de trabajos forzados, GULAGS (Ver Solzhenitsyn).

La URSS fue el primer país del mundo en institucionalizar el terror como sistema de gobierno. El único objetivo de la Cheka era exterminar a los anticomunistas. ¿No dijo DJERINSKY: "Estamos a favor del terror organizado"?

Lenin también dijo: "El terror debe ser legalizado, como principio, lo más ampliamente posible"...

5 millones de campesinos rusos exterminados bajo el estalinismo. ¿Por qué fueron exterminados? Se resistían a la colectivización forzosa y antinatural.

Alrededor de 8 millones de muertos en Ucrania En pleno invierno se organizó una hambruna deliberada y dantesca. Se privó a los ucranianos de sus cereales y semillas.

Este delicioso equipo gubernamental de circuncisos exterminó a las minorías étnicas de los VOLGA, los KAJAKS, los CHECHENES, los KIRGHISES, los TATARS...

20 millones de rusos fueron encerrados en campos de concentración, donde murieron de hambre, epidemias y agotamiento...

ENTONCES NO EXISTÍAN LOS CAMPOS ALEMANES PARA JUDÍOS Y COMUNISTAS.

No olvidemos que todo el equipo gubernamental soviético fue "circuncidado el 8º día", al igual que los banqueros estadounidenses que subvencionaron este delicado régimen para el desarrollo de los derechos humanos (Warburg, Loeb, Sasoon, Hammer, etc.)...

Los niños eran castigados por delinquir con la pena de muerte ¡a los 12 años!

Las ejecuciones se llevaban a cabo por pequeños hurtos, huida al extranjero, mal desempeño del trabajo agrícola y huelgas.

Stalin extendió su imperio en Asia y Europa mediante el terror. Provocó genocidios en Lituania, Letonia y Estonia, que fueron repobladas por rusos.

Se planificó el terror en los satélites europeos: gulags, pena de muerte, un tiro en la nuca, como más tarde en Katyn (el método habitual y consagrado), el Telón de Acero, el Muro de la Vergüenza, para impedir que nadie escapara del paraíso comunista...

Los financieros circuncidados de Estados Unidos y los políticos occidentales de la fregona financian a los tiranos marxistas de Asia, África y Sudamérica, que masacran a sus pueblos, los entregan al hambre, como en Eritrea, y los torturan con neumáticos en llamas al cuello, que está de moda...

Los países que no reciben ayuda son los que tienen un modo de vida humano y decente pero que, ¡oh burla, violan los derechos humanos!

Chile, (¡¡¡recientemente felicitado por el Banco Mundial por sus excepcionales logros sociales y económicos!!!), Corea , Taiwán, y Sudáfrica, que está siendo marxizada utilizando la coartada del apartheid y que mañana quedará abandonada a la miseria marxista y a las masacres intertribales....

¡Pero los negros de África están todos en la miseria, EXCEPTO LOS DEL APARTHEID!

Los negros de Mozambique intentan unirse a los de Sudáfrica, donde la vida es buena. Pero las minas colocadas en la frontera les hacen estallar: un atroz muro de la vergüenza que respeta la libertad de los derechos humanos.

Por otra parte, los tiranos Jaruzelski, Castro, Tito, Duc Tho, Mengistu, Chadli, Brezhnev y sus sucesores se han embolsado miles de millones de dólares estadounidenses, al igual que todos los atroces y sangrientos dictadores marxistas de todos los continentes. El dinero "humanitario" que reciben lo utilizan para ellos mismos y para comprar las armas que les entrega el Kremlin...

¡Cuando recuerdas cómo eran Angola y Etiopía! Hoy, los tiranos rojos los han abandonado al hambre, la miseria y las masacres.

Qué desprecio por los derechos humanos esta complicidad de nuestra "bêtisentia" en la expansión tentacular del marxismo a través de los bancos circuncidados, nuestros impuestos y los brazos del Kremlin...

Pero, aparte, ¡esas decenas de millones de muertos incircuncisos no valen los 6 millones (ni siquiera reales) de Auschwitz! 1000 goys no valen UN judío y pueden ser bañados y masacrados en el sangriento marxismo.

En la URSS, el marxismo era bueno para los demás: ¡el 95% de los emigrantes rusos a EE.UU. eran circuncidados al octavo día!

En los 25 años transcurridos entre 1960 y 1985, África fue testigo de unos cincuenta golpes de Estado para instaurar tiranías rojas asesinas de masas y hambrientas.

Nuestros defensores de los derechos humanos nunca han llamado a las democracias a protestar contra la instauración de esos regímenes atroces que iban a masacrar y matar de hambre a sus pueblos instaurando regímenes marxistas.

La izquierda, que se proclama democrática, no tiene objeciones cuando se trata de derrocar un régimen de derechas en el que todo el mundo es feliz, por una sangrienta dictadura marxista. La aberración y la ceguera son excepcionalmente puestas de relieve por los periodistas que aún no están completamente robotizados:

MICHEL COLLINOT expresó su indignación: "Cuando veo a Chile en la escena mundial porque el general Pinochet lo salvó de la dictadura comunista, y al mismo tiempo nuestra Asamblea rechaza una resolución de urgencia sobre la dictadura de CHADLI, que asesinó a 1.500 manifestantes en una semana, me pregunto en qué grado de ceguera y mala fe hemos caído"...

GIESBERT, escribiendo en Le Figaro, criticó "la indignación selectiva de la clase política y de los intelectuales franceses". El Presidente de la República y el Primer Ministro guardaron silencio cuando las ametralladoras del Presidente Chadli mataron a centenares de alumnos argelinos indefensos, mientras que toda la intelectualidad francesa denunciaba "la horrible dictadura de Pignochait, que sólo utilizó CAÑONES DE AGUA CONTRA LOS DEMONTADORES"...

Este es, por supuesto, el horrible régimen que recientemente fue felicitado por el Banco Mundial por sus logros sociales y económicos, logros positivos que nunca se verán en una dictadura de asesinos en masa rojos y hambreadores.

Duc Tho, el líder comunista de Vietnam, ganó el Premio Nobel de la Paz (¡con Kissinger!). Apenas se había metido el premio en el bolsillo cuando invadió Vietnam del Sur. Un millón de boat people huyeron. ¡500.000 morirán en el Mar de China! ¡!

Silencio sobre los derechos humanos y cierre de las esclusas bancarias para estas personas: si es necesario, se les obligará a volver a su infierno, aunque prefieran morir...

¿Hemos visto un solo fugitivo político de Taiwán, Chile, Corea del Sur o incluso Sudáfrica? Cuarenta malditos dictadores marxistas en África.

Vivan los derechos humanos...

Y el Sr. Klarsfeld, con sus inclinaciones comunistas, es cómplice de estos macrocrímenes de lesa humanidad...

Por supuesto que mima y ayuda a los 40 tiranos sangrientos con dinero de financieros circuncidados y nuestros139 impuestos distribuidos por nuestro Mitterrand de izquierdas y derechas, mientras espera liquidar marxistamente a Costa de Marfil, Marruecos, Túnez, Zaire, Togo, etc.

Está en camino: ¡pronto toda África, incluida Sudáfrica, será una gran hambruna, a la espera de convertirse en un inmenso cementerio donde triunfarán de una vez por todas los derechos humanos y civiles!

Hemos de suponer que el Sr. Klarsfeld, azote octogenario de los vestigios de regímenes que ignoraron tan inmensos horrores, en su vena comunista, aplaude la miseria india en Nicaragua.

Los 200.000 indios miskitos, sumos y ramas, calificados de inasimilables por los racistas sandinistas, vieron sus aldeas bombardeadas y a sus resistentes ejecutados sumariamente. ¿No dijo el Ministro del Interior, Tomas Borge:

"Estamos decididos, si es necesario, a eliminar hasta el último miskito para establecer el sandinismo en la costa atlántica de Nicaragua"...

Eso seguro.

Como escribió Jacques Soustelle en Le Monde en 1984: "pueblos quemados, cosechas destruidas, violaciones, deportaciones"...

Larga vida a los derechos humanos del Sr. Klarsfeld...

El macro-crimen de la implantación mundial y en expansión del marxismo es en sí mismo tan horrible, tan monumental en términos cualitativos y cuantitativos (el aplastamiento del hombre físico y mental) que incluso si los 6 millones de cámaras de gas fueran ciertos (sabemos que esto es un disparate aritmético-técnico), serían una minucia comparados con este crimen dantesco y universal...

Hay mucho que decir sobre el crimen del freudismo, que se une al crimen marxista para desintegrar al hombre desde dentro. Reduce al hombre a dimensiones falovaginales y no es ajeno a la mentalidad marxista que prepara, ni a la pornografía mundial que conduce a los jóvenes a la debilidad de Madona y Michael Jackson, a la droga y al suicidio...

Este crimen freudiano se sitúa enteramente en la órbita capitalista-marxista, y no habría tenido ninguna posibilidad de manifestarse bajo Hitler o Pétain. ¡Es un hecho!

Pero este gigantesco crimen marxista global no es el único gran crimen de lesa humanidad de esta pseudo-democracia donde los circuncidados SON LOS ÚNICOS VERDADEROS MAESTROS.

¿Qué horrores se nos han impuesto en los últimos 50 años, desde que ni Hitler ni Pétain tenían poder?

Nuestros niños han sido secularizados, privados de toda educación moral o espiritual, y entregados a la patógena y criminógena "música que mata" (a través de la exagerada producción fisiológica de adrenalina y endorfinas), a las drogas, a la delincuencia y al suicidio por millares (2ª causa de muerte entre niños y adolescentes). Bajo Hitler o los mariscales, ni un solo niño se suicidó, ni se drogó, ni bebió alcohol. ¿Ha visto alguien en la Alemania nazi o en la Francia de Vichy a un pensionista obligado a pegar un tiro a su hijo, que se había convertido en un monstruo con las drogas?

La quimificación del suelo, que se vuelve estéril en 50 años.

Quimificación sistemática de alimentos y medicamentos, que afecta a los seres humanos a nivel cromosómico, provocando una degeneración general y enfermedades degenerativas como el cáncer, las enfermedades cardiovasculares y los trastornos mentales.

La desaparición de una humanidad cualitativa con una superpoblación exponencialmente creciente, la desaparición de cualquier espíritu de síntesis, como el SENTIDO MORAL.

El sentido estético que nos permite tomar como "valores" los uniformes vaqueros o a Picasso ha desaparecido.

Una vuelta a la barbarie, como se ve en América del Sur y del Norte y en los suburbios de Francia, Inglaterra y otros lugares.

Enfermedades víricas como el SIDA, que aumentarán en progresión geométrica desde que ya no se hable a las parejas de AMOR Y CONFIANZA.

Bombas atómicas como en Hiroshima y Nagasaki (crímenes de guerra innecesarios, por cierto), centrales nucleares y sus potenciales Chernobyls, submarinos atómicos hundidos con sus inevitables peligros.

Residuos nucleares almacenables y no neutralizables.

Residuos domésticos invasivos que no pueden tratarse a tiempo.

La desaparición de los bosques tan útiles para las irrisorias papeletas electorales, destinadas exclusivamente a los títeres esclavizados por la Alta Finanza y el marxismo circuncidado. Y todo ello con incalculables consecuencias ecológicas. Especies animales y vegetales desapareciendo a un ritmo exponencial, completando un desequilibrio ecológico irreversible.

Desaparición de la clase campesina, asesinato de la agricultura, única forma de asegurar una vida autosuficiente. El menor desorden político-económico puede reducir a un país a la hambruna, ya que puede eliminar incluso sus alimentos patógenos, tratados químicamente...

Mestizaje institucionalizado, que crea un racismo permanente e inevitable que degenera automáticamente en libanización (Alemania, Francia) y guerras civiles.

La pseudoliberación de la mujer, que erradica sus cualidades de madre y esposa, está provocando un número delirante de divorcios, mientras que los hijos, abandonados a su suerte, se convierten en delincuentes. Todos los niños llevados ante los tribunales son hijos de parejas separadas o de madres que trabajan intensamente fuera de casa (Pr Heuyer). Aparentemente, todas las mujeres acomodadas pueden suplir esta carencia. En realidad, los problemas psicológicos son evidentes, aunque no lo sean según los criterios de la psicología materialista. Así que estos jóvenes desafortunados se van a sumergir en Michael Jackson y su futuro humano quedará anulado... Les quedará el paro, las drogas y el suicidio. Por cierto, ¡los jóvenes con una educación católica incluso mediocre nunca se suicidan!

Según el Club de Roma, el desempleo alcanzará pronto los mil millones. Miles de millones de pobres, hambrientos y analfabetos.

Las megalópolis se saturarán de gases nocivos. Será imposible repostar. Los bosques que ya están siendo destruidos se verán aún más corroídos por los gases de escape.

La pornografía generalizada es un factor de degeneración fisiológica y psicológica, de homosexualización (fomento de la masturbación precoz + carencia de vitamina E) y de SIDA. La capa de ozono está desapareciendo, dejando a los seres humanos expuestos a radiaciones mortales.

Aborto en régimen de autoservicio de niños sanos, mientras se mima a los retrasados mentales y a los delincuentes.

La píldora patógena y cancerígena, que provoca bloqueos ováricos, detención del crecimiento y frigidez (Pr Jamain).

Todos estos crímenes, sin excepción, son el resultado del capitalismo marxista asesino y suicida.

Cualquiera que haya leído MEIN KAMPF y haya visto los logros de Hitler y del Mariscal de Campo está perfectamente convencido. Aquí no hay ambigüedad.

Ninguno de estos crímenes habría sido posible bajo Vichy o el Tercer Reich.

Tanto Hitler como el Mariscal respetaban la naturaleza. También se preocupaban por los derechos humanos, no por los derechos de la escoria. La abolición de la pena de muerte en un contexto de tales actos asesinos contra inocentes es algo así como una obscenidad.

Salvemos a los violadores y asesinos de niñas, salvemos a los asesinos de ancianas, ¡pero masacremos a los indios nicaragüenses mientras el país sea marxista!

Estas son, mi querido Maître, las razones de la elección política de Monsieur Touvier, que admiro y respeto.

Yo mismo, a los 20 años, criado en una familia financiera circuncidada, me uní a la lucha contra Hitler, ¡yo creía!

Pero estos 50 años de horrores globales, con mis semejantes moviendo todos los hilos, me han abierto los ojos.

Cualquiera que haya conservado su inteligencia más allá de todos los parámetros judeocartesianos que la destruyen estará, como yo, de acuerdo con la realidad de los hechos.

Si ya nadie entiende lo básico, el suicidio del planeta bajo la égida de mis congéneres no tardará en producirse.

De Gaulle dijo que "los franceses eran terneros". Si son zombis, merecen el suicidio, con víctimas y verdugos mezclados.

Siendo el epicentro de este asunto la opción política del Sr. Touvier, sigo siendo su testigo clave si lo desea.

A ti, corazón y luz

Roger Dommergue de Ménasce, voluntario en 1944, profesor jubilado tras 40 años de enseñanza secundaria y superior. Oficial del Mérito y la Dedicación franceses.

En 1994, 50 años después, el infortunado TOUVIER fue condenado por haber permitido el fusilamiento de 7 judíos y haber salvado a 23 en 1944.

¡Crimen inexpiable!

EN 1994 el Doctor Goldstein masacró a 51 palestinos. ¡Ni una palabra!

Ambos sucesos fueron mencionados en el programa 7/7 de Anne Sinclair en junio de 1994. Tam-Tam para uno, silencio total para el otro.

Sería divertidísimo si no fuera tan radicalmente repugnante...

CASO TOUVIER: CARTA AL PRESIDENTE DEL TRIBUNAL DE APELACIÓN DE VERSALLES

15 de marzo de 1994

Señor Presidente, miembros del jurado,

En vísperas del juicio Touvier, es mi deber como judío, profesor y filósofo traerles este testimonio.

Desapruebo radical y absolutamente este proceso Touvier, esta farsa llevada contra el Sr. Touvier que, hace cincuenta años, formó parte del último régimen limpio de Francia. Cuando me alisté para luchar contra el nazismo en 1944, creí ingenuamente que era para que pudiéramos vivir bajo un régimen aún más limpio que el del Mariscal.

Cincuenta años después, me doy cuenta de que estamos sumidos en la podredumbre y la descomposición absolutas, que el horror y la inversión se han convertido en la norma, y que mis congéneres mueven todos los hilos en todos los ámbitos, incluida la justicia, esclavizados por leyes inconstitucionales y estalinistas...

Mis congéneres, no digo "judíos" sino la secta de los circuncidados al 8º día, porque esta gente NO son judíos: todas las especulaciones suicidas que reinan en el liberalo-marxismo son criminales y heréticas ante la Torá.

Como mis colegas han afirmado inequívocamente que se trataba ante todo del juicio de VICHY y que el Sr. Touvier sólo servía de coartada para tal fin, le aconsejé que, una vez resuelta la parte inicua del juicio (Touvier ya juzgado, 50 años después, 7 judíos fusilados para salvar a 23), justificara su opción política 50 años después ante la podredumbre por excelencia del régimen actual, sin duda el peor de los regímenes desde que asesina a la humanidad y al planeta en todas sus manifestaciones.

Por ello, he enviado la carta de la que adjunto copia al Sr. Trémollet de Villers, que tiene la onerosa tarea de utilizar una coartada para defender a toda la humanidad.

Esta carta pone de manifiesto la obscenidad omnipresente e inicua de esta farsa jurídica perpetrada por la Klarsfeldomanía: entreguen la policía y los tribunales al Sr. Lévy, ya no hará el ridículo, y eso es el siglo XX...

Esta gente, con la que me desvinculo, está concentrando todos los parámetros del antisemitismo como nunca antes en la historia.

Lamentablemente, me temo que las próximas manifestaciones del antisemitismo que retumba por todas partes, y que su dominio totalitario de los medios de comunicación no puede ocultar, se convertirán en una angustiosa realidad que no necesita revisionismo...

Yo añadiría que el aspecto de farsa de este juicio, esta maxi-jeremiada fuera de lugar, se agudiza monumentalmente ante los VERDADEROS PROBLEMAS ANGIOSOS que el judeo-cartesianismo nos obliga a afrontar.

Bajo el Tercer Reich, como bajo Vichy, ni SOROS ni MARX eran posibles, ni, por supuesto, la decadencia que implica su reinado.

Reciban el testimonio de mi más profundo respeto, señor Presidente y miembros del Tribunal.

Lo que Touvier debería haber dicho
Por qué elegí al Mariscal

Porque bajo el Mariscal no existía Soros, que puede desestabilizar una moneda con una llamada telefónica, poseyendo, como Warburg, Hammer y otros, poderes monstruosos que ningún soberano en la historia de la humanidad ha poseído jamás.

Precisamente porque bajo el Mariscal no había políticos comprados y pagados inmersos en su nulidad y sus artimañas.

Porque el Mariscal liberó a Francia de la tutela más vergonzosa, la de las finanzas. Porque bajo el Mariscal no existía el marxismo exterminador de decenas y decenas de millones de personas bajo la égida de Kaganovitch, Frenkel, Jagoda, Firine, Jejoff, Appeter, Abramovici y otros 50 circuncidados el 8º día.

No había millones de parados.

No hubo destrucción de campesinos, artesanos, pequeñas y medianas empresas en beneficio de las multinacionales de las finanzas internacionales "que manejan la droga".

Incluso hubo una misión de restauración rural.

No había jóvenes desgreñados, vestidos con el uniforme de la mierda internacional, los vaqueros azules de Lévy, entregados al paro, la desesperación, las drogas, el suicidio, la música patógena y criminógena a través de la producción fisiológica exagerada de endorfinas y adrenalina, que conducen a una mentalidad drogadicta.

No hubo estupefacción organizada por MARX MERDIA y ATHÉE-LEVY-SION. No hubo bombas atómicas, bombas de neutrones ni los Chernobyl de Einstein, Oppenheimer y S.T. Cohen.

No había freudismo, que era abulatorio, pornográfico y preparatorio de la mentalidad marxista. No existía la pornografía de Benezareff y los de su calaña.

No hubo una degeneración masiva confinada al ateísmo.

No había destrucción de la familia por madres que trabajaban fuera de casa, divorcio a la carta, píldora patógena y teratógena, aborto en autoservicio.

No hubo un crecimiento monstruoso y exponencial de la delincuencia.

No existía la energía nuclear, no sólo con sus Chernobil, sino también con sus residuos inmovilizables y no neutralizables.

No hubo destrucción de bosques ni de especies animales y vegetales. No hubo muerte de la tierra por la química sintética.

La quimificación generalizada de los alimentos y la terapéutica, así como el aumento exponencial de las enfermedades cardiovasculares y el cáncer, que siguen creciendo a pesar de las investigaciones oficiales que no abordan las CAUSAS REALES.

No hubo expansión de la mafia.

No había cadena perpetua para un violador y asesino de niñas o un asesino de ancianas: ¡de hecho, no existían tales criminales bajo su régimen!

No hubo una expansión normativa de la homosexualidad y la pedofilia.

[11]No existía el sida ni la organización del libertinaje de los niños con el pretexto de luchar contra esta plaga, que sería erradicada totalmente por el amor y la fidelidad de la pareja.

No hubo invasión de inmigrantes con la libanización de países y el racismo organizado POR UN PSEUDO ANTIRACISMO.

Ni una palabra del sangriento caos del SOROSMARXISMO y sus 150 guerras desde la caída de Vichy y el Tercer Reich.

Tampoco estaban Boudarel ni Pol Pot, los reconocidos exterminadores de 4 millones de camboyanos. (A día de hoy, ¡no se les ha molestado en absoluto!).

---

[11] Véase en la página siguiente la carta al cardenal Lustiger.

Además, no había sangrientos dictadores marxistas que exterminaban a su propio pueblo y lo reducían a la inanición como vemos en África, Sudamérica, Asia...

En una palabra, ELEGÍ AL MARCHAL PORQUE CRISTALIZARÍA UNA FRANCIA LIBRE DE PERRITURAS...

Carta al Cardenal Lustiger, Arzobispo de París

7 de abril de 1994

Excelencia,

Cuando veo este asqueroso programa sobre el SIDA, que no es más que una incitación universal al libertinaje, cuando NI UNA SOLA VEZ los presentadores han dicho que la única profilaxis para esta enfermedad es el AMOR Y LA FIABILIDAD DE LA PAREJA, cuando veo a una madre diciendo: "Mi hijo de 10 años sabe que tiene que usar condón para tener relaciones sexuales"... me horrorizo y me dan ganas de morirme....

Cuando veo esta zombificación de los Goys, manipulada enteramente por los circuncidados del 8º día, con la complicidad del silencio del rabinato y de vosotros, mientras que TODAS las especulaciones circuncidadas reinantes son criminales ante la TORA COMO ANTE EL EVANGELIO, me pregunto qué opción hay entre la zombificación y el heroísmo inútil.... ¡El ÚNICO que expresa ideas acordes con la salud de Francia es LE PEN y os he visto y oído condenarlo!!!

No hay nada más que hacer, NADA. Te envío una copia de una página de la CONJURATION JUIVE CONTRE LE MONDE CHRÉTIEN de Copin Albancelli. Dedicada al arzobispo de Tours en 1909, ¡ni siquiera fue recortada!

Así que la estupidez goyesca no era mucho menor que la actual, ya que ni siquiera un arzobispo comprendía la importancia de este libro, ahora prohibido por leyes estalinistas, antidemocráticas y anticonstitucionales.

Cómo comprendo a los jóvenes que han guardado un alma y que prefieren suicidarse ante un mundo así, en el que hasta tú callas aunque te veamos todo el rato en la televisión.

¿Alguna vez le he oído decir con fuerza que la única solución al sida es el amor y la fidelidad entre las parejas, que eso es la verdadera libertad y no el libertinaje generalizado orquestado por los Freud, las Simone Veil, los Benezareff y los de su calaña?

¿Sabías que cualquier actividad sexual orgánica o mental antes de la pubertad (alrededor de los 18 años) es una masacre del cuerpo y la mente (colapso moral, encorvamiento físico, tuberculosis, esquizofrenia, debilitamiento del sistema inmunitario multipatogénico, degeneración de la raza)?

Los sexólogos circuncidados no te dirán eso, sino todo lo contrario.
¿Qué le dirás a Dios cuando te encuentres con él pronto?

"¡Señor, no podía hacer nada, así que apoyé a mis podridos congéneres financieros y pornográficos con mis silencios bien oportunos! Pensarías, Señor, que no me habrían puesto donde estoy si hubieran pensado que diría la verdad elemental"... ?

¿Con quién puedo hablar hoy aparte de THIBON, que es muy viejo y es el último filósofo cristiano con el que me llevo muy bien a pesar de mi desacuerdo en el dogma, pero que está de acuerdo conmigo en lo esencial de la conciencia?

No espero de ti más respuesta que la que obtendría de SOROS, BENEZAREFF o SIMONE VEIL, con quienes (¡gran símbolo!) te vi...

Te toca a ti,

COR Y LUX

¿Y?

El mundo moderno nació del dinero y perecerá por su culpa. ¿Quién es el dinero?

¿Quién financió simultáneamente a los alemanes, los aliados y la revolución bolchevique, y luego vino a Europa en 1919 como negociador de paz? El financiero WARBURG.

En 1940, ¿quién poseía tanto petróleo como las 3 potencias del Eje? El financiero Hammer.

¿Quién puede desestabilizar una moneda con una llamada telefónica? SOROS.

Las finanzas circuncidadas, el marxismo circuncidado, la ciencia circuncidada y el freudismo circuncidado son cuatro autismos superiores que están exterminando a la humanidad mediante el reinado del antipensamiento. El epicentro psicohormonal causal es la circuncisión al ^{octavo} día después del nacimiento.

La síntesis de la dominación circuncisa no está realmente planificada. Es relativamente inconsciente porque los circuncisos, y ésta es su desgracia, están totalmente privados del espíritu de síntesis.

Por otra parte, tienen un talento poco común para la especulación a corto plazo. Esto explica por qué los Protocolos de los Sabios de Sion son necesariamente una falsificación.

Esta síntesis de dominación suicida sólo está relativamente elaborada en la conciencia y es de naturaleza empírica (Concertaciones, ayuda mutua internacional, abandono de los que serán mucho más útiles a la causa como víctimas del antisemitismo).

Esta síntesis dominadora es, pues, automática: la desaparición de las élites providenciales que son la esencia misma de toda teocracia natural, la insuficiencia mental de la inmensa mayoría de los seres humanos, la mayor baza de la estrategia circuncisa, les otorga automáticamente todos los poderes, ya que la igualdad pseudodemocrática que han impuesto masónica y secularmente fomenta ipso facto la desigualdad de Warburg y de los parados...

La única solución para el futuro de la humanidad en el caos liberalomarxista circuncidado es la abolición radical y absoluta de la circuncisión en el octavo día, el primero de los veintiún días de la primera pubertad.

Salvaría a la humanidad in extremis, pero veo pocas posibilidades de que este libro sea comprendido y de que el capital todo "judío" ponga en práctica su conciencia.

En la última parte de este libro, "Locura y genio", estudiaremos ahora las bases fundamentales de la sociedad, sin las cuales ésta se reduce necesariamente al caos y la aniquilación que estamos viviendo a finales del siglo XX.

LOCURA Y GENIALIDAD

(Obra del doctor Jean Gautier, endocrinólogo).

El siguiente texto magistral me fue enseñado por el Dr. J. Gautier, endocrinólogo y fisiólogo de genio. Su obra merece mil premios Nobel y va completamente más allá del judeocartesianismo, cuyas ecuaciones convergen todas hacia la pulverización del Hombre.

El epicentro de su obra, que arroja una luz prodigiosa sobre nuestro conocimiento del HOMBRE, se basa en el descubrimiento fundamental del predominio funcional del sistema hormonal sobre el sistema nervioso y el ser humano en general.

El sistema nervioso desempeña un papel muy secundario en las actividades complejas. Sobre todo, nos permite registrar nuestros automatismos y sirve de puente entre nuestra naturaleza hormonal y nuestras acciones.

Por supuesto, puede activar una glándula endocrina, pero esto no significa que la controle funcionalmente.

De hecho, nuestras acciones son instigadas por nuestro sistema nervioso, pero es nuestra naturaleza hormonal la que determina la calidad de nuestras acciones.

Pongamos un ejemplo muy sencillo: Chopin está al piano, se abre una puerta, se va a estremecer, es un tiroideo emocional, una persona hipersensible.

Jruschov está al piano. Se abre una puerta. No se mueve. Es un adrenalítico, nada emocional e insensible. Su sistema nervioso reacciona de forma diferente, dependiendo de su naturaleza glandular.

Así pues, el sistema hormonal es nuestro amo psicofisiológico. Es el rey del organismo; el sistema nervioso no es más que el primer ministro.

[12]Así, el Dr. Gautier pudo arrojar luz sobre la raza, la herencia, los tipos glandulares, las consecuencias de la mutilación sexual en la primera pubertad, que también puso de relieve, y muchas otras cosas, como el papel de las endocrinas orgánicas.

Mi único mérito es haber penetrado en los misterios de su obra y haber tratado de aclararla lo más posible.

La presentación que sigue, en el epicentro de la supervivencia humana, no es la más fácil de su obra, pero resulta fascinante.

Cabe señalar que la carta de Valérie Giscard d'Estaing data de poco antes del inicio de su mandato de siete años.

Sin embargo, la política seguida por este Presidente de la República fue la antítesis radical y absoluta de la conciencia expresada en estas páginas.

¿Por qué?

Porque todos los políticos de todos los partidos están sometidos a la dictadura absoluta de las altas finanzas y del marxismo circuncidado.

---

[12] Tesis sobre el tiroidismo: "Dandismo, hipertiroidismo fisiológico" (1971).

Por lo tanto, están radicalmente aprisionados en las consignas del partido, en las que han sido fundidos como el hormigón.

Hay algunas mentes superiores que "saben bien", pero que también saben que deben ignorar lo que saben si quieren hacer carrera.

No hay muchos.

Luego está la inmensa mayoría de los políticos que, habiendo sido formados desde el parvulario hasta oposiciones tan absurdas como la ENA, la Agrégation o la Polytechnique, conceptualizar ninguno de los criterios de elaboración psicológica superiores y que, en consecuencia, creen que actúan libremente en su camarilla, cuando en realidad están perfectamente robotizados. El condicionamiento pseudodemocrático es irreversible. El resultado es que todos los políticos de todos los partidos trabajan inconscientemente "libremente" hacia el caos y la decadencia universal.

Cualquier "cambio" anunciado es un engaño: el cambio sólo puede producirse introduciendo en la vida de las personas los conceptos de auténtica espiritualidad e intelectualidad superior.

De lo contrario, el cáncer y la locura avanzarán hacia la nada. Vayamos al meollo de la cuestión.

Cuando se trata de la posteridad, las obras humanas varían mucho. Algunas permanecen, otras se hunden.

Sólo los CLÁSICOS tienen derecho a la longevidad.

Las obras humanas han sido creadas por mentes diferentes. Las que siempre son admiradas tienen particularidades que se encuentran en el hombre de genio. Las que se desvanecen de la memoria humana tienen algo que ver con la mentalidad de los lunáticos. Es fácil ver que la supervivencia de la humanidad depende de una perfecta comprensión de estos dos conceptos.

Para estar sanos, necesitamos vivir en un entorno sano. Este entorno es a la vez concreto -alimentación, higiene- y abstracto -educación, libros, medios de comunicación-. Es decir, todo lo que alimenta nuestro cuerpo a través del estómago y nuestra mente a través de las neuronas cerebrales. *En otras palabras, el hombre de la situación actual, alimentado con pan blanco totalmente muerto (carencia de vitamina E), azúcar blanco (quelante del calcio del cuerpo y de los dientes), alimentos y medicamentos químicos (patógenos y teratógenos), tabaco, alcohol (cancerígenos), Freud, Marx, de la ciencia de Einstein y Oppenheimer, del sistema bancario de Rothschild, Rockefeller, Hammer, Warburg, Soros y otros, que crean toda la situación económica, ¿puede este hombre gozar de buena salud, no está dirigido por locos lúcidos, y no por los genios que son esenciales para el equilibrio y la salud de los pueblos?*

¿Puede la pintura de Picasso y todos los demás horrores llamados "abstractos" (cuando la pintura puede ser cualquier cosa menos "abstracta"), o el Centro Pompidou, estimular el desarrollo del sentido de la belleza del mismo modo que Chartres, Bach o Giotto?

El progreso, como lo llamamos, avanza a pasos agigantados, gracias a una curiosa inflación semántica. Promovido por lo que se conoce como "ciencia", según la misma inflación, no incluye en absoluto conceptos morales, espirituales, estéticos y auténticamente intelectuales, y condiciona desgraciadamente la VIDA DE LOS HOMBRES EN SU TOTALIDAD.

Determina las condiciones a las que el hombre no puede adaptarse.

Saca a la superficie un océano de problemas prácticos, teóricos, financieros, sociales y políticos ABSOLUTAMENTE INSOLUBLES sin volver a perspectivas ajenas al sopor actual.

La vida moderna, que debería haber traído una mayor facilidad de existencia y un mayor bienestar, ESTÁ INCITANDO A LOS

HUMANOS A TENER CADA VEZ MENOS RESPETO POR LA PERSONA HUMANA.

Cada individuo se sacrifica cada vez más al Estado, al hombre-masa, que tiene todos los derechos y ningún deber...

La más mínima observación nos demuestra que todo va de mal en peor en esta sociedad del siglo XX. En los pocos años transcurridos desde la carta del Sr. Giscard d'Estaing, la situación ha empeorado considerablemente (3 millones de parados, 6 millones de inmigrantes, la S.I.D.A., la droga mundial, la mafia, etc.). LOS POLÍTICOS SON TOTALMENTE IMPOTENTES Y ESTÁN A MERCED DE FUERZAS QUE ESCAPAN A SU CONTROL Y QUE SUS CONDICIONAMIENTOS A MENUDO NO RECONOCEN.

Las guerras, de origen exclusivamente financiero, son sin duda sólo el comienzo criminal de lo que nos espera, a menos que el colapso biológico como consecuencia de la quimificación de la tierra, los alimentos y las medicinas, y un medio ambiente podrido, hagan imposible la vida en la Tierra en un plazo aún más breve.

Por lo tanto, es esencial saber si las ideas que prevalecen en la oficialidad son las de personas sensatas o si son fabricaciones imaginarias y puramente especulativas de cerebros desequilibrados.

No basta con que una idea tenga visos de lógica para que sea buena y no sea fuente de colapsos espirituales, biológicos, ecológicos, etc., y por tanto de luchas fratricidas, persecuciones y conflictos internacionales.

A los científicos oficiales (amantes del análisis y la especialización) les resultaba muy difícil estudiar a los seres humanos, por lo que intentaban aplicarles todo tipo de investigaciones: microscopios, análisis químicos, mediciones físicas y eléctricas, datos de laboratorio.

Estos datos de laboratorio han prevalecido sobre las observaciones realizadas por el hombre a miles de años y que se habían consagrado en palabras, en "imágenes verbales". En realidad, se trata de pequeñas síntesis que dan cuenta de ciertas propiedades humanas muy diferentes, pero a las que se había reconocido un origen idéntico (por ejemplo, la "sensibilidad" para dar cuenta tanto de la sensibilidad física como de la mental).

¿Está justificado el gran valor que se concede a los datos de laboratorio?

¿Quién tiene razón? ¿El científico oficial que procede por análisis o los seres humanos cuyo lenguaje es como una síntesis?

No es ciertamente porque los hombres se hayan equivocado sobre fenómenos universales que sus sentidos han sido incapaces de captar, que su sensibilidad les haya impedido percibir lo que ocurría en su interior. Los científicos oficiales se encuentran, pues, en un grave callejón sin salida en lo que se refiere a la incomprensión del hombre. Sería útil saber si su pensamiento no es diametralmente opuesto al del Hombre de Genio.

Veamos la realidad.

No sólo es trágico el impacto sin precedentes de la ciencia sobre el hombre biológico y la ecología, sino que el corolario de la progresión de la locura banal es asombroso (locura "banal" para diferenciarla de la locura "mayor" que la produce) y condena sin apelación a la psiquiatría oficial.

No sólo están aumentando todas las formas de delincuencia (asesinatos, drogadicción, homosexualidad, diversas formas de delincuencia y, por desgracia, la delincuencia juvenil), sino que después de la Segunda Guerra Mundial la demencia se duplicó en EE.UU. Hace veinte años (entre 1960 y 1970), el número de dementes era de cuarenta millones.

Esta enorme cifra sólo puede aumentar en progresión geométrica, ya que a las causas fundamentales que originaron esta demencia se añaden otras causas patógenas. En un país de 200.000.000 de habitantes, esta cifra es ya apocalíptica.

Además, vamos a asistir a la normalización de la locura, el crimen y la homosexualidad, mientras que las víctimas de criminales, violadores y pedófilos ya no interesarán a nadie.

Ya no serán exhibicionistas las multitudes ataviadas con babeantes vaqueros azules, peinados a lo afro o cabezas rapadas, sino quienes persistan en vestir con elegancia y conserven su personalidad.

Las personas sanas serán acusadas de locura y subversión, procesadas en los tribunales en nombre de grandes criminales que abrirán las cárceles y abolirán la pena de muerte.

En una palabra, los asesinos se transformarán en jueces, ya que se legalizarán todas las formas de crimen, incluso las condenadas en Nuremberg (¡el aborto por motivos de eugenesia!): la venta de armas a todos los países marxistas, el marxismo, la píldora patógena, la pornografía, la quimificación, etcétera.

El sistema judicial se verá atascado de delincuentes, ladrones e intrigantes a todos los niveles, y será incapaz de dar abasto. El "racismo" aumentará como consecuencia de la yuxtaposición antifisiológica y antipsicológica de diferentes grupos étnicos. En Estados Unidos, el robo a mano armada por parte de drogadictos no se penaliza dos años después de cometido el delito. Nada va a mejorar, y en EE.UU. nadie se atreve a salir de casa sin pistola después de las 5 de la tarde.

Así que todo el mundo debe comprender la importancia de discriminar entre locura y genialidad.

No es nada tranquilizador pensar que quienes sancionan nuestra libertad no son en absoluto conscientes de este problema fundamental.

El conocimiento de este problema resolverá ipso facto el problema de la evolución del hombre y la preservación de su entorno.

¿Qué debemos pensar de esas personas inteligentes que poseen un don extraordinario, una deformación exagerada de la mente que les confiere a la vez un gran talento y grandes debilidades mentales y morales?

¿Pueden gobernarnos sin destruirnos a nosotros y a sí mismos?

En televisión, un abogado de origen judío habló brillantemente a favor de la expansión de la anarquía sexual, disfrazada de "libertad".

Su presentación, sin embargo, fue ESPIRITUAL, MORAL, ESTÉTICA E INTELECTUAL. Sin embargo, obtuvo los votos de 9 testigos presentes en el plató (es cierto que habían sido cuidadosamente elegidos entre imbéciles, como revelaba su biotipología a simple vista).

¿Qué es un delincuente común que ha asesinado por miseria, pasión o incluso interés, comparado con este monstruo con forma humana que goza de la estima general sin que la justicia se mueva a actuar contra él por grave incitación al libertinaje?

¿No podemos preguntarnos si estamos satisfechos de haber luchado contra el nazismo durante la guerra, sólo para vernos gobernados 35 años después por la misma élite podrida contra la que luchaba el nazismo?

¿Habría aceptado el nazismo esta inmunda caricatura de libertad que permite manipular a todos los políticos con la niágara de las drogas, los chemtrails, la pornografía, la píldora, el aborto, la delincuencia, la homosexualidad, el freudismo, el marxismo, los escándalos financieros, la mafia, etc.?

El problema es, pues, agudo: autores cuyas habilidades lingüísticas y manejo de sentimientos e ideologías son insuperables transmiten a menudo ideas perversas, antihumanas y desequilibradas.

Por eso hay que estudiar la diferencia entre el loco y el hombre de genio.

No cabe duda de que JEAN-JACQUES ROUSSEAU es uno de los lunáticos. Sus ideas, su estilo, sus concepciones son comentadas favorablemente por numerosos profesores y, sin embargo, todos los psiquiatras coinciden hoy en diagnosticarle una demencia en toda regla.

¿Quién tiene razón, los profesores o los psiquiatras?

¿Podría estar loco en su vida y ser sensato en su trabajo? La idea es infantil.

Si somos capaces de equivocarnos tanto sobre las cualidades mentales de un autor, corremos el riesgo de elegir muy mal las inteligencias en los exámenes y oposiciones oficiales con los que formamos a nuestros profesores, nuestros eruditos, nuestros abogados y nuestros gobernantes.

Tal como están las cosas actualmente, nuestros exámenes y oposiciones no nos permiten seleccionar a personas capaces de aspirar a las cualidades del hombre de genio.

En las circunstancias actuales, esta afirmación no parecerá chocante a nadie, salvo a aquellos cuya integridad mental haya sido destruida por la situación que vamos a analizar.

Los hombres de genio están ausentes de la oficialidad, y ALBERT CAMUS me confió que desde la desaparición de CARREL y de su amiga SIMONE WEIL, no ha habido ninguno en la actualidad. En cambio, cada vez hay más autores cuyos desvaríos van en contra del hombre.

(Un conocido autor de origen judío nos dijo recientemente, entre un sinfín de ejemplos de aberraciones, que "el instinto maternal no existe" y que "los homosexuales no están enfermos ni pervertidos". Estas afirmaciones las hizo a pesar de desconocer totalmente la endocrinología).

Una vez que conozcamos las cualidades fundamentales del hombre de genio, estaremos en condiciones de crear una verdadera élite capaz de dirigir naciones. ¿Qué cualidades tienen en común los locos y los hombres de genio?

Memoria

Las personas con demencia que han conservado cierta inteligencia la retienen bien. Algunos pueden tener una de las más potentes y aprobar con nota un examen mnemotécnico como el internado de medicina o la agrégation en Derecho. Algunos pueden recitar más de mil versos. Otros pueden recordar los rasgos de una persona que ha posado ante ellos durante media hora y dibujar su retrato. Otros pueden realizar una suma compleja sobre una simple lectura.

Los hombres de genio tienen una memoria mucho menos eficaz y a menudo se quejan de su memoria. A menudo carecen de la memoria real que nos permite recordar hechos precisos. memoria para los nombres, los números y los acontecimientos puede faltar parcialmente. Este tipo de memoria se encuentra a menudo en personas que son muy buenas hablando pero que carecen de cualidades brillantes.

El genio se caracteriza sobre todo por el orden en la mente. La mente del genio no recuerda muchas cosas con gran detalle, pero todo está organizado en su memoria según el valor de las ideas. Algunas son primarias y están fuertemente fijadas. A éstas se unen las secundarias y a éstas las accesorias.

La mente del genio es jerárquica

Está formado para el trabajo intelectual, para la elaboración, para el descubrimiento. De ninguna manera están entrenados para hablar o escribir con cara seria sobre los temas más diversos sin ninguna profundidad.

Por el contrario, los recuerdos de los dementes son extraños, originales, llenos de rarezas y, en general, muy heterogéneos. Corresponden a las sensaciones que les han impactado. Sus tendencias afectivas determinan su elección de recuerdos sin discriminación por los criterios superiores de los que hablaremos más adelante.

El juicio y la voluntad son los motores del genio. La imaginación.

Está tan vivo en el loco como en el hombre de genio.

Podría decirse que es el rasgo dominante más intenso y característico. Pero la calidad es muy diferente en cada caso.

En los dementes es: exuberante, fácil, exagerado, fantástico, anárquico, fabulista, desordenado.

En el hombre de genio es: disciplinado, obediente a los sentimientos elevados, bajo el esfuerzo de la mente y la voluntad.

Debe tomar conciencia de toda la realidad sin rechazar ningún elemento que distorsione la objetividad y, en particular, debe aceptar en su campo de conciencia ideas que no halaguen sus tendencias o ideologías. Sin estas condiciones, no se puede alcanzar el conocimiento.

En consecuencia, su cerebro respeta todos los valores humanos en el tiempo y el espacio.

Su imaginación no divaga y tiende hacia una meta. Es un esfuerzo de descubrimiento dentro del marco que proporciona la experiencia. Integra todos los datos de este marco. Utiliza las elaboraciones psicológicas más diversas para producir una obra concreta y deseada. En cambio, la imaginación del demente no tiene límites ni reglas. No tiene ningún propósito. El espíritu de descubrimiento es diferente en el loco y en el hombre de genio.

El loco puede tener una inspiración, una intuición, pero su descubrimiento será espontáneo e imprevisible. El de una mente brillante será fruto de un gran esfuerzo perseguido con gran dificultad. La intuición le ayuda y la fuerza de voluntad le permite tener éxito.

LÓGICA Y RAZÓN

Los psicólogos pensaban que podían reconocer el pensamiento válido por la calidad de su razonamiento y su lógica. Se equivocaron parcialmente en su afirmación. De hecho, éstas son las cualidades más desarrolladas en algunos locos.

Están muy desarrollados en los perseguidos.

Su lógica es fuerte, impecable, brutal e implacable. Por eso se les califica de "mórbidos", como si tal secuencia de ideas rebasara los límites de la normalidad, revelando un estado patológico.

La lógica del hombre de genio es mucho más precaria: ¡es difícil ser lógico cuando no se está loco!

Por tanto, es menos rígida, más suelta, más difusa, dejando espacio al sentimiento "que percibe la realidad más directamente que la inteligencia" (Carrel), a la intuición.

El loco es literalmente la víctima de una cadena de argumentos. Sólo da importancia e intensidad a una sistematización que esclaviza la inteligencia y la priva de toda iniciativa efectiva. En muchos dementes, la proximidad de dos hechos en el tiempo y en el espacio los vincula ineluctablemente en su mente como causa y efecto. El genio está mucho menos seguro de ello, porque la experiencia le ha enseñado que dos fenómenos que ocurren próximos entre sí pueden tener sólo conexiones remotas entre ellos. No quiere ser esclavo de las apariencias.

Por ejemplo, veo que el hipotálamo regula las endocrinas, por lo que es el sistema nervioso el que las controla. Pero la observación basada en un análisis estrecho conduce al error.

En realidad, es el sistema nervioso el que será controlado funcionalmente por el sistema hormonal, ya que es el primero en constituirse.

Este es sólo uno de los miles de ejemplos.

El loco sólo utiliza sus sensaciones en relación con los fenómenos. El genio sustituye su mente y nunca concluye en una observación estrictamente analítica y cuantitativa.

Sabe que si lo hiciera, perdería su campo de visión de la realidad total. Por ello, actúa constantemente con inteligencia y comprensión.

El loco argumenta su interpretación basándose únicamente en sus sentidos y emociones, y de forma tan hermética, tan alejada de los hechos, tan implacable, que su desequilibrio mental se hace patente.

Piense en el abogado que predicaba la "libertad" sexual anárquica en un argumento que desafiaba el equilibrio mental más elemental.

A este respecto, conviene recordar que el uso de la sexualidad antes de la pubertad (en torno a los 18 años) provoca un desequilibrio tiroideo que hace que el individuo caiga en la decadencia, pierda el sentido moral y se convierta en un abúlico, una presa perfecta para la situación demencial.

Lo que les falta a los dementes:

Atención voluntaria. Fuerza de voluntad.

Elaboraciones psicológicas superiores. El sentido moral.

Esta es la identidad fundamental de la locura.

Vale la pena señalar de paso que esta identidad es perfectamente compatible con la gran capacidad mnemotécnica y analítica que exigen las oposiciones...

¡Nuestras élites!

PÉRDIDA VOLUNTARIA DE ATENCIÓN

Los psiquiatras, incluso en el estado actual de decadencia, están completamente de acuerdo: los locos no tienen atención, sólo atracción y preocupación.

Es una buena idea definir la ATENCIÓN.

No basta con concentrar la mente durante mucho tiempo en algo que te agrada, que te gratifica, que te atrae, para demostrar que estás prestando atención.

Objetivamente las fuerzas y los seres naturales se nos presentan de dos formas: una agradable, fácil y útil, que nos atrae; otra difícil, dolorosa y perjudicial, que provoca en nosotros una tendencia a huir, al tiempo que origina un estado de miedo y ansiedad que se traduce en preocupación. En estos casos no hay verdadera atención.

La verdadera atención nos ayuda a centrar nuestra mente en sensaciones aburridas, dolorosas, desagradables, fatigosas y a veces perjudiciales; también puede permitirnos apartarnos de sensaciones e ideas agradables, fáciles y que nos producen placer, en aras de una verdadera objetividad, sentido moral y altruismo. El verdadero descubrimiento sólo puede realizarse mediante una atención poderosa, ya que debe tener en cuenta TODOS los aspectos de un fenómeno, desde su aspecto espiritual más elevado hasta su aspecto material más modesto.

Inteligencia

En el genio, se manifiesta en la belleza, la armonía, el orden, el pensamiento mesurado y el coraje frente al conformismo.

El loco se manifestará en el exceso, el desorden, la exuberancia y el desequilibrio.

Aptitud para el trabajo

El genio recupera todas sus facultades cuando se pone a trabajar. El loco es inconsistente, temperamental. No puede dirigir su trabajo. Un día trabaja furiosamente y al día siguiente no puede hacer nada. Es el juguete de sus tendencias y de su vitalidad.

Los distintos déficits de atención en el loco

Algunas personas no están atentas a nada. Son los intelectualmente inestables: sus sentidos no están fijos. Los mongólicos y los mixedematosos no se sienten atraídos por nada. Otros defectuosos sólo se sienten atraídos por sensaciones fuertes, pero sus pensamientos se desvían rápidamente por la menor cosa vista u oída.

Son los maníacos, los idiotas, los dementes precoces y seniles. Otros, según su estado funcional y orgánico, presentan giros sentimentales que modifican su atención con su forma de ver.

Así, un loco circular en estado de agitación tendrá ideas optimistas, y en estado de depresión melancólica, tendrá ideas pesimistas.

Es el estado funcional el que determina la calidad de la atención.

La persona con demencia puede estar anclada en sus costumbres: será difícil conseguir que deje su trabajo, ni siquiera para comer. Los enfermos de demencia senil cuentan siempre las mismas historias. Las personas melancólicas y perseguidas tienen una preocupación delirante, una idea de venganza por ejemplo, que permanece dominante y de la que no pueden liberarse. Este dominio de su mente hace que todas las sensaciones, ideas y acontecimientos sean distorsionados e interpretados para alimentar su tema delirante de sistematización. Además, algunos maníacos o paralíticos generales tienen una atención tan deficiente que juzgan como beneficiosos y visseras elementos que les son perjudiciales.

Las personas melancólicas ven mal lo que es bueno para ellas.

Como los locos no controlan sus sensaciones e ideas, no tienen forma de prestar atención.

Por desgracia, esta falta de atención no sólo es característica de los locos. También es característica de los pseudointelectuales que opinan en los medios de comunicación y de los científicos oficiales, mientras que es normal en los niños, los primitivos y las personas normales en estado de ensoñación.

PÉRDIDA DE FUERZA DE VOLUNTAD

La psiquiatría está de acuerdo en que los locos son abúlicos. También tenemos que definir la fuerza de voluntad.

Una acción llevada a cabo durante mucho tiempo y con perseverancia puede no implicar en absoluto el ejercicio de la voluntad. Este es el caso si esta acción te complace, halaga tus sentidos, tus pasiones, tus convicciones que no quieres cuestionar incluso frente a los hechos tu interés social y material, pero no está dirigida hacia el sentido moral y la objetividad.

La fuerza de voluntad, en cambio, consiste en hacer cosas dolorosas y agotadoras que van en contra de nuestras tendencias y convicciones naturales. Esto se debe a una idea superior de altruismo y a un sentido de la moralidad hacia un objetivo lejano y no egoísta.

En la vida cotidiana, la fuerza de voluntad se utiliza para evitar que nos hagamos daño a nosotros mismos, por ejemplo no fumando (lo cual es muy difícil porque fumar es precisamente la causa de la abulia) o no haciendo daño a nuestros vecinos.

Cuando hacemos el bien por respeto a la persona humana, estamos realizando un acto de voluntad.

Para un científico que escribe y descubre para saber más, lucrarse o ponerse en el candelero, la voluntad no existe.

La voluntad del científico sólo aparece cuando, con perfecta probidad e imparcialidad de investigación, promulga a partir de los conocimientos que ha adquirido sólo aquello que será beneficioso para el hombre desde el punto de vista de su persona moral. Este elemento altruista es esencial al concepto de voluntad.

De hecho, en todos los seres podemos encontrar un impulso persistente a actuar con fuerza que se asemeja a las obsesiones: *este tipo de obsesión es muy marcado en los abúlicos.*

Las personas con demencia no tienen voluntad propia porque sólo piensan en sí mismas.

Son fundamentalmente egoístas. No sienten nada por los demás. Sólo piensan en satisfacer sus propias tendencias. Sólo obedecen a recompensas y castigos. La enseñanza y el razonamiento no tienen ninguna influencia sobre ellos.

Hay que tener en cuenta que los niños pequeños -¡hasta los 18 años! están emparentados con los dementes. Pero si el razonamiento tiene poco valor, *el ejemplo y la autoridad son los dos pechos de la verdadera educación.*

"Lavo y soy valiente porque papá lava y es valiente.

"No toco cerillas porque papá me lo prohíbe" (y no "porque puedo encender fuego", que es incomprensible para un niño muy pequeño).

Sin estos dos principios *no puede haber educación.*

Es obvio que cuanto más evolucionados espiritual e intelectualmente estén los padres, mejor educación darán a sus hijos. Así podrán guiar a sus hijos hacia Carrel y Chopin en lugar de hacia la música disco, las drogas, Marx y Freud. Les recuerdo que no hay delincuentes ni suicidas entre los niños que reciben una educación católica, aunque sea mediocre. En cambio, he conocido a muchos hermanos masones cuyos hijos se han suicidado...

PÉRDIDA DEL SENTIDO MORAL

Las personas con demencia no tienen noción del bien y del mal. El altruismo es una palabra VACÍA para ellos.

No tienen bondad, son mentirosos, hipócritas, malvados, perversos, dispuestos a pegar a otros enfermos, a romperles y robarles la ropa, o lo que les da la gana. No tienen pudor, y sólo piensan en satisfacer sus instintos reproductivos cuando los tienen. No pueden resistirse a sus alucinaciones o impulsos. Son capaces de cualquier crimen.

PÉRDIDA DE ELABORACIONES PSICOLÓGICAS SUPERIORES

Tenemos que hablar largo y tendido de esta capacidad, poco conocida desde el hundimiento de los valores reales.

La exposición que sigue se basa en estudios fisiológicos: en efecto, son las posibilidades psíquicas las que confieren las funciones glandulares. Digámoslo de entrada: no puede haber *verdadero intelectual* sin el manejo de estas elaboraciones que son las únicas que permiten *acceder al conocimiento*. El demente está *totalmente privado de* ello.

El reclutamiento de una verdadera élite debe basarse en estas posibilidades mentales, no en especulaciones analíticas ni en ideologías reduccionistas y suicidas.

Esto nunca ocurre con los dementes.

ABSTRACCIONES

Tenemos prácticamente todo por aprender en psicología.

Cuando los matemáticos y los físicos se dieron cuenta de que los números no podían utilizarse para ciertos razonamientos matemáticos, idearon símbolos alfabéticos para sustituirlos. Los filósofos, por su parte, se dieron cuenta de que la mayoría de los datos sensoriales y sentimentales que poseemos dificultan ciertas elaboraciones intelectuales, como la *síntesis*.

Pero no buscaban perfeccionar los elementos ideacionales.

Así se llegó a creer que conocimientos perfectamente definidos, como datos de laboratorio, visiones microscópicas, cifras y fórmulas algebraicas, podían utilizarse para elaboraciones psicológicas.

Esto es un error grave y definitivo.

Todo dato exacto contiene en sí mismo los valores que le son íntimamente inherentes. Forman ciertos elementos característicos que sólo permiten poseerlos en la mente en forma de una entidad definida *que no puede utilizarse para elaboraciones psicológicas.*

Por tanto, se ven obligados a permanecer como están y sólo pueden utilizarse para *aplicaciones científicas.*

Grandes científicos como *Carrel* y *Leconte de Nouys* nos han advertido *contra este error fundamental.*

Así pues, no es sorprendente que la mente no pueda, con medidas, indicar mediante la elaboración intelectual la forma que hay que dar a un avión o a un barco para aumentar su velocidad. Esto *sólo* puede lograrse *mediante la experiencia.*

Ocurre que nuestras ideas ordinarias difieren poco de las sensaciones, comparables a visiones microscópicas, análisis químicos, mediciones matemáticas o físicas, mientras que las otras ideas son ideas-sensaciones, que proceden de concepciones metafísicas previamente establecidas y distorsionan la interpretación de todos los fenómenos.

En conclusión, las elaboraciones psicológicas superiores no pueden realizarse con ideas sensoriales, sino con abstracciones.

¿Qué es una abstracción?

Parece ser un pensamiento que contiene en sí una cantidad de objetividad, de sentimientos, de pensamientos, una especie de complejo como "multitud", "país", "encanto", "altruismo". La fisiología nos enseña que la abstracción es algo muy distinto.

Cada imagen verbal corresponde a una palabra, compuesta por una serie de funciones orgánicas. La vista, el oído y el tacto aportan elementos a la palabra. Todo el rostro y, en particular, la boca, la lengua, los labios y la faringe han servido de órganos resonadores para pronunciar la palabra, cooperando con la faringe que da la voz.

Pero eso no es todo.

Cada imagen verbal es fruto de un estado emocional, es decir, de un conjunto de funciones orgánicas: pulmonares, cardíacas, digestivas, eliminatorias, etc., así como de todos los metabolismos que modifican su ritmo, más o menos, según la imagen verbal constituida.

Todos estos fenómenos están dirigidos por el sistema hormonal.

En las circunstancias ordinarias de la vida, la palabra, con todas las participaciones endocrinas que enlazan sus diversas funciones sensoriales y musculares, tiene una gran ventaja por el estado emocional que la preside y que es como un comportamiento en ciernes. Puede desencadenarse, en caso de necesidad, con una rapidez que nunca puede lograrse mediante el razonamiento de la mente. Puede así contribuir a salvaguardar la existencia del sujeto, de ahí su utilidad.

Pero esta participación sensorial y emocional en la palabra, que es su gran ventaja en la vida de relación, es muy perjudicial cuando se trata de examinar un fenómeno relativo al hombre.

La palabra debe ser intrínsecamente intelectual y referirse estrictamente al fenómeno considerado. La palabra debe estar libre de todos los elementos funcionales que pueda aportar la personalidad del observador.

Esta palabra debe dejar de ser una imagen verbal y convertirse en puramente ideológica, sin despertar ya ningún estado vital en el investigador, ni ninguno de sus sentimientos.

Liberada así de las ideas preconcebidas y de las teorías metafísicas que él privilegiaba, la palabra se convirtió entonces en un apelativo apropiado e imparcial que llevaría el nombre de abstracción.

DISCRIMINACIÓN DE VALORES ABSTRACTOS

Las tendencias analíticas de las ciencias positivas nos han acostumbrado a considerar que cada elemento que compone una objetividad, una fuerza, un pensamiento, tiene un valor ideativo similar.

El peso, el tamaño, la consistencia, la composición química y atómica y las diversas propiedades físicas y químicas de un cuerpo son, para el químico o el físico, elementos que tienen un valor ideal equivalente a sus ojos.

Cuando queremos establecer *una noción de identidad*, o mejor aún *una síntesis*, necesitamos seleccionar los rasgos que tienen un valor predominante, y distinguir los más importantes de los secundarios.

Lo mismo ocurre con las ideas y abstracciones que se nos presentan. *Esta discriminación es absolutamente esencial en ciertos casos, y en particular en todo lo que tiene que ver con el hombre.*

Es necesario mencionar aquí uno de los ejemplos más importantes, *porque se encuentra en la encrucijada del conocimiento y la evolución humanos.*

Es la omnipotencia funcional del *sistema hormonal*. Lo que arroja luz sobre el hombre: la raza, la herencia, la sexualidad, las diferentes naturalezas de hombres y mujeres, la mentalidad de los mutilados sexuales, el niño, la educación, etc.

Los endocrinólogos oficiales han reconocido que nuestro sistema nervioso *está totalmente duplicado* por nuestro sistema hormonal.

Esto significa que no existe una sola función fisiológicamente considerada que no lograrse tanto con el sistema hormonal como con el nervioso.

Sabemos perfectamente que determinadas funciones, como la reproducción, el funcionamiento del aparato genital en la mujer, la pubertad y la herencia, se llevan a cabo sin la intervención del sistema nervioso, y que son nuestras endocrinas las que se encargan de ello.

En estas condiciones, se planteó la cuestión de cuál de estos dos sistemas era funcionalmente predominante.

Aquí tenemos una considerable discriminación de abstracciones: dos sistemas diferentes cuyo modo causal está en oposición: el sistema glandular actúa por fenómenos químicos y el sistema nervioso por excitaciones físicas.

Para resolver *este vasto problema, es esencial abandonar las opiniones, sentimientos y concepciones personales y preocuparse sólo de los hechos, pues de lo contrario se caerá en un grave error.*

Esta capacidad de discriminación rara vez se encuentra en los seres humanos, y menos aún en los universitarios, cuya formación mnemotécnico-analítica les lleva a fijarse obsesivamente en lo aprendido mediante el análisis, *sin ser capaces de ir más allá en el tiempo y en el espacio.*

Por ejemplo: "Veo que el hipotálamo regula las endocrinas", *así que* es el sistema nervioso el que dirige el sistema hormonal...

Este razonamiento analítico es rigurosamente lógico y convencerá a cualquiera que tenga una mente analítica.

Lo lamentable es que esta lógica es absurda y que la síntesis que englobe esta observación *conducirá a una conclusión radicalmente opuesta*.

Cabe señalar que este tipo de lógica errónea gobierna actualmente todo el planeta, y que es natural que *esta lógica* sea *la fórmula del suicidio de la humanidad*.

Es obvio que si fuera de otra manera, si nuestros líderes tuvieran el potencial mental para elevarse de la idea-sensación a un pensamiento verdadero, *no estaríamos en una ignorancia tan grande sobre todos los procesos de la vida relacional humana*.

Es evidente, por tanto, que no se puede pedir a un demente que demuestre tal capacidad mental.

El demente no tiene ni idea de lo que es la discriminación, porque en algunos casos ni siquiera puede distinguir entre lo que le es útil y lo que le es perjudicial.

No puede formar abstracciones porque no puede mantener una idea en su mente durante mucho tiempo (meditación), especialmente si es desagradable y requiere esfuerzo. *No puede formar abstracciones y meditar sobre ellas.*

Noción de identidad

Los científicos oficiales son analistas entusiastas.

Creen que dividiendo al máximo todas las particularidades y propiedades de un ente, llegarán a un conocimiento más completo de las objetividades y los problemas. Como este trabajo de análisis se ha codificado ampliamente, se ha proporcionado una lista de investigaciones para que los investigadores puedan descubrir todas las particularidades inherentes a una entidad.

Así pues, el análisis se ha convertido sobre todo en una cuestión de manipulación y rutina, y *en absoluto de inteligencia.*

Un sujeto mediocre, un lunático relativo incluso, con un título y un poco de habilidad, puede ser capaz de realizar análisis.

Mientras que los métodos analíticos se aplican fácilmente a entidades materiales y fuerzas constantes, apenas son aplicables a los seres humanos.

En los seres humanos, se pueden realizar investigaciones de laboratorio sobre el conjunto somático y sobre el funcionamiento físico y químico de los distintos órganos, porque en ellos existen ciertas constantes. *Pero ninguno de estos modos de investigación es* aplicable a la vida en pareja.

Esto significa que el verdadero conocimiento del hombre escapa radicalmente al método analítico.

Esta verdad filosófica, elemental para la cultura de un adolescente normalmente constituido, es *ignorada por los académicos oficiales con diploma.*

Así, dentro de *la psiquiatría* oficial, manifestaciones humanas como la locura y el genio escapan al conocimiento oficial porque se desconocen *los criterios que las definen.*

La variabilidad e inestabilidad del metabolismo funcional e intelectual humano plantean problemas radicalmente insolubles para las pruebas de laboratorio.

El ser humano se encuentra en un estado de transformación continua, experimentando una evolución orgánica que progresa constantemente. Su pensamiento está siempre cambiando y evolucionando. De este modo, se convierte en la sede de continuas modificaciones fisiológicas. Éstas son inherentes a la aparición de las imágenes verbales de las que surgen las emociones. *Para las investigaciones analíticas, por tanto, el Hombre sigue siendo radicalmente inasible.*

Los endocrinólogos han experimentado esto más que nadie. Han llevado a cabo una cantidad considerable de investigaciones experimentales que, en su mayor parte, se contradicen.

Sólo los relativos a la extirpación de órganos glandulares han dado resultados prácticamente coherentes. Pero a estos resultados no se les ha dado toda su importancia. Y en todas sus consecuencias.

Así pues, *los endocrinólogos* sólo explican muy lentamente algunas funciones orgánicas y *aún no saben nada del hombre.*

El análisis es, por tanto, un medio casi inexistente de alcanzar el conocimiento.

Sin duda, puede ser *una ayuda inestimable,* pero si se establece como un absoluto, *será fuente de todo tipo de confusiones.*

El mundo moderno, en todos sus aspectos, es un ejemplo perfecto. Hay que decir, además, que la enorme cantidad de datos acumulados hace imposible discriminar o ver con claridad.

Para la mayoría de los seres, marcados por el sistema de instrucción actual y que, por tanto, están cerrados al Conocimiento, *es necesario recordar las experiencias de Cannon.*

Demostró el predominio de las endocrinas en nuestras emociones y sentimientos.

Cuando un gato se enfrenta a un perro que ladra, la secreción suprarrenal le hace volverse combativo.

Si eliminamos todo el sistema simpático del gato, éste conserva sus tendencias combativas. Un perro privado de su sistema simpático sigue estando dotado de todas las cualidades de un perro normal.

Entonces, ¿cómo se explica que las glándulas suprarrenales, privadas de toda conexión nerviosa, *sigan funcionando con normalidad?*

Desde hace 20 años, los biólogos se enfrentan a un problema que el análisis nunca podrá resolver.

Así nos encontramos *retrocediendo en el conocimiento del hombre*, y este cartesianismo inaugurado por el materialismo de Spinoza (circuncidado al octavo día) y repudiado por Descartes, *es una parálisis en el camino del conocimiento del hombre y del conocimiento en general*. La ciencia *moderna* es demasiado nociva para la humanidad y el planeta, demasiado destructora de los valores morales y espirituales *y, por tanto, de la salud orgánica y mental*, como para que le tengamos la menor consideración.

Vamos a demostrar que la mentalidad de quienes lo concibieron roza la locura y que es la antítesis perfecta del brillante concepto.

Si el análisis no puede conducir al *conocimiento*, no puede decirse lo mismo de *la noción de identidad*.

Este concepto es utilizado continuamente por los médicos a la hora de hacer un diagnóstico.

El médico busca una serie de signos. Selecciona los más destacados, los más característicos, y luego extrae de su memoria los signos idénticos correspondientes a la descripción patológica.

Lo sorprendente es que el médico que utiliza este modo de elaboración psicológica cuando examina a un paciente es incapaz de practicarlo cuando se trata de datos abstractos.

Hasta aquí llega la abstracción. Un ejemplo espectacular es *la trágica historia del Doctor Semmelweiss.*

Utilizando un *concepto de identidad*, este médico húngaro descubrió la razón por la que las parturientas morían en los hospitales en proporciones que a veces llegaban al 100%. Observó algunos hechos muy sencillos: en la sala donde las comadronas, *que se lavaban las manos*, atendían a las futuras madres, la proporción de muertes era relativamente baja. No ocurría lo mismo en la sala donde las parturientas eran atendidas por médicos que acudían a tratarlas *sin lavarse las manos, después de haber participado en sesiones de disección.*

En este último caso, la mortalidad alcanzó comúnmente entre el 95 y el 100%.

Semmelweiss tuvo una epifanía, confirmada por el hecho de que uno de sus amigos había muerto tras una inyección anatómica, *mostrando exactamente los mismos síntomas que las parturientas, que morían como moscas.*

Informó a universidades de todo el mundo (algo que ningún investigador que no fuera médico y profesor podría hacer hoy en día), y *redujo la tasa de mortalidad de las mujeres que daban a luz en su propio hospital al 0%, pero nadie en el mundo médico universal le entendió, y no recibió más que abucheos.*

Acabó volviéndose loco y suicidándose inoculándose la enfermedad de la que morían en masa las parturientas, como para dar una última demostración desesperada de su descubrimiento fundamental que, después de él, salvaría a millones de mujeres.

Gracias a él nacieron la higiene, la obstetricia y la cirugía moderna.

Este ejemplo podría llevarnos a creer que la locura está cerca de la genialidad. También ésta sería una conclusión analítica precipitada, a pesar de su obviedad. *Pero no es así.*

El hombre sólo está cuerdo en la medida en que su sistema hormonal está en equilibrio. La alteración de este equilibrio puede conducir a la locura.

En un ser evolucionado con tendencias tiroideas (emocionales, sentimentales), el genital *interno debe permanecer activo. Es el más sensible a las influencias contrarrestantes.* Semmelweiss tuvo que enfrentarse en todo el mundo a una marea de mala fe y de insensata confraternidad. Tuvo que combatir la malicia y la animosidad. El resultado en su mente fue una preocupación tiroidea que desequilibró sus genitales internos (o intersticiales).

Los verdaderos culpables de su locura fueron sus compañeros, cuya estupidez no tiene excusa.

Se podría pensar que hoy en día las nociones de identidad presentadas por investigadores originales tendrían mejor acogida.

Tardé 15 años en encontrar a tres personas para formar un jurado en la Sorbona para mi tesis: "El dandismo, un hipertiroidismo fisiológico". Hoy sería imposible defenderla. (25 años después).

Las élites capaces de desarrollar una noción de identidad y las capaces de comprenderla han desaparecido por completo.

El suicidio de la humanidad es, pues, seguro, porque no puede sobrevivir sin el verdadero genio. La noción de identidad está ligada al sentimiento, es decir, a los genitales internos.

Pero este endocrino no se ve favorecido por las oposiciones tecnocráticas, analítico-mnemotécnicas (agrégation, internat, E.N.A., polytechnique etc.).

Ni por una educación laica privada de toda base religiosa, moral o espiritual.

Ni por vacunaciones generalizadas, que dañan los genitales internos y el sistema inmunitario, y preparan el camino para la locura, las enfermedades cardiovasculares y el cáncer, todo lo cual aumentará *al* mismo tiempo que la *inútil investigación* analítica *oficial.*

Ni químificando el suelo.

O la quimificación de los alimentos.

Ni por la quimificación terapéutica ni por la fealdad generalizada de los edificios residenciales.

No a través de música o pornografía regresiva y patógena.

Ni la influencia marxista ni la freudiana.

Ni por la desintegración de la familia, y la mujer trabajadora fuera de casa entregando a sus bebés a la guardería...

Por tanto, el intersticio es más bajo que en la época de mi tesis y mucho más bajo que en la época de Semmelweiss.

En consecuencia, estos conceptos, como todo este libro, *sólo pueden ser comprendidos por quienes han conservado milagrosamente unos genitales perfectamente sanos.*

Como son tan escasos, parece que la humanidad está condenada a un declive irreversible.

RESUMEN

El estudio que estamos realizando actualmente es una síntesis.

Para una mente analítica que nunca puede ver el todo, que permanece víctima de las ideas-sensación sin poder elevarse a un pensamiento verdadero, siempre será *la contradicción analítica* lo que verá y nunca el todo sintético.

Al colocar a esas mentes en puestos oficiales de la política y el mundo académico, las han circuncidado en el 8º día, sabiendo perfectamente que pueden manipularlas "libremente".

Hacen automáticamente lo que Warburg y Marx quieren que hagan.

Es esta incapacidad de síntesis la que ha dado lugar a la frase suicida "no hay que generalizar". Es obvio que las mentes analíticas (pituitarias) no tienen esta capacidad, por lo que sólo pueden producir falsas síntesis generalizando a partir de la falta de parámetros fundamentales.

Sólo las mentes sintéticas (tiroides más o menos intersticiales) pueden generalizar: santos, genios, grandes artistas, verdaderos filósofos que nunca se estancan en un sistema o ideología y sólo aspiran a la objetividad.

Esta elaboración psicológica nos permite considerar una serie de estados y fenómenos y seleccionar los signos fundamentales y comunes: *actualmente estamos en proceso de sintetizar las enfermedades mentales.*

La síntesis es por excelencia la elaboración psicológica superior que nos permitirá comprender al hombre y conocer los fenómenos universales. Las personas con demencia son tan incapaces de síntesis como de identidad.

Ahora conocemos los defectos que caracterizan a las personas con demencia. *También podemos identificar las funciones fisiológicas a las que corresponden estas deficiencias.*

Se habla mucho de la glándula genital interna. En uno de los manuales de filosofía de mi hijo leo que se ha descubierto que esta glándula *endocrina desempeña un papel importante en el valor y el sentido moral.* ¿Quién relacionará la obra de Gautier con los profesores de los liceos? Desde luego, no la "deseducación internacional"...

Esta glándula es, de hecho, EL GEL HUMANO.

Confiere valor, generosidad, sentido moral, altruismo, espíritu de síntesis, espíritu de sacrificio, amor a Dios y a los hombres, ideal desinteresado. Muy desarrollado, puede potenciar elaboraciones psicológicas superiores: *síntesis, noción de identidad.*

Dado que el paciente carece de todas estas cualidades, podemos concluir que padece INSUFICIENCIA DEL SISTEMA GENITAL INTERNO...

Esta atrofia puede observarse en personas con demencia.

Cabe señalar que el término "loco" se aplica no sólo a las personas internadas por manifestaciones psicopatológicas espectaculares, sino también a las personas que hablan por televisión predicando obscenidades, a los ideólogos pervertidos, a los sexólogos ignorantes, a los psiquiatras que afirman que "el término loco no tiene ningún valor científico", a estadistas, a miembros de la élite tecnocrática, dotados de grandes poderes tecnocráticos, como fabricantes de armas para todo el mundo, a financieros que no se preocupan en absoluto por el verdadero progreso de la Humanidad, a asesores que predican el derecho al suicidio y a la eutanasia, etc.

ACTIVIDADES INTELECTUALES EN LAS QUE FALTAN TOTALMENTE LAS CUALIDADES DEL GENIO.

A menos que haya sido embaucado por la oficialidad, a menos que haya perdido toda personalidad, y a menos que haya sido irreversiblemente marcado por la locura de la situación, que es el caso de la mayoría y en particular de los que han sufrido la deformación académica freudomarxista, *admitiremos que el hombre de genio debe poseer lo que le falta al loco, y que en él los genitales internos deben estar en perfecto estado.*

¿Encontramos en las ciencias positivas las cualidades que caracterizan al hombre de genio? Si no lo hacemos, no debería sorprendernos el aumento geométrico de la putrefacción del medio ambiente, el colapso biológico y mental de los seres humanos, las enfermedades cardiovasculares, los cánceres, la delincuencia multiforme, la locura, la criminalidad y la homosexualidad (que, en el caso de esta última, se convertirá en la norma).

Esto sólo puede ser una consecuencia lógica, como ya hemos dicho: *la naturaleza nunca perdona.*

Cuando el superior no está a la altura, el inferior destruye al superior, que se destruye a sí mismo. Nada vive sin orden, sin síntesis, sin *jerarquía*.

Hasta el siglo pasado, vivíamos ilusionados, cantando las alabanzas de la ciencia. Este siglo ha desilusionado a todos los que no habían sido privados de su inteligencia por el propio sistema.

El medio ambiente se ha podrido, el hombre se ha hundido biológica y mentalmente, hasta el punto de que apenas se puede creer lo que se está viendo si se observa a estas amalgamas físico-químicas en la televisión, en el metro o en la universidad, vestidas con bluejeans de Lévis, rematadas con un peinado de coliflor o cresta de gallo de perfecta ambigüedad sexual.

La medicina química es patógena y teratógena (el Dr. Pradal, experto de la OMS, ha ganado 17 casos contra fabricantes de medicamentos químicos). Provoca una proliferación de discapacidades mentales y motoras (algo que el Dr. Alexis Carrel se negó en redondo a aceptar y por lo que hizo cambiar el nombre de todas las calles que llevan su nombre). Sin embargo, personas tan oficiales como JEAN ROSTAND habían denunciado este medicamento como "proveedor de locos". Estamos en vías de crear una raza de animales inteligentes, porque el tiempo de los subhumanos ha terminado. La decadencia se acelera. El hombre ha sido privado de su libertad ("la verdadera pasión del siglo XX es la servidumbre", decía Albert Camus). Le hemos esclavizado espiritualmente, cerrado su conciencia, violado su libre albedrío y convertido en siervo, destruido su sentido de la moral, pornografiado el mundo entero y, para colmo, hasta la propia infancia.

La gente que sigue pensando se ha despertado de una pesadilla.

Se dieron cuenta de que habían sido engañados, de que habían sido literalmente hipnotizados, a partir de la primera y sobre todo de la segunda guerra mundial.

Hemos visto el siguiente fenómeno: el concepto de ciencia y sus logros han devastado tanto la conciencia de las personas que claman más por cualquier cosa que las destruya. La hipnosis tiene tanto éxito que no se dan cuenta de la relación causa-efecto entre esta ciencia y su destrucción.

Como los humanos ya no tienen ningún criterio para saber si un logro es brillante o perjudicial, sólo podían esperar los resultados de estos descubrimientos para ver si eran perversos, dañinos o mortales.

La mayoría de las veces, la perversión moldea las psicologías hasta tal punto que las masas ya no pueden darse cuenta de nada.

Por lo tanto, debemos reconocer urgentemente las obras que son geniales o cercanas a la genialidad y rechazar las demás.

Estos datos fundamentales contienen la felicidad de la humanidad.

La simbiosis de síntesis y sentido moral produce el genio. Por tanto, hay que evitar hacer daño a quienes proponen ideas perversas, incluso y sobre todo con una dialéctica que parezca lógica y razonada, y no basada en una ampliación de la conciencia que abarque el mayor número posible de hechos.

Entonces tendremos un verdadero liberalismo para santos, genios y grandes artistas.

LOS MALES DE LA CIENCIA MODERNA

Esta ciencia sólo tiene unas pocas verdades científicas inmediatas que son relativamente ciertas porque son mensurables y materiales.

En cuanto a la interpretación de las fuerzas que estudia, se reduce a hipótesis, es decir, a aproximaciones, a veces erróneas, ya que una hipótesis se sustituye por otra.

Así que los científicos trabajan por error.

Además, al carecer de sentido de la síntesis, ignora ipso facto las consecuencias mortales de sus descubrimientos.

Esta inferioridad se deriva de la naturaleza exclusivamente *analítica* de la ciencia. Para un cerebro analítico, el error se presenta como verdad o como posibilidad, y la verdad le resulta inaccesible *porque requiere elaboraciones psicológicas superiores para ser percibida.*

Como vemos, la humanidad seguirá flotando en un estado de suicidio mientras siga privada de verdaderas élites.

Si la ciencia procediera por nociones de identidad y por síntesis, llegaría a certezas en las que se basarían otras certezas cada vez más complementarias.

Una idea cómica de los científicos modernos es creer que los organismos vivos funcionan física y químicamente como lo hacen en nuestros laboratorios. La idea es a la vez infantil y descabellada.

Esta asimilación nos lleva al mayor error. El pez torpedo no produce electricidad como la dinamo y la luz orgánica es fría. El mimetismo del camaleón no tiene nada que ver con nuestras células fotoeléctricas. En cuanto a las maravillosas combinaciones celulares que permiten las descomposiciones y reconstituciones químicas más asombrosas, como la distribución de los albuminoides, grasas y azúcares de los alimentos, y su convergencia en una especie de encrucijada donde estas sustancias se presentan bajo una forma similar, para ser luego distribuidas según las futuras necesidades vitales, ya sea como albuminoides, grasas o azúcares, *esto supera con mucho la inteligencia y la imaginación de los más fecundos de nuestros químicos.*

Esta forma de ver las cosas corresponde al giro analítico del pensamiento actual: es una *asimilación*, no una *verdad*.

Si lo hubiéramos dejado claro, no tendríamos tantos académicos que dan por sentado lo que aprenden en la universidad y creen, con una ingenuidad que nos deja estupefactos, que los datos *analíticos* reflejan fielmente los procesos orgánicos, *lo cual no es cierto.*

La verdadera filosofía nos enseña que el descubrimiento es cualitativo.

Pero desde el error de Spinoza, ha sido precisamente *cuantitativo.*

Las organizaciones tienen en cuenta la calidad: poco alcohol lleva a la excitación, mucho alcohol al sopor, al sueño y a la muerte.

Aquí no hay interpretaciones químicas, ya que no serían suficientes.

LA CIENCIA MODERNA ES ANALÍTICA, CUANTITATIVA Y MICROSCÓPICA.

LA VERDADERA CIENCIA ES SINTÉTICA, CUALITATIVA Y MACROSCÓPICA.

Todos los universitarios que sigan el colapso judeocartesiano conocerán perfectamente esta realidad filosófica, que es la clave del conocimiento.

Así pues, las mentes analíticas de la ciencia moderna no pueden saber si sus descubrimientos *(*química, radiaciones, vacunas, etc.*)* perjudicarán o no a *la humanidad.*

La verdadera inteligencia tiene postulados que no se pueden demostrar. La verdadera prueba científica de la locura es el uso de la química en la alimentación, en la terapéutica, en los experimentos genéticos o atómicos. *Todo* esto demuestra que los hombres están locos. ¡Por eso *no consideran locos a los locos!*

Por otra parte, encuentran locas a las personas inteligentes: "en 1984, los más inteligentes serán los menos normales" decía Orwell en su novela 1984.

Sólo *después de* Hiroshima y Nagasaki Einstein y Oppenheimer lloraron amargamente por "su obra del diablo".

Eso no impidió que Samuel T. Cohen lo hiciera aún mejor con la bomba de neutrones. Todos estos lunáticos *son macrocriminales de lesa* humanidad que no serían tolerados por ningún país con un régimen basado en valores tradicionales elementales.

La locura continúa: sabemos que los residuos radiactivos pueden almacenarse y no neutralizarse. Sabemos que los peligros tipo Chernóbil son constantes. Sabemos que los daños genéticos pueden ser inconmensurables. Pero los Profesores Girasol (de los que JACQUES BERGIER era un símbolo perfectamente apto) siguen llevándonos a lo peor.

¿Cómo de locos tenemos que estar para utilizar la "crisis energética" como excusa para suicidarnos? Todo esto significa que no puede haber diálogo con una falsa élite si queremos salvar a la humanidad.

Si un grupo humano no se levanta *para neutralizar todos los parámetros del suicidio global, la humanidad está perdida.*

La ciencia moderna es accesible a casi cualquier persona con un título universitario, *porque las perspectivas analíticas son accesibles a todo el mundo y cuenta con un gran número de dementes.*

No hace mucho leí en el periódico que un notable inventor había desarrollado un aeroplano de gran mérito. Este hombre, Coronel, había asesinado a toda su familia con un hacha...

Los criterios psiquiátricos son tan lamentables que este hombre, examinado según criterios analíticos, habría parecido perfectamente sano, como el gendarme que asesinó a cinco personas en los años ochenta.

Sin embargo, la verdadera ciencia sólo es accesible a quienes son capaces de practicar elaboraciones psicológicas superiores y de comprender los descubrimientos que se derivan de ese potencial.

El verdadero científico no es ni materialista ni espiritualista: es *idealista-materialista.* Será capaz de abarcar un problema incluso en sus incidencias más remotas en el tiempo y en el espacio. El verdadero científico se preocupa constantemente de actuar de forma altruista y de proteger al hombre de todo lo que lo destruye moral y físicamente. *Su objetivo último es el conocimiento del hombre, única perspectiva desde la que puede manifestarse el genio.*

Las demás actividades sólo pueden converger hacia la fama, que es fisiológicamente muy diferente. El hombre de genio se preocupa por la verdad y la probidad. Se desprende de toda consideración de interés personal, como el DOCTOR ALEXIS CARREL; es imparcial e independiente, nunca demagógico, como un juez supremo. Observa los hechos según la importancia de los fenómenos. Da a cada fenómeno su propio valor y *discrimina cons*cientemente *los valores abstractos.*

Por tanto, estas consideraciones se aplican a la propia ciencia.

La ciencia debe ser la combinación, la síntesis de todos los grandes esfuerzos, de todos los maravillosos descubrimientos que vivifican a la humanidad *moral, espiritual y materialmente.*

Por tanto, la ciencia debe tener todas las cualidades del genio.

Su objetivo es el conocimiento del hombre, su perfección.

Por tanto, tendrá que formar a hombres de genio, detrás de los cuales habrá una élite de hombres famosos dotados de sentido moral.

La ciencia se esforzará con todos sus recursos para librar a la humanidad de todos los defectos afines a la locura. Dará a los seres humanos el lugar donde serán más felices según sus capacidades, sirviendo a una sociedad digna de ese nombre y no, como escribo, yaciendo en efervescente putrefacción.

Las elaboraciones psicológicas superiores son, pues, algo muy distinto de las penosas elaboraciones analíticas de nuestro tiempo, que convergen hacia la destrucción en todos los campos.

Al dividir, recortar y buscar las características diferenciales y diferentes de cada entidad en distintos niveles de observación, esto último sólo puede conducir a un conocimiento fragmentario que sólo es adecuado para aplicaciones industriales, la fabricación de dispositivos, objetos, cohetes, etc.

Estas perspectivas nunca conducirán al conocimiento intrínseco que es el único vinculado a la felicidad humana.

Este nunca es el objetivo del análisis.

Los científicos modernos también tienen otra idea cómica: creen que el universo fue concebido por una mente *exclusivamente matemática*. Así pues, la naturaleza sólo habría tenido en cuenta el principio matemático para hacer funcionar lo universal.

Al aplicar cálculos a todo lo que le rodea, el científico moderno comete una enormidad. Es exactamente como el paralítico general que juzgaría lo que es favorable o desfavorable según su estado mental.

Las matemáticas corresponden exactamente a la mentalidad analítica, es decir, a la subdivisión exagerada, a la compartimentación excesiva.

Si nos queda algo de cordura, podemos ver que un pensamiento único, una única *concepción sintética*, ha presidido la construcción del mundo que nos rodea.

Tenemos pruebas de acciones hormonales que actúan sobre varios órganos al mismo tiempo para obtener las funciones más diversas, según un principio cinegético de calidad y no de cantidad.

Por tanto, los científicos modernos son incapaces de estudiar nuestra personalidad, aunque sea morbosa, porque utilizan conceptos que *van en contra de nuestra naturaleza*.

Una consecuencia muy grave de la "psicosis analítica" es la *excesiva especialización*. Cada categoría de científico moderno trabaja en cuestiones cada vez más circunscritas con diferentes escalas de observación.

Los distintos especialistas acaban por no ponerse nunca de acuerdo entre sí y dejan de entenderse.

Por último, los estados sentimentales que experimentan les incitan a crear neologismos que aumentan la incomprensión mutua. Esta tendencia a utilizar neologismos, que se puede encontrar en abundancia en los libros de psiquiatría, no es una prueba de superioridad: está particularmente desarrollada en la demencia de inicio precoz.

La ciencia moderna no tiene freno ni final a la vista

Avanza como un borracho conduciendo un 25CV. *No es más que el producto del frenesí inventivo de técnicos que no tienen la menor idea en su trabajo de la mejora moral y espiritual de la humanidad.*

Ahogados en la espesa niebla de la rentabilidad, buscan lo nuevo, lo extraño, lo espectacularmente desconocido.

La capacidad de atención del hombre de genio es excepcional y le permite ser imparcial.

Rechaza cualquier sentimiento o idea preconcebida que pueda oscurecer la verdad. Nunca es víctima de un sentimiento-idea que pueda llevarle a una conclusión precipitada tras un simple razonamiento analítico.

Es así, y sólo así, como podemos acceder al conocimiento.

Veamos ahora algunos ejemplos flagrantes de la falta de atención prestada por los estudiosos:

En muchos tratados psiquiátricos se dice que *los locos tienen una atrofia de los genitales internos.*

Así que es un hecho conocido.

Uno pensaría que algunos médicos o fisiólogos se habrían preocupado.

En absoluto.

A los autores sólo les preocupaba *el daño cerebral* altamente inconsistente. Pero:

Estas lesiones se producen en sujetos *sanos*. No son específicas de la enfermedad mental. Son inciertas.

Son polimorfos.

Su alcance no se corresponde con la benignidad o gravedad del trastorno mental. Por lo tanto, aquí *se produce un doble fallo de atención.*

La psiquiatría se ha empeñado en encontrar las causas de las enfermedades mentales en lesiones cerebrales muy falsas, y *ha descuidado el signo constante de la atrofia de los genitales internos.*

Las consecuencias son simples y trágicas: *los psiquiatras no tienen ni idea de lo que es la enfermedad mental.*[13]

Por tanto, sólo utilizan métodos empíricos para "curarlos": química, mutilaciones, etc. Se utilizan psicofármacos patógenos y

---

[13] Esta es, por supuesto, la causa fisiológica. Las causas más profundas son el incumplimiento de las leyes de la vida: mala alimentación o carencias, incumplimiento de las leyes psicológicas y morales, masturbación, tabaco, alcohol, café, abuso de almidones y carne, etc. Todas las violaciones de las leyes de la vida pueden conducir a la génesis. Todas las violaciones de las leyes de la vida pueden generalizarse. La masturbación precoz y el alcohol pueden acabar con grupos humanos enteros.

teratógenos, lobotomías, electroshock ("que suprimen los síntomas y agravan la enfermedad", dice el profesor Baruk).

Por tanto, desconocen las causas del asombroso aumento de la locura.

En EE.UU., ¡el grupo de control de psiquiatras se suicida más a menudo que el grupo de control de pacientes!!!

He aquí otro ejemplo de su falta de atención: los biólogos han descubierto que nuestros miembros se mueven gracias a excitaciones nerviosas muy fáciles de reproducir con chispas eléctricas. También han descubierto que todas nuestras funciones pueden realizarse por instigación nerviosa, *incluso nuestras glándulas endocrinas.*

Por tanto, concluyeron que el sistema nervioso es funcionalmente anterior...

Pero se engañaban.

A la hora de explicar fenómenos complejos como:

El sueño, la pubertad, la reproducción, las razas, la herencia, se dieron cuenta de que el concepto del predominio del sistema nervioso *no les proporcionaba una explicación satisfactoria de todo lo relativo al hombre.*

Si los médicos y los fisiólogos no se hubieran dejado obsesionar por sus conclusiones analíticas sobre la omnipotencia del sistema nervioso, *habrían considerado la evolución del feto con total imparcialidad.*

Comprobaron que en el tercer mes de vida intrauterina sólo había *tres* órganos constituidos y capaces de funcionar:

Suprarrenales, hipófisis, tiroides.

Esto es suficiente para que incluso un niño *comprenda que el sistema hormonal controla la totalidad del ser humano y, en consecuencia, el sistema nervioso.*

En este momento, el sistema nervioso *ni siquiera está en su infancia.*

Habrían podido ver, como es obvio para todos, que es el sistema hormonal y *no* el nervioso el que funciona *al principio de la vida.*

También observaron que, un mes más tarde, el corazón del feto empezó a latir: *sin embargo, no puede hablarse de inervación definitiva de este órgano.* De hecho, apenas se aprecia el contorno de los ganglios linfáticos.

Sin embargo, ¡fuimos tan ingenuos como para afirmar que es el sistema nervioso el que garantiza las minúsculas pulsaciones del corazón del feto!

No hace falta ser médico, fisiólogo, filósofo o psicólogo *para entender que esto es burlarse fisiológicamente de nosotros.*

De hecho, el corazón adulto late a 70-80 pulsaciones por minuto... ¡y *es precisamente en casos de hipertiroidismo cuando alcanza las 140 pulsaciones por minuto! ¡!*

Estas observaciones elementales habrían *permitido comprender que el corazón del feto late instigado por las hormonas tiroideas...*

Sabemos desde hace tiempo que el hombre-planta de Rœsh y el mixedematoso no tiroides por razones operativas o congénitas. Sin embargo, todos ellos tienen la particularidad de no tener imágenes verbales, ni sensibilidad, ni emociones, ni relaciones, ni inteligencia.

La observación cuidadosa nos dice de manera concluyente que todas estas cualidades provienen de la glándula tiroides.

Un paciente operado totalmente de tiroides pierde su inteligencia, su afectividad y sus imágenes verbales.

A pesar de esta evidencia flagrante, y a pesar de que el sistema nervioso no es en absoluto capaz de compensar estas carencias, a los autores nunca se les ha ocurrido afirmar que es *el tiroides la glándula de nuestras emociones, de nuestro sentimentalismo y de nuestra inteligencia.*

¿Y FREUD?

Es imposible no mencionar a FREUD si abordamos el tema de la falta de atención de los eruditos modernos.

La aceptación *mundial* de los desvaríos de este maníaco sexual sólo puede explicarse por la decadencia judeocartesiana.

No nos detendremos en la espantosa perversidad de esta "obra", que es evidente para cualquier mente sana en este momento, sobre todo porque los efectos y consecuencias del freudismo son evidentes para todo el mundo: suicidios tras el psicoanálisis, agravaciones, abulia generalizada como consecuencia de los nuevos imperativos educativos freudianos, pornografía y masturbación fomentadas, etc.

Fijémonos en la falta de seriedad con la que se ha construido una teoría tan delirante. Nos limitaremos a la *fisiología, cosa imposible de no hacer* si hablamos de *psicología.*

Cuando Freud estaba en la Salpêtrière, observó que pacientes cuyo sistema funcional desconocía (eran pacientes hipertiroideos, pero es imposible diagnosticarlo *cuantitativamente*) tenían grandes preocupaciones sexuales y tendencias mitómanas llevadas al extremo. A partir de ahí desarrolló un concepto que fue extendiendo a toda la psicología. Su enfoque es el de ciertos maníacos y melancólicos que caen presa de una sistematización delirante. Freud vio que la preocupación de los histéricos era a menudo sexual.

Sabiendo que esta preocupación puede encontrarse en ciertos niños (claramente pacientes tiroideos, lo que Freud ignoraba). Llegó a la conclusión de que ¡el *factor fundamental de la vida psicológica era el sexo!*

Es cierto que en su práctica vio a muchos niños circuncidados al octavo día que mostraban esta particularidad, al igual que los adolescentes en la pubertad.

Terminó afirmando que los logros de los hombres famosos se debían a la sublimación de sus instintos reproductivos.

Freud nos dijo que el hombre posee un *instinto* sexual.

Nunca ha intentado identificar qué es un instinto. Nunca ha intentado descubrir si la pulsión sexual humana *corresponde a la identidad fundamental de los instintos* (incoercibles, de periodicidad rigurosa, según las especies). No ha sometido la rutina de los animales a un examen similar.

Freud nos dijo, gratuitamente, que desde el nacimiento el niño ya heredaba todas las tendencias sexuales perversas del adulto.

No intentó averiguar las razones fisiológicas por las que el niño mamaba y qué órgano, si se extirpaba, aboliría este fenómeno (la tiroides).

No profundizó en las razones por las que se pasaba las manos por los genitales (corrosión de la orina), por las que las preocupaciones sexuales eran muy fuertes en algunas personas (tiroides) e inexistentes en otras (equilibrio hormonal).

Nunca trató de identificar el órgano que confiere al niño todas estas tendencias: la glándula tiroides. Al hablar del niño, Freud nunca se preocupó de *los predominios glandulares*, de los que hay cuatro, ni de las evoluciones glandulares por las que pasa, es decir, los *tres períodos puberales*.

Estos estados glandulares tienen un profundo efecto en la mentalidad infantil. Freud nunca trató de comprender el sentimiento femenino del pudor. Por el contrario, su influencia prácticamente destruyó esta característica femenina fundamental, tan perfectamente en sintonía con la naturaleza de la verdadera mujer.

Habla mucho de la homosexualidad, pero *nunca ha tenido la curiosidad de reconocer las condiciones en que se manifiesta:* insuficiencia intersticial, masturbación precoz, quimioterapia y vacunaciones generalizadas, carencias múltiples, en particular de vitamina E...

Nunca nos dijo cómo se lograba el goce femenino, que no desaparece con la extirpación de los ovarios.

Ni una palabra tampoco sobre el disfrute masculino, que es fisiológicamente muy diferente.

Freud nos dijo que el sueño es un retorno a la vida fetal.

Nunca ha considerado detenidamente la ralentización funcional de todas las glándulas. Ni siquiera ha visto que la posición de perro fusil es la mejor manera de relajar los músculos.

El simbolismo de sus sueños delata una obsesión sexual de carácter marcadamente patológico.

A menos que uno esté obsesionado sexualmente (¡por influencia freudiana!), ¡a nadie se le ocurriría interpretar un objeto elevado como un falo y un objeto hueco como una vagina! Para el clínico, tal interpretación delataría *un grave desequilibrio tiroideo*.

Tal fue el caso de Freud y de quienes aceptan sus dislates acríticamente. *No pueden meditar sobre los hechos científicos que acabamos de mencionar.*

Hay que añadir que cualquier estado mental de obsesión sexual exacerbada prohíbe el pensamiento abstracto y la meditación. Sólo permite la prolijidad imaginaria y la verborrea torrencial de nuestros sexólogos y "filósofos" oficiales, que es distinto. Esta logorrea es tanto más desenfrenada por no estar por el sentido moral y el sentido común.

Este tipo de simbolismo es innecesario porque todos hemos tenido sueños eróticos *sin necesidad de un travesti*. Así que no necesitamos este simbolismo para "proporcionar una liberación a la represión sexual".

Freud pasó por alto una serie de sueños curiosos e interesantes. Por ejemplo, los provocados por influencias externas, los sueños de ligereza, de correr una carrera fácil o difícil, de caer al vacío, etc.

La fabulación de Freud rebajó al hombre al nivel de la bestia sumergiéndolo en el pozo negro del inconsciente inferior.

En palabras de EMILE LUDWIG, un hombre circuncidado y con sentido de la moralidad, cosa rara entre la pseudo-élite:

"Desempeña un papel fundamental en la desgracia de nuestros contemporáneos, privados del sentido de la moral y de la verdadera libertad"...

LA ATENCIÓN, LA FUERZA DE VOLUNTAD Y EL SENTIDO MORAL DE LOS CIENTÍFICOS MODERNOS

El capítulo de la falta de atención de los científicos oficiales es inagotable. El laboratorio ha evolucionado mucho. Ha adquirido una importancia absoluta.

"Ya no hay descubrimientos, sólo experimentos y conclusiones", dijo un ingenuo profesor en televisión.

La ingenuidad general consiste en creer lo que se dice en los periódicos y en la televisión, y sobre todo en las escuelas de todos los niveles.

Piensan que sin el laboratorio no podremos descubrir nada sobre nuestra naturaleza, lo cual no es cierto.

Por supuesto, el laboratorio puede ser de gran utilidad *en la práctica patológica,* pero creer que es la condición sine qua non del descubrimiento *es una ilusión considerable.*

La raza humana exige un trabajo práctico y sintético realizado por mentes sintéticas.

Carrel nos mostró que los datos analíticos de laboratorio sólo pueden conducirnos al polvo de la información alejándonos cada vez más del hombre.

Los científicos de laboratorio han abandonado los descubrimientos realizados por el hombre desde hace miles de años. Son los más importantes para el ser humano porque se hicieron en su propia escala de observación. Si queremos salir de nuestra hipnosis colectiva, debemos comprender que: *todas las interpretaciones y concepciones que consiguen explicarnos un fenómeno humano y están en contradicción con los datos de laboratorio no pierden nada de su valor. Por otra parte, las concepciones de laboratorio más brillantes que contradicen miles de años de observaciones humanas son necesariamente falsas.*

El hombre debe ser observado con el ojo humano y los demás sentidos.

Sabemos que Pasteur descubrió que un cultivo microbiano atenuado podía conferir una cierta inmunidad (y no una cierta inmunidad). Esto condujo al desarrollo de sueros y vacunas. Sin embargo, Pasteur murió diciendo: "Claude Bernard tenía razón, *el microbio no es nada, el terreno lo es todo*".

Esta afirmación de Pasteur, que da al pasteurismo una dimensión razonable, ha sido ignorada por los pasteurianos que son mucho más pasteurianos que el propio Pasteur...

Las vacunas se nos imponen sin preocuparse por nuestra salud.

Sin embargo, todos sabemos que hay órdenes religiosas que llevan una vida moral y dietética sana y pueden tratar a enfermos de peste y cólera sin contraer estas enfermedades.

La historia cita numerosos casos, sobre todo en la Edad Media.

Los científicos modernos no se preguntan qué influencia puede tener en nuestra personalidad la penetración anormal y brutal de una treintena de inyecciones de cultivos atenuados durante la infancia y la adolescencia. *¿Pueden estos productos pútridos ser realmente inofensivos para nuestro organismo?*

Esta forma de hacer obligatoria la vacunación *carece de todo sentido moral*. No respeta la personalidad humana, la independencia ni el libre albedrío.

Por lo tanto, es característico de la locura.

Estas inyecciones pueden alterar los metabolismos, especialmente en la mediana edad, y facilitar la aparición de trastornos funcionales.

Además, sabemos que los genitales internos son muy sensibles a las influencias adversas. Por lo tanto, se vuelve hipofuncional.

Su papel en el equilibrio funcional e intelectual del individuo es inmenso. *Su debilitamiento facilita las perturbaciones celulares que conducen a la degeneración de la raza, la formación de tumores y las alteraciones funcionales que pueden dar lugar a enfermedades de los órganos vegetativos. Por último, conocemos su papel en las deficiencias de la personalidad y de la inteligencia y, por tanto, en la aparición de trastornos mentales.*

La capacidad de atención del científico moderno es, por tanto, extremadamente limitada. ¿Y su fuerza de voluntad?

Como hemos dicho, vemos eruditos especializados.

[14]A menudo profundizan en una pequeña cuestión, en un problema minúsculo (la formación de las patas traseras de algún crustáceo).

Como resultado, abarrotan la ciencia con datos inútiles, creando un enorme atasco que entorpece el trabajo personal y de las mentes brillantes.

Así que es aún más difícil para ellos hacer el descubrimiento.

La falta de fuerza de voluntad congela al científico actual en la mediocridad, en la ausencia de *conocimiento del Hombre*, en la compartimentación, en los neologismos y, sobre todo, *en la confusión de hipótesis que se contradicen entre sí.*

Así pues, el genio tendrá que ponerse manos a la obra, librarse del pensamiento robotizado que le ha infligido el sistema universitario occidental, que es la raíz misma de esta decadencia mundial, *ya que ignora todos los criterios del conocimiento, sustituido por un cartesianismo que Descartes habría rechazado.*

---

[14] No estoy inventando nada

Tendrá que dejar de jugar a los salones de la memoria y del análisis, al alcance de todo primitivo. Tendrá que fijar su mente en las ideas principales y principales sobre las que se injertarán automáticamente las ideas secundarias.

Tendrá que renunciar a todas las competiciones oficiales actuales *porque estará pagando la comodidad material que podrá derivar de una esclerosis intelectual conformista irreversible.*

La verdadera actividad intelectual sólo puede ser realizada por la voluntad, que fisiológicamente es la glándula genital interna.

Puede ordenar a todas las secreciones que actúen en el cerebro.

Las suprarrenales para las ideas prácticas, la pituitaria para el razonamiento analítico y matemático, el tiroides para la imaginación, la intuición y el sentido estético.

En resumen, no es posible disociar al hombre para descubrirlo: *hay que considerarlo en su totalidad con una mente sintética y no ecléctica.*

La fuerza de voluntad es esencial para la meditación que conduce al descubrimiento. Nos permite luchar contra *las ideas erróneas* que tenemos y utilizar la nueva información para cuestionar las que creíamos haber establecido en nuestra mente.

Hay que decir que las nuevas ideas siempre han sufrido la incomprensión y el ostracismo. El genio vive solo, incomprendido. Sentimentales, a menudo sufren crueles desilusiones. Lo único que obtienen de su trabajo son *penurias, injusticias y burlas,* cuando no se juegan la vida.

No se puede decir lo mismo de los autores de ideas falsas, fabulistas y perversas, que no tienen ninguna dificultad para imponerse en un mundo supuestamente falsamente "democrático".

¿Qué más se puede decir del *sentido moral de los* científicos modernos?

Decíamos que en el antiguo Egipto, cuando un científico hacía un descubrimiento que podía perjudicar a la humanidad en el tiempo y en el espacio, la Casta Sacerdotal *le obligaba a tragarse simbólicamente el pergamino en el que estaba descrito.*

Egipto no realizó grandes progresos materiales, pero no contaminó su país ni su continente. Pudo sobrevivir durante milenios, desarrollar su agricultura y su ganadería y construir monumentos como las pirámides, responsables de transmitirnos nociones teóricas que no vamos a adquirir.

En otras palabras, ni Rothschild, ni Marx, ni Freud, ni Einstein, ni Picasso et al podrían haber hecho ningún daño en Egipto. Las finanzas hegemónicas, el comunismo, la locura freudiana y las bombas atómicas y de neutrones no eran allí más comunes que los Chernobyl.

Lo que hemos conocido son sobre todo *personas famosas.*

Sus obras eran bellas, armoniosas y creativamente imaginativas.

O tenía una gran aptitud para el análisis científico.

No pueden reclamar el título de genio porque el genio debe su mentalidad a la glándula genital interna.

En la juventud, esta glándula regula la relación entre el sistema glandular y el sistema nervioso. *De ahí la inmensa importancia de una buena educación, que hoy se destruye en nombre del ideal pseudosecular que permite la producción masiva de delincuentes, criminales, matones, terroristas, drogadictos y suicidas.*

Los genitales internos establecen la exactitud y la sinceridad de las imágenes verbales. Condicionan la proporción emocional y sentimental que encierra cada imagen verbal y garantizan su correspondencia con la realidad y las ideas. Por tanto, contribuye a la verdad del lenguaje y a la rectitud de la mente. En la adolescencia, permite controlar los sentimientos y la sexualidad.

Actúa sobre todas las endocrinas para reducir su extravagancia funcional.

Por tanto, estabiliza el carácter, dándole valor y fuerza de voluntad. En la edad adulta, puede condicionar la actividad de otras glándulas del cerebro. Obliga a cada hormona a actuar sobre las células nerviosas del cerebro. Puede proporcionar todas las cualidades intelectuales de la mente humana. Puede desarrollarse mucho durante la menopausia y producir cualidades intelectuales excepcionales: *esto explica la veneración de los ancianos en todas las civilizaciones.*

En conclusión, la genitalidad interna o intersticial, en su máximo desarrollo, lleva en sí las cualidades fundamentales del genio: *sentido moral y elaboraciones psicológicas* superiores.

La tiroides-intersticial presentará, pues, el desarrollo humano en sus máximas cualidades. (Pío XII)

PAPEL PSICOLÓGICO DE LAS LLAMADAS ENDOCRINAS ORGÁNICAS

Veamos brevemente a los hombres famosos y recordemos el papel psicológico de las llamadas endocrinas orgánicas:

SUPRARRENALES:

ataque a la fuerza, objetividad, materialismo, compilación, sentido práctico y pies en la tierra. Stalin, los luchadores de ring.

Glándula pituitaria:

fuerza, resistencia, análisis, matemáticas, lógica, compostura moral. de Gaulle, internos de hospital, agrégés, científicos modernos.

Tiroides:

inteligencia pura, intuición, imaginación, sentido de la belleza, sensibilidad, emociones, sentimientos. Chopin, los grandes artistas largos, los grandes místicos (Francisco de Asís).

Genitales internos:

síntesis, sentido moral, noción de identidad, amor a Dios, nobleza de espíritu, valor físico y moral, grandes sentimientos altruistas y humanos. Alexis Carrel, la antigua civilización griega en general.

***

Podríamos definir el genio fisiológicamente diciendo que *es la aplicación voluntaria por los genitales internos de la hormona tiroidea a la actividad cerebral.* (Otras hormonas también, pero la tiroidea es la endocrina de la inteligencia, la intuición, la imaginación y los sentimientos).

Las suprarrenales han hecho famosos a varios compositores, entre ellos *Beethoven.* También nos dan inteligencia práctica, tendencia a las aplicaciones industriales y militares, así como a la investigación química. También tienen tendencia a compilar.

Puesto que la tiroides es la glándula de la imaginación y de las imágenes verbales, poetas, novelistas, historiadores y escritores le deben mucho. También los artistas plásticos.

Entre los intelectuales tiroideos, estaban los clásicos que sintetizaban las particularidades encontradas en muchos hombres. Sus intersticiales activos controlaban su tiroides. Este fue el caso de *La Fontaine*.

Los que tenían una tiroides viva con un intersticio que actuaba MÁS sobre la forma literaria que sobre la imaginación eran los románticos.

Aquellos cuya tiroides no obedecía a los genitales internos eran independentistas, simbolistas, impresionistas y, a veces, místicos histéricos.

Unos genitales internos inadecuados pueden conducir a la homosexualidad, como en el caso de Oscar Wilde.

La hipófisis es la glándula de las *ciencias positivas*.

Esto es lo que mueve a los científicos de hoy. Tiende a la estimación, la comparación, el análisis cuantitativo y el cálculo.

Esto es lo que impulsa actualmente el trágico desarrollo de la ciencia moderna, según los intereses y fantasías de los científicos.

No le debemos muchas gracias. *Su independencia fisiológica de los genitales internos crea su maldad.* Hablamos del diseñador de un avión extraordinario que mató a toda su familia con un hacha.

Puedes ser un perfecto ateo y aun así crear bombas atómicas y de neutrones, porque todo eso depende de la glándula pituitaria.

Un diseñador pituitario brillante puede ser un lunático delirante, incapaz de vincular sus análisis a *ningún concepto o síntesis superior*.

Fisiológicamente, la hipófisis excita principalmente los genitales *reproductores* (el órgano de la reproducción), que se oponen a los genitales internos. Por eso hoy hay una explosión de mentes analíticas y no hay mentes de síntesis.

Por tanto, el hombre famoso se rige fundamentalmente por *un sistema endocrino predominante.*

Les confiere una aptitud especial. Por desgracia, esta aptitud puede ser *un exceso de la mente en detrimento de conceptos humanos fundamentales.*

La inteligencia *especulativa* es, por tanto, *la antítesis de la inteligencia pura.*

Es fácil ver por qué *las finanzas no piensan y la ciencia tampoco.*

El genio es un espíritu completo. Es *universal* en la expresión sintética de su creación.

Toda su obra tiene en cuenta todas las realidades que componen la realidad.

Su sentimentalismo se dirige hacia los problemas humanos, donde converge su finalidad. El hombre famoso se aleja de la entidad humana. Esta es la categoría de los intelectuales que reinan oficialmente.

La ausencia de una estructura espiritual significa que inevitablemente trabajan como aprendices de brujo contra el hombre. Como resultado, la física, la química, la tecnología, la nutrición química y la medicina química convergen para destruir al hombre y su entorno.

Es obvio que debemos incluir en esta última categoría a los diseñadores de planes sociales que conciben para el estatismo y el hombre-masa, sin preocuparse lo más mínimo de su ataque a la libertad y al respeto de la persona humana, que traicionan constantemente en nombre de los derechos humanos.

El concepto científico moderno es, por tanto, suicida.

Así, la historia contemporánea nos muestra claramente que la ignorancia del orden jerárquico basado en la supremacía de la autoridad espiritual sobre la autoridad temporal conduce *necesariamente* al desequilibrio, a la anarquía social, a la confusión de valores, a la *dominación de lo inferior sobre lo superior*, a la degeneración biológica, intelectual, moral y estética, al olvido de los principios trascendentes *y, después, a la negación del verdadero conocimiento* que procede de la mente que penetra las nociones de identidad y de síntesis, y no de la mente mal llamada "científica"...

Sólo queda una alternativa: el reinado suicida de Wall-street y Marx o las dictaduras tradicionales que ponen a los hombres, las mujeres, los niños, la nutrición, la moralidad y el medio ambiente en el lugar que les corresponde.

Todo lo demás, como dijo Hitler en Mein Kampf, *sólo puede conducir a la destrucción total.*

¿QUÉ SIGNIFICA SER FASCISTA?

"La dictadura es la reacción normal de un pueblo que no quiere morir".

"Los grandes criminales no están en la cárcel, sino en la cúspide de la sociedad liberal.

"El burgués liberal es el hermano mayor del bolchevique.

Dr. Alexis Carrel.

Si significa tener una religión que enseñe el bien y el mal, a no comer cualquier cosa, a practicar la respiración controlada y la verdadera oración,

Si significa respetar a la familia, amar a tus hijos, darles una educación que les haga hombres y mujeres de verdad,

Si significa tener a tu mujer en casa, para que sea la reina de la casa, cuidando de su hogar, de su marido y de sus hijos, que no se conviertan en clientes de discoteca, drogadictos, parados, delincuentes o suicidas,

Si significa rechazar la violencia sistemática de la televisión y el cine, si significa rechazar la "música que mata", criminógena por estimulación fisiológica exagerada de la adrenalina, "toxicógena" por estimulación fisiológica exagerada de las endorfinas,

Si eso significa rechazar la pornografía degradante e inmunda,

Si eso significa rechazar la energía nuclear y sus residuos no almacenables y no neutralizables,

Si eso significa negarse a juguetear con los genomas y todas las formas de manipulación genética monstruosa,

Si eso significa rechazar a los WARBURG que financiaron simultáneamente a Alemania, a los Aliados y a la revolución bolchevique, para venir a Europa en 1919 como negociadores de paz (¡para el Tratado de Versalles!),

Si eso significa negarse a vender armas ocultas a todo lo que está siendo exterminado en el planeta,

Si significa dar el derecho de hablar a los que tienen algo que decir (Faurisson, Zundel, Notin, Roques etc.), sin obligarles a callar mediante leyes estalinistas y orwellianas antidemocráticas y anticonstitucionales,

Si esto significa rechazar la destrucción global del bosque, en particular para las papeletas del niágara, que es esencial para el equilibrio ecológico,

Si significa negarse a aceptar la desaparición de especies animales y vegetales,

Si significa negarse a acabar con el campesinado, reducido a la miseria económica por vergonzosos especuladores y políticos vendidos, cuando los campesinos, al igual que los artesanos destruidos, constituyen el primer cuerpo social vital de una nación,

Si significa negarse a que la química sintética acabe con la Tierra,

Si significa rechazar las vacunaciones sistemáticas que destruyen el sistema inmunitario, provocando degeneración, cáncer, enfermedades cardiovasculares y mentales,

Si esto significa rechazar la química patógena como principio de salud, aunque afecte al ser humano a nivel cromosómico, provoque enfermedades graves y sea teratógena,

Si eso significa rechazar la dictadura demonizadora de Soros y todos los financieros circuncidados el 8º día, que poseen poderes gigantescos de los que ningún soberano ha disfrutado jamás en la historia,

Si eso significa rechazar el marxismo (como el freudismo pornógrafo), que ha exterminado a 200 millones de víctimas en todo el mundo y que sigue, en África, Asia y Sudamérica, masacrando poblaciones y reduciéndolas al hambre,

Si eso es rechazar a la monstruosa y tentacular MAFFIA,

Si eso significa negar la vida a los violadores y asesinos de niñas, así como a cualquier lunático heredoalcohólico o sifilítico, idiota o imbécil profundo,

Si eso significa rechazar la expansión normativa de la pedofilia, la homosexualidad, la laxitud sexual y el sida..,

Si eso significa decir no al mestizaje institucionalizado, que genera automáticamente la libanización y un racismo sangriento, así como un malestar social incoercible,

Si eso significa decir no a los políticos fregona, incondicionalmente serviles a las finanzas, que van a reducir a toda Europa al paro con sus tratados globalistas y que están libres de cualquier disciplina espiritual o moral real,

Si eso significa negarse a llevar el uniforme de la mierda internacional que son los vaqueros azules LEVIS,

Así que sí, soy fascista y estoy orgulloso de serlo...

El mundo del mañana

Estamos empantanados en el *pseudoprogreso*.

El agotamiento de los suelos provoca un deterioro fisiológico y psicológico colectivo, en particular por hipotrofia de las glándulas endocrinas, insuficientemente abastecidas de sustancias vitales como el yodo, el *magnesio*, etc.

Estas carencias vitales dan lugar a todas las aberraciones del comportamiento, a todas las locuras colectivas e individuales, a todas las victorias de las ideas e ideologías más insensatas. Todos estamos implicados en el materialismo especulativo ateo. No podemos salir de él de repente.

Hay que tender la mano a quienes están atrapados en el pantano abisal *del rothschildo-marxismo* y sueñan con salir de él de forma imperceptible e indolora.

Nuestros pies seguirán en el fango químico del materialismo durante algún tiempo, pero nuestras cabezas deben alcanzar el azul del cielo, y negarse a dialogar con un mundo cada vez más inconsciente, cada vez más loco.

Pasado mañana, cada etnia vivirá en el país que la formó. Producirá los elementos básicos necesarios para su subsistencia y se mantendrá alejada de todo lo que sea patógeno, cancerígeno, teratógeno o *artificial*.

No más nitratos que matan la tierra y a la humanidad, no más antibióticos masivos que hacen crecer en progresión geométrica poblaciones cuantitativas en lugar de cualitativas, cuyos países han sido vaciados de sus recursos naturales por el colonialismo en todas sus formas y la mentira del progreso. El hombre será entonces un artesano, libre de crear con su corazón y su mente, ya sea carpintero, poeta o filósofo.

No más producción masiva de objetos sin alma que no hacen nada por la felicidad, que es un equilibrio neuro-endocrino-psíquico.

El *hombre eliminará radicalmente las mutilaciones* sexuales que distorsionan la mente en el primer mes de nacimiento. El hombre se liberará de los condicionamientos de todo dogmatismo esclerótico, del espíritu doctrinario de las religiones decadentes y de las ideologías degeneradas más o menos arregladas por ellas. Ni la simple creencia en la Eucaristía ni el frenesí económico marxista harán de un hombre orgánica y mentalmente sano, un hombre FELIZ.

Desde una edad temprana, el niño aprenderá una dieta adecuada que tienda hacia los alimentos crudos y vegetales, la higiene, la salud natural y la respiración controlada, porque la respiración es el agente divino de la oración y el autocontrol.

Aprenderá meditación.

El hombre volverá a una alimentación sencilla, de la que se desterrarán sustancias tóxicas como el alcohol, el café, el tabaco, el azúcar blanco, el pan blanco, la Coca-Cola, etc., centrándose en la fruta y la verdura, sobre todo cruda, y un poco de queso fresco y huevos hasta que se haya regenerado.

Evita las mezclas de alimentos.

El hombre reforzará su inmunidad natural mediante la presencia constante de la madre en el hogar, epicentro *insustituible* del equilibrio familiar. Utilizará, por ejemplo, el germen de trigo, el polen y el magnesio natural contenido en los frutos secos.

El carácter del niño se formará mediante la aplicación de las leyes de la vida, el valor, la nobleza de sentimientos, los ideales espirituales, la tolerancia hacia todo lo que es grande, bello y verdadero, y de ninguna manera hacia todas las formas de putrefacción que predican una tolerancia intolerable.

Por tanto, son estos medios naturales los que harán guardia en el umbral de la salud, en lugar de los procesos físico-químicos, radicalmente ajenos al concepto de salud.

El hombre rechazará el bombo mediático y buscará la verdad siendo un revisionista permanente por encima de todos los procesos subliminales e hipnóticos embrutecedores de la prensa, la radio, la televisión, la edición y la enseñanza perversa y condicionante.

Pasado mañana, el hombre no volverá a perder de vista los conceptos generadores de felicidad de la *síntesis y el sentido moral.*

Sabrá que sólo un espíritu intelectual desinteresado está sujeto a la rectitud y no a la conveniencia y a las formas elementales del beneficio.

Abandonará una ciencia involutiva, *microscópica, analítica y cuantitativa* por una ciencia evolutiva, *macroscópica, sintética y cualitativa.*

El hombre sabrá *que no puede haber libertad sin autoridad.*

Se someterá a la autoridad de lo trascendente, a las leyes divinas destinadas a preservar la salud de su cuerpo y de su mente, porque sabrá que si nos rebajamos servilmente a una pseudo-libertad estamos sometidos al totalitarismo aplastante de nuestros bajos instintos, del materialismo con su pornografía, sus drogas, sus gulags y su pulverización de la psique...

Ubu Emperador

Un profesor judío jubilado, muy enfermo y de avanzada edad, que sufrió un derrame cerebral, ha sido acusado de antisemitismo y multado con 500 euros.

Este profesor pertenece a la familia internacional de Menasce, que poseía ciento cincuenta mil millones de francos a principios del siglo pasado (algodón, banco egipcio).

El profesor había escrito una carta al hijo de un amigo concertista de piano. El hijo encarcelado, enfermo hormonal (pedófilo), le había escrito una carta geopolíticamente lúcida a la que él había respondido.

La carta contenía la siguiente frase: *"Los goyim han elegido a mis congéneres como amos, y van a morir por ello"*. Muy legítimamente, el director de la cárcel abrió la carta y, disgustado con la frase, la envió al fiscal de Châteauroux, que hizo acusar al profesor. El resultado fue una multa por antisemitismo. Además, este profesor tiene una hija adoptiva discapacitada de por vida a causa de una vacuna, de la que es el único sostén, ¡y que ni siquiera goza de la condición de víctima de un accidente laboral!

El impecable profesor pidió prestada la multa a unos amigos y la pagó él mismo.

Pero no se trata de religión ni de raza.

Todos sus compañeros de la clase media alta son agnósticos o ateos. Él mismo es agnóstico.

¿Raza? La raza no existe, aparte del blanco, el negro, el amarillo y el rojo.

Sólo hay etnias que son el resultado de la adaptación hormonal durante un milenio a un entorno geográfico fijo. Ahora bien, los "judíosutilizado por comodidad y que se aclarará más están repartidos por todo el planeta y nunca han vivido en un lugar geográfico fijo: ni siquiera en Palestina, donde no viven desde hace más de tres siglos. Adoptan la apariencia física del país en el que se encuentran.

Su particularismo constante en el tiempo y en el espacio, sus rasgos a veces caricaturescos, sus enormes poderes especulativos privados de sentido moral y de espíritu de síntesis, provienen esencialmente de una operación hormonal mal comprendida: la **circuncisión el octavo día después del nacimiento**, es decir, el primer día de la primera pubertad que dura 21 días. La circuncisión el primer día de la pubertad hipotrofia la glándula **intersticial** (glándula del sentido moral, del espíritu de síntesis, del altruismo), pero debido a su incapacidad para armonizar el conjunto equilibrado del sistema glandular, sobreestimula la glándula pituitaria.

Es esta hiperactividad hipofisaria la que fomenta a financieros e ideólogos: hay que estar circuncidado el $8°$ día para extorsionar 50.000 millones de dólares sin escrúpulos, por no hablar de la ciencia, las bombas atómicas, de hidrógeno y de neutrones y la medicina especializada. La tiroides es también la glándula de la imaginación y del automatismo: hay que estar circuncidado el $8°$ día para ser un pianista tan extraordinario como Horowitz o un violinista de virtuosismo inigualable como Yehudi Menuhin.

Por tanto, debemos decir, con exclusión de todo concepto racial y religioso: **la secta de los circuncidados el $8°$ día gobierna el Mundo**.

Fue esta particular circuncisión la que les convirtió en un grupo de depredadores, perseguidos y expulsados de todos los países en los que se encontraban, **sin excepción, mucho antes de la llegada del cristianismo**. (Véase el libro de Bernard Lazare: *L'antisémitisme*).

Paralelamente a este grotesco asunto de un Menasce acusado de antisemitismo, estalló el colapso económico. [15]El escritor israelí Shamir estigmatizó a los multimillonarios judíos estadounidenses, a los que acusó de haber hundido la pirámide, en un artículo publicado en Internet y titulado sin ambigüedad *"aves de la horca"*...

Madoff se unió entonces a los demás multimillonarios financieros circuncidados, extorsionando 50.000 millones de dólares, un fenómeno único en el mundo y que batió todos los récords de usura judía de la historia.

Sólo una persona circuncidada el 8º día puede ser capaz de una hazaña tan espantosa. **Los circuncidados el 8º son, por tanto, depredadores**, como comprendió históricamente *Benjamin Franklin*.

Así que el Sr. Madoff pagará su fianza y su multa con el dinero robado, ¡y el Estado será su cómplice avalándole!

Mientras tanto, el Sr. Zundel fue secuestrado a la fuerza en casa de su esposa en Estados Unidos y condenado a seis años de prisión por haber demostrado la impostura del Holocausto.

El Derecho se ha convertido en la caricatura hinchada y la antítesis de la Justicia.

---

[15] Los circuncidados el 8º son culpables, pero no responsables: su determinismo hormonal y secular es absoluto.

Por su propia existencia, *la Ley Fabius* (uno circuncidado el 8º día) es la prueba por antonomasia de la impostura. Cuando se controla la televisión y los medios de comunicación, no hacen falta *leyes orwellianas* para desenmascarar la verdad: bastan las pruebas y los argumentos.

La ley Fabius Gayssot (un comunista que sólo tiene a sus espaldas unos 200 millones de cadáveres, víctimas del marxismo) es la ley más revisionista que existe, ¡pues es una confesión de impostura...!

Esta ley fue declarada inconstitucional, contraria a los derechos humanos y antidemocrática por numerosos juristas, y el Sr. Toubon, que llegó a ser Ministro de Justicia, declaró que era un retroceso para el derecho y la historia ¡y que nunca se aplicaría!

La imponen robots más preocupados por sus propios comederos que por la verdad y el honor.

Si a Madoff se le ocurriera milagrosamente denunciar su condición de judío, ¡le acusarían de antisemitismo!

Está todo muy bien tejido por la dictadura *demoníaca* servida por las larvas hedonistas del mundo. Pero un fantasioso puede conseguir que miles de espectadores repitan: *"El Papa es un chupapollas"*... Varias veces seguidas, claro....

¡¡¡Las yemas de los dedos de todos los fiscales de Francia no se mueven!!! ¡No hay protección para la religión!

Decididamente, este mundo de larvas, cómplices de su propio suicidio como se dio cuenta agudamente el profesor durante su interrogatorio por la policía -cuya ignorancia e inconsciencia sobrepasaban todos los límites- merece desaparecer, por simples razones de asepsia...

La ley Fabius-Gayssot es radicalmente dictatorial, categóricamente antidemocrática y, por tanto, carece de existencia constitucional. Es incapaz de hacer frente a argumentos y pruebas magistralmente expuestos por el revisionismo internacional...

Es la prueba del nueve de una farsa absoluta.

La propia justicia acabará derrumbándose ante su castillo de naipes...[16]

---

[16] Los profesores e intelectuales revisionistas tienen tantos derechos como la pornografía que se extiende por el mundo y los multimillonarios en dólares que son los mayores estafadores de la circuncisocracia del 8º día.

¿HAS DICHO ANTISEMITA? ¿NO?

"Los judíos, ese puñado de desarraigados, causaron el desarraigo de todo el globo". - Simone Weil

La mentira del progreso es Israel". - Simone Weil

"En cuanto a la circuncisión el 8º día, no te preocupes: es incomprensible". - El Talmud

"Quién iba a pensar que un rito podía llegar tan lejos y arriesgarse a destruirlo todo en la frontera entre naciones". - Dominique Aubier *(a propósito de su libro sobre la circuncisión al octavo, dirigido exclusivamente a los judíos)*[17]

Todo lo que sigue ha sido sometido al tamiz de la más absoluta exactitud de la historia y la actualidad. Sólo la deseducación internacional totalitaria puede sumir al mundo en la ignorancia más radical.

LA SÍNTESIS DEFINITIVA DE LA GEOPOLÍTICA DE LOS ÚLTIMOS MILENIOS

Durante miles de años antes del cristianismo, **los judíos fueron expulsados** de todos los países donde se encontraban, a causa del **vampirismo** y la **usura exorbitante que practicaban**. Cuando Cristo existía, no se les culpaba de la crucifixión. Cuando, durante la Edad Media, seguían siendo expulsados de todos los países donde

---

[17] Este libro conduce a los mismos resultados que la endocrinología con respecto a la Judeopatía.

se encontraban, no era la crucifixión la causa de su expulsión general, era sólo la guinda del pastel. Las mismas causas. Los mismos efectos: **el vampirismo y la usura eran la raíz perenne del mal.** Está perfectamente claro que no todos los países, en lenguas diferentes, en épocas diferentes, en lugares diferentesutilizaron la palabra para expulsar a los judíos: la raíz del antisemitismo está, pues, **en** el judío y no en el antisemita.

¿Cuáles son las causas de esta expulsión universal de los judíos, tanto en la antigüedad como en la era cristiana?

Un repaso a la historia nos lo dice.

Los judíos no sólo monopolizaban el negocio del cambio de moneda, sino que la verdadera fuente de su riqueza era la usura o el , que les reportaba grandes ventajas. Poco a poco llegaron a ser los verdaderos banqueros de la época y los prestamistas de clases sociales. Prestando tanto al emperador como a simples artesanos y campesinos, explotaban **sin el menor escrúpulo** a grandes y pequeños. Podemos hacernos una idea aproximada de las proporciones alcanzadas por su tráfico examinando el tipo de interés autorizado por la ley en los siglos XIV y XV.

En 1338, el emperador Luis de Baviera concedió a los burgueses de Fráncfort un privilegio especial *"para proteger a los judíos de la ciudad y velar de todo corazón por su seguridad"*, gracias al cual podían obtener préstamos de los judíos al 32,5% anual, mientras que los extranjeros estaban autorizados a prestar hasta el 43%. El consejo de Maguncia pidió un préstamo de mil florines y se les permitió reclamar el 52%.

En Ratisbona, Augsburgo, Viena y otros lugares, el tipo de interés legal ascendía con frecuencia al 86%. Pero los intereses más vejatorios eran los que exigían los judíos por préstamos menores , que los pequeños comerciantes y agricultores se veían obligados a contraer.

"Los judíos saquean y expolian al pobre", dice el rimador Erasmem d'Erbach (1487); *"esto se está volviendo realmente intolerable, que Dios se apiade de nosotros. Hoy en día, los usureros judíos establecen locales fijos en las ciudades más pequeñas; cuando adelantan cinco florinestoman prendas que sextuplican las sumas prestadas.*

Luego reclaman los intereses sobre los intereses, y de nuevo sobre los nuevos intereses. De este modo, el pobre es desposeído de que poseía".

Al mismo tiempo, Tritème decía: *"Es fácil comprender que entre los jóvenes y los viejos, entre los educados y ignorantes, entre los príncipes y los campesinos por igual, exista una aversión profundamente arraigada hacia los judíos usureros..."*.

Se trata de un hecho histórico innegable, y Cristo no tuvo nada que ver con ello. Durante la era cristiana, el fenómeno continuó y todos los países de la cristiandad acabaron siendo expulsados por los judíos por las mismas razones: monopolización, vampirismo, usura mayor y despiadada.

En 1789, Benjamin Franklin, demócrata y francmasón, dejó claro en su discurso preliminar para la redacción de la Constitución que quería hacer la siguiente declaración:

"En todos los países donde se han asentado judíos en gran número, sin excepción, han degradado su grandeza moral, depreciado su integridad comercial, ridiculizado sus instituciones, nunca se han asimilado, han construido un Estado dentro de otro Estado, han ridiculizado la religión y la han socavado. Cuando intentaron frustrar sus planes, estrangularon financieramente al país, como hicieron en España y Portugal.

Si concedéis la ciudadanía a los judíos, vuestros hijos os maldecirán en vuestras tumbas. Si no excluís a los judíos de la Constitución de los Estados Unidos, en menos de dos siglos pululurán, dominarán vuestro país y cambiarán la forma de gobierno...

"Si el mundo civilizado quisiera devolverles Palestina, encontrarían una razón apremiante para no volver, porque vampiros y los vampiros no pueden vivir a costa de otros vampiros...".

Israel, ¡el único país donde no hay judíos! Viven en todos bancos del mundo, sobre todo en Estados Unidos, y no tienen ningún deseo de ir a Israel, que para ellos no es más que una cabeza de puente para dominar Oriente Próximo y apoderarse de su petróleo.

Todo lo que dijo Benjamin Franklin se ha hecho realidad en su totalidad.

Veintidós (22) ministros de Bush eran tan judíos como el actual gobierno.

El colapso general de la economía fue castigado por un judío, Isaac Shamir, un judío honesto, que condenó *"colapso de la pirámide"* de los multimillonarios judíos de EE.UU. El artículo sobre estos multimillonarios judíos tenía un título inequívoco: *"Horcas".* [18]Entre los que estigmatiza figuran: Tom Friedman, Henri Paulson, Ben Bernanke, Alan Grennsberg, Maurice Grennsberg, **Lehman Brothers** Merrill Linch, Goldman Sachs, Marc Rich, Michael Milen, Andrew Fastow, George Soros y otros...

La guinda del pastel fue que Maddof, un estafador judío, robó 50.000 millones de dólares: fue sólo un desafortunado accidente; los depositantes querían recuperar su dinero. De no haber sido así, Maddof seguiría operando solapadamente en un silencioso silencio internacional.

---

[18] La quiebra financiera de los hermanos Lehmann y los 28.000 parados se mencionaron en los telediarios, al igual que los crímenes de guerra y contra la humanidad de Israel contra los palestinos. (Septiembre de 2009)

La Reserva Federal **es un organismo privado** de poder gigantesco (que incluye a algunos de los multimillonarios antes mencionados) que ha dirigido todas las guerras, desde la Primera Guerra Mundial de 1914-1918 hasta la invasión Iraq menos de 100 años después. El conjunto de las finanzas internacionales está implicado en la guerra moderna. Sus miembros siempre están cooptados: en 1913 se llamaban Rothschild, Lazard, Israel Moses, Warburg, Lehman Brothers, Kuhn Loeb, Chase Manhattan Bank, Goldman Sachs...

Todos los judíos. Esta gente exige que paguemos intereses por préstamos ficticios y puede confiscarlo todo.

La revolución bolchevique fue totalmente judía: murieron decenas de millones de personas. Todo en ella era judío: los banqueros judíos americanos, los políticos judíos, los administradores judíos, los verdugos de las prisiones y campos de concentración como Frankel, Yagoda, Firine, Appeter, Jejoff, Abramovici y otros cincuenta dirigidos por Kaganovitch.

Un judío, Laurent Fabius, hizo promulgar la ley que lleva su nombre. La ley prohíbe hablar de *"cámaras de gas y de seis millones"* por el absolutismo del Tribunal de Nuremberg, falible porque la masacre de Katyn, de la que se culpó a los alemanes, ¡fue soviética, como denunció un presidente revisionista ruso! (Gorbachov).

Un futuro Ministro de Justicia dijo que si se aprobaba esta ley inconstitucional, antiderechos humanos, antidemocrática y que el poder judicial nunca la aplicaría. Fue promulgada y aplicada por las temblorosas larvas de magistrados que están boca abajo frente a esta Justicia al revés y los totalitarios que las tienen democráticamente promulgadas.

Lo que siguió fue aún más devastador: Ernst Zündel, que estaba convencido de que la Shoah era una farsa y había participado en varios juicios en Canadá, se había casado en Estados Unidos con una estadounidense.

Con el falso pretexto de que sus papeles de inmigración no estaban al día (era estadounidense por matrimonio), fue secuestrado, encarcelado en Canadá, Alemania sin el menor procedimiento legal oficial (y por tanto ilegalmente) y condenado a 5 años de prisión por intentar demostrar la impostura del Holocausto.

Un centenar de escritores, ingenieros, abogados, profesores e historiadores fueron encarcelados sin la menor posibilidad de defenderse o aportar pruebas irrefutables de sus declaraciones:

Esto es lo que llamamos **libertad de expresión democrática**.

Entre ellos figuran Mahler, Sylvie Stolz, Wolfgand Fröhlich, Gerd Honsik, Walter Lüftl, Vincent Reynouard, el profesor Faurisson, German Rudolf, Dirk Zimmerman, Kevin Kälter, Fredrick Töben, Arman Amaudruz, René Louis Berclaz, Jürgen Graf y otros.

Un libro titulado *La mafia judía* demuestra que las mafias rusa y estadounidense son judías. Entre los mafiosos judíos, hay uno que posee por sí solo 170.000 millones de dólares.

Todos los propietarios del petróleo ruso son judíos. Uno de los más importantes, Kodorkovski, fue enviado a Siberia por Putin.

Todos los escritores más famosos han denunciado a los judíos, incluso Napoleón I, encargado por la Revolución y por Rothschild de liquidar las monarquías de Europa, se refirió a los judíos como *"esa nube de cuervos"*. (Por cierto, un libro sobre el emperador se titula *Napoléon antisémite*).

Entre los grandes escritores que denunciaron a los judíos se encuentran:

Karl Marx *("Suprimid el tráfico y suprimiréis al judío")*, Jaurès, Ronsard, Voltaire, Kant, Malesherbes, Erasmo, Lutero, Schopenhauer, Vigny, Balzac, Proudhon, Michelet, Renan,

Dostoievski, Hugo, Drumont, Wagner, Maupassant, Jules Vernes, Simenon, Jean Giraudoux, Marcel Aymé, Céline, Montherlant, Léon Bloy, Mauriac, Proust, Musset, Chateaubriand, Mme de Sévigné, Racine, Molière, Shakespeare, Dickens, Walter Scott, etc.

En defensa de Israel, hay que decir que la situación económica y técnica los últimos siglos ha fomentado las atrocidades judías, de las que los goyim, auténticas larvas hedonistas, **tienen gran parte de responsabilidad.**

Los judíos le dan demasiada importancia debido a **las enormes posibilidades especulativas,** privadas de sentido moral y espíritu de síntesis, que les confiere la circuncisión al octavo día.

Toda la patología judía proviene de esto, y es fácil de entender si se conoce el gran descubrimiento de la **anterioridad funcional del sistema hormonal sobre el sistema nervioso y la existencia de la primera pubertad, que comienza el $8°$ día y dura 21 días.**

> Después de todo, si sabe
> estos parámetros básicos
> historia y actualidad,
> por qué en la tierra,
> ¿eres antisemita?

* * *

"Si los judíos, con su profesión de fe marxista, toman las riendas de la humanidad, el hombre del planeta, que volverá a girar en el éter como hace millones de años".

— Adolphe Hitler

Ahí es donde estamos ahora, y en la cima de nuestro juego. horror, las leyes judías (Fabius) condenan en justicia a las verdaderas élites que intentan en vano proclamar la verdad (Faurisson, Zundel, etc.).

Genrikh Yagoda

Frenkel

Ouritski Moisséi Salomonovitch

Paul Warburg

Armand Hammer

Edgar Bronfman

Mayer Carl von Rothschild   *Sir Zacharias Basileios*

Carl Djerassi

Simone Veil

Bernard Maddoff   *Thomas Friedman*

Pablo Picasso

Sigmund Freud

Albert Einstein y Oppenheimer

Adolf Hitler

Karl Marx

OTROS TITULOS

www.ingramcontent.com/pod-product-compliance
Lightning Source LLC
Chambersburg PA
CBHW050127170426
43197CB00011B/1741